# ANGLAIS PERFECTIONNEMENT

# ANGLAIS PERFECTIONNEMENT

**Claude Caillate**
*agrégé de l'Université*

**et Judith Ward, M. A.**
*avec la collaboration de Pierre Nordon*

Le Livre de Poche

ISBN : 978-2-253-08822-6 – 1re publication LGF

# Sommaire

# Alphabet Phonétique International (API) : Liste des symboles et exemples

Les voyelles :

ɪ s**i**t, p**i**g, s**i**x
e m**e**n, br**ea**d, t**e**n
æ c**a**t, m**a**n, bl**a**ck
ʌ c**u**p, d**u**ck, c**o**me
ɒ d**o**g, sh**o**p, n**o**t
ʊ g**oo**d, b**oo**k, f**u**ll
ə **a**bout, b**a**nan**a**, fath**er**
i: s**ee**, t**ea**, thr**ee**
ɑ: c**ar**, **a**sk, p**ar**k
ɔ: m**ore**, **a**ll, f**our**
u: bl**ue**, sh**oe**, t**wo**
ɜ: w**or**k, b**ir**d, l**ear**n
eɪ d**ay**, m**a**de, **ei**ght
aɪ wh**y**, m**y**, n**i**ne
ɔɪ b**oy**, n**oi**se, t**oy**
ɪə h**ere**, **ear**, n**ear**
eə wh**ere**, **air**, b**ear**
ʊə p**oor**, s**ure**, t**our**
əʊ g**o**, n**o**, r**oa**d
aʊ t**ow**n, m**ou**th, c**ow**

Les consonnes :

p **p**ut, **p**lease
t **t**able, **t**en
k **c**at, **k**itchen
f **f**amily, **ph**oto
θ **th**anks, **th**ree
s **s**top, cat**s**
ʃ **sh**op, **s**ure
tʃ **ch**icken, **ch**ild
h **h**at, **wh**o
l **l**ook, **l**ong
r **r**ich, **r**ed
j **y**es, **y**ou
w **w**ant, **w**eek
b **b**oy, **b**aby
d **d**ay, **d**i**d**
g **g**o, **g**ive
v **v**isit, **v**iew
ð **th**is, **th**en
z **z**ebra, **z**ap
ʒ trea**s**ure, plea**s**ure
dʒ **g**in, **J**ohn
m **m**an, **m**y
n **n**o, **n**ew
ŋ si**ng**, eati**ng**

Exemples de transcriptions :

mouth [maʊθ] ; treasure [treʒə] ; six [sɪks] ; you [ju:] ; car [kɑ:] ; sings [sɪŋz] ; bird [bɜ:d] ; come [kʌm] ; queen [kwi:n] ; father [fɑ:ðə]

# Préface

Cet ouvrage s'adresse à vous qui avez quelques connaissances en anglais, mais restez insatisfait de votre performance : vous avez du mal à comprendre ce qu'on vous dit, et lorsque c'est votre tour de parler, vous ne trouvez pas vos mots. Quelle que soit la situation – vacances, voyages d'affaires, études –, la communication se trouve réduite, ce qui est frustrant, peut-être même préjudiciable à vos intérêts.

Ce livre vous propose une révision active et stimulante de vos connaissances. Deux grands principes ont présidé à sa rédaction :

1. ***Une langue naturelle.*** Une méthode de langue n'est pas un dictionnaire Vous ne trouverez pas ici de leçons de vocabulaire sur des thèmes tels que "le garage", "le dentiste", etc., si rarement utiles. Nos *trente conversations* abordent les sujets de tous les jours dans la langue de tous les jours.

De même, la *traduction* a pour but essentiel de vous faire sentir toutes les nuances du texte original. Loin du traditionnel mot à mot, elle indique ce que dirait un Français dans les mêmes circonstances : un anglophone pourrait s'en servir pour apprendre le français.

Nous veillons aussi à la richesse et à la correction de votre anglais : la page *vocabulaire* reprend les expressions les plus intéressantes du texte et vous propose quelques exercices destinés à fixer vos connaissances. Et en ce qui concerne la *grammaire,* vous trouverez leçon après leçon un petit guide des principaux problèmes que l'anglais pose aux francophones. Là aussi, un ou deux exercices vous permettent de vérifier que vous avez compris.

2. ***Une aide véritable en ce qui concerne la prononciation.*** C'est un problème qu'on laisse trop souvent de côté. Or, beaucoup de gens n'ont aucun mal à lire ou à écrire une lettre en anglais, mais que de difficultés lorsqu'il s'agit de **comprendre**

**l'anglais parlé et de répondre de façon à être compris !**

Nous consacrons *deux pages par unité* à la langue orale. Ce sera pour vous l'occasion de redécouvrir l'anglais : unité après unité, nous vous montrerons à l'aide de *nombreux exercices pratiques* d'où viennent vos problèmes de **compréhension de l'anglais oral**. Il s'agit de *choses très simples,* mais dont vous n'avez sans doute *jamais entendu parler,* que vous allez découvrir avec nous et que vous pourrez vérifier tous les jours, en allant au cinéma, et bien sûr, en vous rendant en Grande-Bretagne ou aux États-Unis. Grâce aux pages "prononciation", votre oreille sera mieux préparée, vous comprendrez mieux et serez mieux compris.

Pour vous permettre de consolider vos connaissances, ce livre comprend plus de *deux cents exercices*. Si un mot vous manque, vous le trouverez dans le *Lexique* (pp. 194 à 202). De même, si vous avez du mal à construire une phrase ou une forme verbale, vous pouvez vous reporter au *Mémento grammatical* (p. 225 à 244). S'il subsiste une difficulté, ce n'est pas grave, puisque *tous les exercices sont corrigés* (p. 203 à 224).

# Comment utiliser ce livre ?

Lisez (si possible à haute voix) le texte anglais. Avant de regarder la traduction, reportez-vous à la page *Vocabulaire,* qui vient tout de suite après le français. Certains des mots qui y sont commentés peuvent vous être utiles.

Lorsque vous pensez avoir compris l'essentiel, lisez la traduction. Vous constaterez que celle-ci ne suit pas le texte mot à mot : nous avons voulu autant que possible restituer le ton de l'original. Puis intervient votre travail personnel : sans aller jusqu'à recopier intégralement ces deux premières pages, ce qui ne vous apporterait pas grand-chose, vous trouverez peut-être utile de relever certaines expressions qui ne figurent pas dans la page *Vocabulaire.*

## Vocabulaire et grammaire

Maintenant que vous connaissez bien le texte, celui-ci devient prétexte à enrichir votre anglais. Commencez par la page Vocabulaire : relisez les commentaires que vous avez déjà parcourus. Non seulement ils reprennent le vocabulaire du texte, mais ils vont un peu plus loin en vous donnant des synonymes et des expressions idiomatiques, ou en attirant votre attention sur certaines confusions à éviter.

Lorsque vous avez bien étudié cette page, faites les exercices (par écrit ou oralement) en vous aidant éventuellement du *Lexique* (p. 194 à 202). Vérifiez vos réponses dans le *Corrigé.*

La page Grammaire demande à peu près la même démarche. Vous constaterez que chaque point abordé est introduit par une *phrase* ou une *expression tirée du texte* que vous venez d'étudier : ce que vous lisez maintenant se rapporte à quelque chose que vous connaissez déjà un peu. Bien entendu, ce livre n'est pas une grammaire complète de l'anglais, mais nous révisons petit à petit les *principaux problèmes* de la grammaire anglaise, en vous donnant des indications aussi simples que possible, mais également exactes, c'est-à-dire qui ne vous induiront pas en erreur quand vous approfondirez votre étude de l'anglais.

Procédez point par point en utilisant le *Lexique* et en vous reportant au *Corrigé* après chaque exercice. S'il s'agit de traduire, il vous sera plus facile de vérifier vos réponses si vous les écrivez.

## Pages prononciation

Ces pages ont été écrites pour vous aider à *mieux comprendre* et à *mieux vous faire comprendre* en Angleterre ou aux États-Unis : problème essentiel auquel peu d'ouvrages de poche se sont attaqués. En effet, à quoi vous servent toute la grammaire et tout le vocabulaire du monde si vous ne comprenez pas ce qu'on vous dit ?

Dans ce domaine, beaucoup de choses sont nouvelles pour nos lecteurs. C'est pourquoi vous trouverez dans les Unités 1 à 4 des *pages d'initiation* simples et claires.

A partir de l'Unité 5, il y aura toujours quatre rubriques :

1. *Rythme et formes faibles :* il s'agit de bien prononcer, et surtout de bien entendre ces petits mots que les anglophones « avalent » : une oreille avertie en vaut deux.

2. *Accent de mot :* appuyez sur la mauvaise syllabe et c'est le malentendu ! Voir les anecdotes des pages 36 et 37.

3. *Les sons de l'anglais :* mieux prononcer pour être mieux compris. Quelques confusions à éviter, illustrées par des phrases amusantes.

4. *Intonation :* voici quelque chose qui est rarement enseigné, et pourtant rien n'est plus simple à comprendre. C'est différent du français, mais très logique, et donc se tromper, c'est avoir l'air bête, même (surtout !) si on a les plus belles voyelles et consonnes de toute l'Université d'Oxford !

Les exercices sont simples et très vite faits. Le plus souvent, il suffit d'entourer, de souligner, de cocher, ou de numéroter : un crayon vous sera très utile ; vous aurez aussi quelquefois besoin d'une feuille de papier. Bien entendu, il y a toujours un corrigé.

Il est important d'avoir l'occasion d'entendre de l'anglais de temps à autre pour faire le lien entre la théorie et la pratique. Cinéma, radio et télévision vous seront d'un grand secours.

# 1. A SURVEY

*Helen is doing her shopping when someone asks her to take part in a survey.*

I. = Interviewer — H. = Helen

**I.** Excuse me madam[1], I'm doing a survey on the shopping centre. I wonder if you'd mind[2] answering a few questions?

**H.** Er, well, I can spare five minutes if that's enough.

**I.** Oh yes, it won't take longer than that. Well, er, do you live in York?

**H.** No, I live in Cloughton.

**I.** How often do you come to York to do your shopping?

**H.** Once or twice a week usually.

**I.** Do you do all your shopping here in the precinct[3] or do you use other shops in the town?

**H.** Well, both really. I don't go to the butcher's in the precinct but otherwise I get all my food from here.

**I.** Where do you get your fruit and veg[4] from?

**H.** The supermarket usually. Their stuff is fresh and you can serve yourself, which I like.

**I.** Uh-huh, and what about the other shops?

**H.** Well, you know, it all depends on what I want. If I'm shopping for clothes or something like that, then I look in the shops in town as well.

**I.** Is there anything which would encourage you to do more shopping in the precinct?

**H.** No, I don't think so... oh, yes, a decent book shop[5].

**I.** Uh-huh. Er, so how would you describe the shopping centre: excellent: very good; satisfactory; or not satisfactory?

**H.** Very good I think, especially when it's raining. That's when I really appreciate it.

**I.** Well, that's all. Thank you very much.

**H.** Oh, that's all right. Glad to have been of help.

# 1. SONDAGE

*Tandis qu'Hélène fait ses courses, quelqu'un lui demande de répondre à un sondage.*

**E. = Enquêtrice — H. = Hélène**

**E.** Pardon, madame, je fais un sondage sur le centre commercial. Est-ce que ça vous ennuierait de répondre à quelques questions ?

**H.** Oh ben, j'ai bien cinq minutes, si ça vous suffit.

**E.** Oh oui, ça ne prendra pas plus que ça. Euh... Habitez-vous à York ?

**H.** Non, j'habite à Cloughton.

**E.** Tous les combien venez-vous à York faire vos courses ?

**H.** Normalement, une ou deux fois par semaine.

**E.** Faites-vous toutes vos courses au centre, allez-vous dans d'autres magasins en ville ?

**H.** À vrai dire, les deux. Je ne vais pas à la boucherie du centre, mais sinon je prends toute l'alimentation ici.

**E.** Où achetez-vous vos fruits et légumes ?

**H.** Normalement au supermarché. Leurs trucs sont frais, et on peut se servir soi-même, ce qui me plaît bien.

**E.** Bien. Et les autres boutiques ?

**H.** Oh, vous savez, tout dépend de ce que je veux. Si c'est des vêtements ou quelque chose de ce genre que je cherche, je regarde aussi les boutiques du centre ville.

**E.** Y a-t-il quelque chose qui vous inciterait à acheter davantage au centre commercial ?

**H.** Euh... non, je ne pense pas... Ah si ! Une bonne librairie.

**E.** Mm... Euh... alors comment décririez-vous le centre : excellent, très bien, satisfaisant ou insuffisant ?

**H.** Très bien, je crois ; surtout quand il pleut. C'est là que j'apprécie vraiment.

**E.** Eh bien, c'est tout. Merci beaucoup.

**H.** Je vous en prie, contente de vous avoir rendu service.

## 1*a*. VOCABULAIRE ET EXPRESSIONS

1. **"Excuse me, madam..."**: les titres "**madam**" et "**sir**" marquent une certaine distance. Ils sont essentiellement utilisés par les vendeurs des grands magasins, et dans la langue officielle (policiers, etc.).

"**Mr**" et "**Mrs**" appellent toujours un nom de famille ; on ne peut pas les employer seuls.

Pour attirer l'attention de quelqu'un que l'on ne connaît pas, on dit simplement "**excuse me**" :
**"Excuse me, can you tell me the way to the post office?"**

2. **"I wonder if you'd mind..."** : cette tournure est encore plus polie que : "**Would you mind...**" Toutes deux servent à demander un service à quelqu'un :
**Would you mind opening the window?**
**Would you mind answering a few questions?**

3. **"precinct"** : ce mot désigne un espace bien délimité : *enceinte, zone.*

Notez en particulier les expressions :
**pedestrian precinct** : *zone piétonnière.*
**shopping precinct** : *centre commercial.*

Aux États-Unis, "**precinct**" désigne un arrondissement.

4. **fruit and veg** : **veg** est l'abréviation de **vegetables**. On le trouve souvent dans cette expression ainsi que dans : **meat and two veg** : *une viande et deux légumes* (composition traditionnelle du plat principal).

5. **"book shop"** : ne pas confondre : **book shop** : *librairie* et **library** : *bibliothèque.*

☞ **A.** *Traduire :*

1. (Dans la rue) — C'est à vous, ce gant, madame ? — Oh, oui. Merci beaucoup. **2.** Est-ce que ça vous gênerait de rapporter mes livres à la bibliothèque ? **3.** Un nouveau centre commercial vient d'ouvrir en ville. **4.** Combien de fois par semaine faites-vous vos courses ?

## 1*b*. GRAMMAIRE

On sait que pour chaque temps d'un verbe anglais, il existe une « forme simple » et une « forme progressive ». A ces termes traditionnels, mais contestés, nous préférerons ceux de « forme 1 » et « forme 2 ».

### Le présent : forme 1

***Do you live in York?***

Ne pas oublier : le —s de la troisième personne et l'emploi de do/does (v. p. 233).

☞ **B.** *Traduire en utilisant le présent 1 :*

**1.** Lisez-vous beaucoup de romans ? **2.** Je n'aime pas le whisky, malheureusement. **3.** Jean travaille de neuf heures à cinq heures tous les jours. **4.** Ils vont au cinéma une fois par semaine. **5.** Est-ce que vous mangez beaucoup de viande ?

### Le présent : forme 2

***I'm doing a survey.***

On emploie le présent de l'auxiliaire BE. Le verbe principal prend -ing (v. p. 229).

☞ **C.** *Traduire en utilisant le présent 2 :*

**1.** Personne ne te demande de venir. **2.** Peux-tu rappeler plus tard, on regarde un film. **3.** Je cherche quelque chose de moins cher. **4.** Je travaille sur un nouveau projet. **5.** Tu t'endors, Henri ?

### Forme 1 ou forme 2 ?

En général, la forme 1 est plus neutre que la forme 2, qui suppose un regard ou un commentaire sur l'action exprimée par le verbe principal. C'est pourquoi :

**1.** Le présent 1 s'emploie pour un fait établi, notamment lorsque le verbe exprime une habitude.

**2.** Le présent 2 implique souvent une action en cours de réalisation.

☞ **D.** *Mettre le verbe au présent 1 ou 2 :*

**1.** I can't talk to you now I (cook) something. **2.** John always (have) a beer when he (come) home from work. **3.** It (rain) again? **4.** Jenny (fly) home on Tuesday. **5.** What you (think) of our new boss?

# 1*c*. PRONONCIATION

Dans chaque unité, nous consacrerons ces deux pages aux problèmes spécifiques de *prononciation* et *compréhension* de l'anglais, en nous attachant à expliquer pourquoi c'est là que les Français rencontrent le plus de difficultés. Nous vous indiquerons aussi quelques « trucs » pour surmonter ces difficultés.

RYTHME

Le problème majeur est que les Français ont l'impression que les Anglais et les Américains « avalent » la moitié des mots. Même avec le texte sous les yeux, nous n'arrivons pas à entendre tous les mots. Cela est dû à une différence fondamentale entre l'anglais et le français : le rythme de la langue parlée.

En français, chaque mot est accentué à peu près de la même façon, c'est-à-dire prononcé avec la même force, tandis qu'en anglais, seuls les mots importants de la phrase sont accentués.

Comparer :

*Jill a mangé du pain complet, puis a bu une tasse de thé.*

**Jill ate** some **brown bread** and **then drank** a **cup** of **tea**.

Quels sont les mots importants de la phrase ?

— Les noms, communs (bread, cup, tea) et propres (Jill).

— Les verbes (ate, drank).

— Les adjectifs (brown) et les adverbes (then).

Tous ces mots sont porteurs d'information : on les appelle *mots lexicaux*. Dans les télégrammes, par exemple, nous ne gardons que les mots lexicaux : « Arriverai mardi train neuf heures » signifie « J'arriverai mardi par le train de neuf heures ».

☞ **E.** *Dans les phrases suivantes, souligner les mots lexicaux :*
**1.** Gary lives in the white house on the corner. **2.** I think modern art is wonderful. **3.** Samantha and Madeleine are playing with a large plastic ball. **4.** How often have you stayed in Rome? **5.** Her son must be twenty now, I suppose. **6.** Why did they go by train?
Consulter le corrigé : tous les mots qui y figurent seront accentués, tandis que les autres seront « avalés ».

# LES SONS DE L'ANGLAIS

## Sons et symboles : le système API

L'API (Alphabet Phonétique International) est une liste de symboles qui correspondent chacun à un son. Il permet de représenter de façon exacte et sans ambiguïté la prononciation de tel ou tel mot. On peut utiliser l'API pour toutes les langues, mais il est le plus utile là où l'orthographe ne correspond pas à la prononciation, ce qui est bien une des grandes difficultés de l'anglais. Par exemple, le "gh" de "enough" se prononce comme un "f", le "ti" de "action" comme "sh".

De nos jours, la plupart des dictionnaires ont recours à l'API. Ce système peut sembler plus difficile à lire que d'autres « prononciations figurées », mais il est en fait très clair et, de plus, universellement reconnu. Lorsque vous vous y serez habitué, vous apprécierez son utilité pour contrôler la prononciation de mots nouveaux.

Pour la transcription de l'anglais, on utilise 24 symboles consonantiques et 20 symboles vocaliques. En d'autres termes, l'anglais parlé comporte 44 sons différents : 24 consonnes et 20 voyelles.

Si vous vous reportez à la page 7, vous constaterez que quinze symboles consonantiques — b d f h k l m n p r s t v w z — sont des lettres de l'alphabet ordinaire, ce qui est bien commode. L'API utilise aussi les symboles g et j. Mais attention : [g] se lit toujours comme le "g dur" de "guerre" ou "gare" ; [j] se lit comme le "y" de "yacht", "yole", "Yolande". Pour le son de "jeu", "jouer", on utilise un autre symbole [ʒ]. Au cours des dix prochaines unités, nous vous présenterons les symboles qui diffèrent de l'écriture habituelle.

# 2. A HOLIDAY IN FRANCE

*Phil and Tony are talking about summer holidays.*

**P.** = Phil — **T.** = Tony

**P.** Where are you and Anne going on holiday[1] this year?

**T.** We haven't really decided yet. Somewhere hot and sunny, Greece perhaps. What about you?

**P.** We're going to France again.

**T.** Oh yes? You had a good time last year then?

**P.** Fantastic! We thoroughly enjoyed it. It really was a perfect holiday, lovely weather, beautiful scenery, plenty to see and do —we both started wind-surfing— and of course the food and wine were superb.

**T.** What about the language? Do you speak French?

**P.** Well, you know, 0-level French[2], but a lot of French people speak some English and we managed quite well.

**T.** What did you think of the French?

**P.** We found them absolutely charming, very friendly and helpful. The only problem we had was when we tried to order snails in a restaurant. You know, we thought we'd try them.

**T.** Yuk! You didn't!

**P.** Well, no, we didn't actually and we never really understood why. They gave us very funny looks and started gabbling away nineteen to the dozen but we didn't understand a single word.

**T.** Perhaps it wasn't the season for snails. Is there a season for snails?

**P.** I really wouldn't know. Anyway, we never got them and we're still not sure why. Maybe we asked for the wrong thing, but even that was funny of course. Anyhow, we had a really great time. Hey, what about[3] coming with us this year?

**T.** Mmm, that's an idea, I'll see what Anne says.

# 2. DES VACANCES EN FRANCE

*Philippe et Tony parlent des vacances d'été.*

**P.** = Philippe — **T.** = Tony

**P.** Vous allez où en vacances, avec Anne, cette année ?

**T.** On n'a pas encore vraiment décidé ; quelque part où il fait chaud et où il y a du soleil, peut-être en Grèce. Et vous ?

**P.** Nous, on retourne en France.

**T.** Ah oui ? C'était bien, l'année dernière, alors ?

**P.** Fantastique ! Ça nous a beaucoup plu ; c'était vraiment des vacances parfaites, un temps splendide, des paysages magnifiques, des tas de choses à voir et à faire (on a tous les deux commencé la planche à voile) et bien sûr, la cuisine et le vin étaient extraordinaires.

**T.** Et la langue ? Vous parlez français ?

**P.** Oh, tu sais, des souvenirs d'école, mais beaucoup de Français parlent un peu anglais et on s'est très bien débrouillés.

**T.** Comment vous avez trouvé les Français ?

**P.** On les a trouvés tout à fait charmants, très gentils et très serviables. Le seul problème qu'on ait eu, c'est quand on a essayé de commander des escargots dans un restaurant ; tu sais, on s'est dit qu'on allait goûter.

**T.** Beurk ! C'est pas vrai !

**P.** Eh bien, en fait, non. Et on n'a jamais vraiment compris pourquoi. Ils nous ont regardé d'un drôle d'air, et ils se sont mis à jacter à cent à l'heure, mais on n'a pas compris un traître mot.

**T.** Peut-être que c'était pas la saison des escargots. Au fait, il y a une saison pour les escargots ?

**P.** Je n'en sais rien du tout. En tout cas, on ne les a jamais eus, et on ne sait toujours pas trop pourquoi. Peut-être qu'on n'a pas demandé ce qu'il fallait. Mais évidemment, même ça, c'était drôle. Enfin, c'était vraiment formidable. Et si vous veniez avec nous cette année ?

**T.** Ah, c'est une idée, ça. Je vais voir ce que dit Anne.

## 2*a*. VOCABULAIRE ET EXPRESSIONS

**1. Holiday / holidays**:
**A holiday** signifie *un jour férié:*
**Monday is a holiday.**
*Lundi est férié.*
*Un congé* ("une fois des vacances"):
**We had a wonderful holiday in Sicily.**
*Nous avons passé des vacances merveilleuses en Sicile.*
**Are you on holiday?** *Vous êtes en vacances?*
Au pluriel:
**We've had three holidays in Spain.**
*Nous sommes allés trois fois en vacances en Espagne.*
**The holidays** signifie: *les vacances, les jours fériés.*

**What did you do in the (summer) holidays?**
*Qu'as-tu fait pendant les (grandes) vacances?*

☞ **A.** *Traduire:*
1. Avez-vous passé de bonnes vacances? **2.** Où passez-vous généralement les grandes vacances? **3.** Combien de fois êtes-vous allés en vacances en Espagne? **4.** Combien de semaines de vacances par an avez-vous?

**2. "O-level French"**: jusqu'en 1987, on passait un **"O-level"** (**Ordinary level**) pour chaque matière vers l'âge de seize ans.
Cet examen a été remplacé par le **G.C.S.E.**: **General Certificate of Secondary Education.**

**3. "What about...?"**: cette expression très fréquente sert à faire des suggestions, à demander un avis ou un complément d'information *(Et si...? / Et au fait...?).*
Exemple du texte: **What about the language...?**
Si **what about** introduit un verbe, celui-ci prend la forme **-ing**. Exemple du texte:
**What about coming with us this year?**

☞ **B.** *Transformer ces phrases en utilisant* **what about**:
1. Shall we have chicken for lunch? **2.** Would you like to go to the cinema this evening? **3.** What do you think of Ben's idea? **4.** If you don't want to fly, why don't you take the train? **5.** Do you fancy skiing in Austria?

## Article ou pas article? (1)

***We tried to order snails.***
***Perhaps it wasn't the season for snails.***

1. Contrairement au français, l'anglais n'emploie pas l'article défini devant un nom pluriel ou indénombrable (v. p. 131) pris dans son sens général :

**I like snails/soup** : *J'aime les escargots/la soupe.*

2. Mais on emploie l'article si le nom est nettement défini (par un autre nom, ou par une proposition relative) :

**I like the snails / the soup in this restaurant** :
*J'aime les escargots / la soupe de ce restaurant.*

☞ **C.** *Insérer l'article si nécessaire et traduire.*

1. ....... pickpockets love ....... crowds. **2.** Which do you prefer: ....... peaches or ....... nectarines? **3.** ....... books on the table are yours, I think. **4.** What happened to ....... mustard I bought yesterday? **5.** I'm not very interested in ....... history. **6.** You seem to have ....... chips with everything. **7.** Did you like ....... films they put on for Christmas? **8.** I simply love ....... chocolate.

## Prétérit 1

***We asked for the wrong thing.***
***We found them absolutely charming.***

1. Le prétérit 1 ne varie pas à la troisième personne. Mais il peut être irrégulier (v. liste p. 240).

2. Aux formes négative et interrogative, on emploie l'auxiliaire **did** (v. p. 234).

3. Le prétérit 1 correspond à certains emplois du passé composé français (v. p. 161).

☞ **D.** *Traduire ce dialogue :*

1. Où avez-vous trouvé cette ravissante écharpe ? **2.** Je ne l'ai pas trouvée, je l'ai achetée. **3.** Bon alors, où l'avez-vous achetée ? **4.** Je l'ai achetée dans un magasin. Et alors ? **5.** Pourquoi as-tu dit ça ? Pourquoi as-tu été si impolie avec ce type ? **6.** Il ne me plaisait pas. De toute façon, je n'ai pas vraiment été impolie.

Nous étudierons le prétérit 2 dans l'unité 3.

## 2c. PRONONCIATION

### LES SONS DE L'ANGLAIS

#### Sons et symboles : [ə]

Nous commençons cette rubrique par la voyelle que l'on remplace par un "e" à l'envers : ə. C'est le son le plus fréquent de l'anglais. *Attention, on ne trouve* [ə] *que dans les syllabes inaccentuées.* On l'entend par exemple au début de **a'go** et **a'bout** et à la fin de **'father** et **'doctor**. Il est assez proche du **"e"** de **le** et **"de"**, mais encore plus du *"e muet"* tel qu'on le prononce dans le Sud de la France : *"une tasse de café."*

Les mots suivants contiennent tous le son [ə] dans la partie imprimée en gras. Notez que l'orthographe varie énormément :
accurate **A**meric**a** aut**u**mn broth**er** graci**ou**s import**a**nt
liter**ature** meth**o**d marvell**ou**s nati**o**n Oxf**o**rd partic**ular**
p**er**haps postm**e**n pr**o**fess**or** t**o**morr**o**w thor**ough**

☞ **E.** *Dans les mots suivants, où pensez-vous trouver le son* [ə] *? Souligner la voyelle concernée :*
**a'mazing a'nother ba'nana 'Canada for'get oppor'tunity po'tato 'sister su'pport su'ppose temp'tation 'wonderful.**

### RYTHME

Dans l'unité 1, nous avons expliqué ce qu'on appelle "mots lexicaux". Les autres mots de la phrase (ceux que l'on omet dans un télégramme) sont appelés *mots grammaticaux.* Ils établissent un lien grammatical entre les mots lexicaux. Ce sont précisément ces mots que les anglophones "avalent" :

— les articles (**a, the...**),
— les prépositions (**at, of...**),
— les conjonctions (**and, but...**),
— les pronoms personnels (**he, she...**),
— les verbes auxiliaires (**is, are, can, do, will...**)

Notez que les mots interrogatifs (**what, when, where, which, who, whose, why** et **how**) sont considérés commes des mots lexicaux et donc sont accentués.

☞ **F.** *Souligner les mots grammaticaux :*
1. Would you like a cup of coffee after your meal? **2.** Can you tell me how to get to the post office, please? **3.** We usually stay at home for Christmas. **4.** The old man with a beard is Gary's grandfather.

La distinction entre mots lexicaux et grammaticaux est très importante pour la compréhension et la prononciation de l'anglais. Voici deux règles simples :

**1.** Les mots grammaticaux sont habituellement inaccentués ("avalés"), mais peuvent être accentués dans certains cas (voir p. 30), ce qui modifie leur prononciation : nous y reviendrons.

**2.** Les mots lexicaux sont toujours plus ou moins accentués, et donc ont toujours la même prononciation.

## ACCENT DE MOT

### Les syllabes

Nous venons de voir que les mots lexicaux sont toujours accentués. Mais jusqu'à présent, nous n'avons pris comme exemples que des mots d'une syllabe. Bien sûr, de nombreux mots lexicaux ont plus d'une syllabe.

☞ **G.** *Diviser les mots suivants en syllabes.* Attention : certains n'ont qu'une syllabe :
Exemple : wonderful : won - der - ful
**television, world, dictionary, window, armchair, France, train, happy, hotel, telephone, mother, disaster.**

## LES SYLLABES ACCENTUÉES

En français, dans les mots lexicaux de plusieurs syllabes, l'accent de mot ne pose pas de problème : les syllabes sont plus ou moins égales entre elles, la dernière étant légèrement accentuée.

En anglais, *une* syllabe est accentuée (prononcée plus fort que les autres), tandis que les autres sont "avalées". Cette syllabe peut occuper n'importe quelle position dans le mot. Comparez ces mots anglais et français. La syllabe accentuée est en gras :

ci-ga-**rette** : ciga**rette**
en-cy-clo-**pe**-dia : encyclopé**die**
fan-**tas**-tic : fantas**tique**
ri-**di**-cu-lous : ridi**cule**
**com**for-tab-le : confor**table**.

Dans les pages "prononciation", le signe : ' indique la syllabe accentuée. Il se place juste avant celle-ci. Par exemple, pour indiquer que c'est la première syllabe de **mo**ther qui est accentuée, nous écrirons : **'mo**ther.

Nous verrons que quelques règles très simples déterminent la place de l'accent dans un mot lexical.

# 3. SMOKING

*Linda finds out why Mark is being bad-tempered.*

**L.** = Linda — **M.** = Mark

**L.** Mark, why are you in such an awful mood[1]?

**M.** What? Oh, I'm sorry. I'm trying to give up smoking and it's making me feel rather bad-tempered I'm afraid.

**L.** Again? You're getting to be a bit like the man in the joke, you know, "Oh it's easy to give up smoking. I do it at least once[2] a month."

**M.** Yes, well, I can tell you it's no joke.

**L.** How long did you stop for last time?

**M.** Just over five months.

**L.** That's quite a long time. Why on earth did you start again?

**M.** Well, I was at a party and everyone else was smoking and you know how it is.

**L.** Well, no, I don't really. I've never been an addict myself. We're all very anti-smoking in my family. In fact if someone offers my sister a cigarette, she always accepts it, breaks it in two and says, "Thanks very much, that's one less to pollute the atmosphere." People get absolutely furious with her!

**M.** I'm not at all surprised.

**L.** Did you hear about that case in America? A man sued three tobacco companies when his wife died of lung cancer?

**M.** No? What happened?

**L.** Well, I don't know all the details, but I know he was awarded substantial damages.

**M.** Well, if that starts a trend[3] the tobacco companies will be in trouble. They'll have to put their prices up.

**L.** I'm all in favour of that. It'd put more people off[4] smoking. Well, anyway, good luck. Don't let yourself be tempted again.

**M.** Mmm. That's easier said than done. It's obvious you've never been a smoker.

# 3. LE TABAC

*Linda découvre pourquoi Marc se montre de mauvaise humeur.*

**L. = Linda — M. = Marc**

**L.** Marc, pourquoi t'es de si mauvaise humeur ?

**M.** Quoi ? Oh, excuse-moi ; j'essaie d'arrêter de fumer et malheureusement, ça me rend plutôt irritable.

**L.** Encore ? Tu commences à ressembler un peu au bonhomme de la blague. Tu sais : "Oh ! c'est facile d'arrêter de fumer, moi, j'arrête au moins une fois par mois."

**M.** Oui, eh bien, je peux te dire que c'est pas une plaisanterie.

**L.** Tu t'es arrêté combien de temps la dernière fois ?

**M.** Un peu plus de cinq mois.

**L.** Ça fait pas mal de temps, ça ; pourquoi tu as recommencé, alors ?

**M.** Eh ben, j'étais à une soirée, et tout le monde fumait, tu sais ce que c'est.

**L.** À vrai dire, non. Moi, je n'ai jamais été accro. Dans la famille, on est tous très antitabac. Et même, si quelqu'un offre une cigarette à ma sœur, à chaque fois elle la prend, elle la casse en deux, puis elle dit : "Merci beaucoup, ça en fait une de moins pour polluer l'atmosphère." Ça rend les gens fous de rage.

**M.** Pas étonnant.

**L.** Est-ce que tu as entendu parler de cette affaire en Amérique ? Un type qui a fait un procès à trois fabricants de cigarettes quand sa femme est morte d'un cancer du poumon ?

**M.** Non. Et qu'est-ce qui s'est passé ?

**L.** Eh bien, je ne connais pas tous les détails, mais je sais qu'ils lui ont accordé pas mal de dommages et intérêts.

**M.** Eh bien, si ça devient une mode, les fabricants vont avoir des ennuis. Ils vont être obligés d'augmenter leurs prix.

**L.** Je suis tout à fait pour. Ça dissuaderait plus de gens. Enfin, bonne chance. Ne te laisse pas retenter.

**M.** Hm. C'est plus facile à dire qu'à faire. On voit bien que tu n'as jamais fumé, toi.

## 3*a*. VOCABULAIRE ET EXPRESSIONS

1. **"... why are you in such an awful mood?"** : **in a good mood** : *de bonne humeur;* **in a bad mood** : *de mauvaise humeur.* Noter que **"in a mood"** et **"moody"** signifient *d'humeur maussade.* **Moody** peut également avoir le sens de *lunatique, changeant.*

Attention : **a lunatic** / 'lu:nətɪk / **signifie** *un fou.*

2. **once** : ce mot signifie *une fois*; **twice** = *deux fois*; ensuite on continue tout simplement par : **three times, four times**, etc.

3. **a trend = a fashion.**

**The trend is for smaller families.**
*La tendance est aux familles moins nombreuses.*
**Trendy = fashionable** : *à la mode, dans le vent.*

**We had dinner in a trendy restaurant.**
*Nous avons dîné dans un restaurant à la mode/coté.*

4. **put off** : ce verbe à particule a deux sens principaux :

— celui du texte : *décourager, refroidir.*
**She is a nice girl but her voice puts me off.**
*Elle est sympa mais j'ai du mal à supporter sa voix.*

— autre sens : *renvoyer à plus tard.*
**The meeting has been put off until next Monday because of the strike.**
*La réunion a été remise à lundi prochain en raison de la grève.*

☞ **A.** *À l'aide du contexte, déterminer le sens de chaque verbe puis traduire les phrases :*
**1.** I asked the operator to put me through to Mr. Johnson's office. **2.** My sister will put you up in her house until you find a place of your own. **3.** Ken always finds it difficult to put his ideas across. **4.** The barbecue was put off because of the rain.

☞ **B.** *Traduire :*
**1.** J'ai vu ce film deux fois. **2.** Habituellement, Fiona n'est pas aussi maussade. **3.** Barry est de bonne humeur aujourd'hui. **4.** C'est la mode d'avoir un téléphone portable.

## 3*b*. GRAMMAIRE

### *was* + *-ing*: le prétérit 2

***Everyone else was smoking***

1. Le prétérit 2 s'emploie lorsqu'une action passée est mise en perspective, saisie dans son déroulement. Comparez avec le prétérit 1 :
**Everyone else smoked** : *tous les autres ont fumé/fumèrent.*
C'est une simple information.
**Everyone else was smoking** : *tous les autres fumaient.*
Cette phrase suggère le regard de celui qui parle sur la situation. Autre exemple :
**I was working peacefully when you rang me up.**
*Je travaillais tranquillement quand tu m'as téléphoné.*
Un nouvel élément (la sonnerie du téléphone) est apparu dans un paysage connu (le travail).

2. En pratique le prétérit 2 en anglais correspond à un imparfait en français, mais *l'inverse n'est pas toujours vrai.*

☞ **C.** *Mettre les verbes au prétérit 1 ou 2 selon le cas :*
I think we (meet) last year in Brighton. **2.** I could see that you (not listen). **3.** Why you (turn off) the telly? I (enjoy) that film. **4.** What you (do) when I (ring) you up? What was that noise? **5.** What you (do) after I (ring) you up? **6.** Oh hello, George! We just (talk) about you. **7.** Suddenly they (realize) that everybody (look) at them.

### ... *self* ou *each other*?

***Don't let yourself be tempted again.***

1. On emploie les pronoms réfléchis **myself, yourself**... (v. p. 225) lorsque le sujet est aussi l'objet de l'action. Autre exemple :
**When I came in, she was looking at herself in the mirror** : *Quand je suis entré, elle se regardait dans le miroir.*

2. Ne pas confondre avec le pronom réciproque, qui est toujours **each other** :
**We looked at each other and burst out laughing** : *On s'est regardés (l'un l'autre) et on a éclaté de rire.*

## 3c. PRONONCIATION

### RYTHME ET ACCENT DE MOT

Dans les deux premières unités, nous avons expliqué que :
— les mots grammaticaux sont presque toujours inaccentués.
— dans les mots lexicaux, toutes les syllabes, sauf une, sont inaccentuées.

C'est cette succession de syllabes accentuées et inaccentuées qui crée un rythme très différent du français, d'où cette impression que les anglophones "avalent" les mots.

☞ **D.** *Souligner les mots lexicaux :*
**1.** The government was very successful at the last election. **2.** I'd love to buy that encyclopaedia, but it's just too expensive. **3.** What an extremely uncomfortable armchair!

☞ **E.** *Vérifiez vos réponses puis entourez la syllabe accentuée de chacun de ces mots.*

### FORMES FAIBLES ET FORMES FORTES

Nous avons déjà dit que les mots grammaticaux changent de prononciation selon qu'ils sont accentués ou inaccentués. Lorsque les mots grammaticaux sont accentués, on dit qu'ils sont en **forme forte**. Lorsqu'ils sont inaccentués ("avalés"), on dit qu'ils sont en **forme faible**. Cette forme est de loin la plus fréquente.

Chacune de nos unités traitera en détail des différentes prononciations d'un mot grammatical, mais disons tout de suite que les formes fortes sont relativement rares : en général, c'est la **forme faible** qui est utilisée.

Si vous n'utilisez que les formes fortes, votre anglais manquera de naturel, mais on vous comprendra quand même. Par contre, si vous ne faites pas l'effort de vous habituer aux formes faibles *vous aurez toujours du mal à comprendre les anglophones.*

Prenons par exemple la préposition **"for"** : dans la plupart des cas, on utilise la forme faible **[fə]**.

Exemples : **Beer for Tom, gin for me and whisky for you.** Sans oublier, bien sûr : **Tea for two.**

Quant à la forme forte, elle se prononce [fɔ:], exactement comme **"four"** *("quatre")*. L'équivalent français le plus proche est "fort", mais sans prononcer le **"r"** : c'est sans doute ce que l'on vous a appris à dire tout le temps. Mais en fait, il n'existe que deux cas d'emploi de la forme forte :

1. Le mot grammatical est en fin de phrase.

**Yes, it looks very nice, but what's it for?**
*Oui, c'est très beau, mais ça sert à quoi?*

2. Le mot grammatical a une importance particulière dans la phrase (ne serait pas omis dans un télégramme).

**Say "wait for somebody", not "wait somebody".**

☞ **F.** *Dans quelles phrases emploiera-t-on la forme faible de* **"for"** *?*

1. Peter's been waiting for hours. **2.** That's for you. **3.** I've lived in Paris for five years. **4.** I said there was a letter for Tim, not from him.

## LES SONS DE L'ANGLAIS

### Sons et symboles : [ɪ], [i:], [ɪə]

L'anglais possède trois sons qui rappellent plus ou moins le i français.

**1.** Une voyelle brève représentée par [ɪ]. Ce son se situe entre le "i" de **"dit"** et le **"é"** de **"dé"**. Exemple : **sit** [sɪt].

**2.** Une voyelle longue représentée par [i:]. C'est un "i" franc et un peu plus long qu'en français. Le mot *"bille"* en donne une idée approximative. Exemple : **see** [si:].

**3.** Une suite de deux voyelles prononcées sans aucune pause : c'est ce qu'on appelle une "diphtongue" : [ɪ] + [ə] = [ɪə].

Voici quelques exemples tirés du dialogue :

[ɪ] **bit, give, sorry, thing, very, will.**
[i:] **been, details, easy, feel, least, people, three.**
[ɪə] **beer, here, really.**

☞ **G.** *Classer ces mots en trois groupes suivant la ou les voyelles qu'ils contiennent :* [ɪ], [i:] *ou* [ɪə].

**beer, build, busy, cheap, cheese, ears, England, hear, machine, minute, really, seat, women.**

# 4. ADRIAN'S BROKEN ARM

*Linda is shopping with her little boy when she meets a friend.*

A. = Anne — L. = Linda

**A.** Hello, Linda. Oh, what's Adrian done to his arm?

**L.** Broken it.

**A.** No! How did that happen?

**L.** Apparently he fell off the slide[1] at play school. He's broken both bones in his forearm, near his wrist, and he's got to keep the plaster on[2] for a month.

**A.** Oh, no!

**L.** Yes, we weren't very pleased about it, I can tell you. You see when we go to pick him up[3] quite often there's no-one with the children, so we wonder whether there was anyone supervising when it happened.

**A.** Oh, really? But why on earth[4] do they leave the children on their own?

**L.** Well, during the lunch hour they haven't got enough staff to look after the children and answer the phone and take the money, so when they have to deal with anything like that the children are left on their own.

**A.** But surely they should have an answering machine or just let the phone ring.

**L.** Exactly, that's what I said. Anyway, of course they say there were two of them there when it happened and I suppose we'll never know. It seems it's the first time they've ever had an accident like that.

**A.** Well anyway, it doesn't seem to bother him.

**L.** No, not really. He's adapted very quickly, although it took five of us to get the plaster on.

**A.** Five of you?

**L.** Mmm, one to put it on and four to hold him down!

# 4. ADRIEN SE CASSE LE BRAS

*Linda fait ses courses avec son petit garçon lorsqu'elle rencontre une amie.*

**A. = Anne — L. = Linda**

**A.** Bonjour, Linda... oh ! qu'est-ce qu'il s'est fait au bras, Adrien ?

**L.** Cassé !

**A.** Non ! Comment est-ce que c'est arrivé ?

**L.** Apparemment, il est tombé du toboggan au jardin d'enfants. Il s'est cassé les deux os de l'avant-bras, à la hauteur du poignet, et il faut qu'il garde le plâtre pendant un mois.

**A.** Oh, non !

**L.** Eh oui, on n'était pas très contents, je peux te le dire ! Tu comprends, quand on va le chercher, bien souvent, il n'y a personne avec les enfants ; donc on se demande s'il y avait quelqu'un pour surveiller quand c'est arrivé.

**A.** Ah bon ? Mais pourquoi est-ce qu'ils laissent les enfants sans surveillance ?

**L.** Eh bien, pendant l'heure du déjeuner, ils n'ont pas assez de personnel pour s'occuper des enfants, répondre au téléphone et encaisser, alors quand ils ont un truc comme ça à faire, les enfants se retrouvent seuls.

**A.** Mais quand même, ils devraient avoir un répondeur, ou tout simplement laisser le téléphone sonner.

**L.** Exactement, c'est ce que j'ai dit, moi. Enfin, bien sûr, ils disent qu'ils étaient deux quand c'est arrivé, et j'ai l'impression qu'on ne saura jamais la vérité. Il paraît que c'est la première fois qu'ils ont un accident comme ça.

**A.** En tout cas, ça n'a pas l'air de l'embêter, lui.

**L.** Non, pas vraiment, il s'est très vite adapté, bien qu'on ait dû s'y mettre à cinq pour lui mettre le plâtre.

**A.** À cinq?

**L.** Oui, un pour mettre le plâtre, et quatre pour tenir le gosse en place !

## 4*a*. VOCABULAIRE ET EXPRESSIONS

1. **slide** : to slide, slid, slid : *glisser, faire glisser, coulisser ;* a slide : *une glissade ; un toboggan,* et *une diapositive !*

2. **... he's got to keep the plaster on...**
**have got to do** = **have to do** : *être obligé de faire.*
**have got** : *avoir, posséder.* Dans ce sens, les Américains l'emploient moins que les Anglais.
**"Have you got...?"** : en anglais britannique devient souvent : **"Do you have...?"** en anglais américain (v. p. 234).

3. **pick up**: Ce verbe a plusieurs sens, assez proches les uns des autres. L'idée générale est *ramasser/acquérir.*

☞ **A.** *Remplacer* **pick up** *par un des synonymes donnés ci-dessous lorsque le sens de la phrase le permet :*
**learn ; rescued ; improving ; call for ; met ; recover.**
1. I managed to pick up quite a lot of Italian during my holiday. 2. Alison's going to pick me up about eight o'clock. 3. *You* dropped it, so *you* can pick it up. 4. How did Paul meet Vicky? — Well, actually, I think he picked her up in a pub. 5. Twelve survivors were picked up. 6. Business is picking up. 7. He was very ill but he's beginning to pick up now.

4. **... why on earth...?** : les expressions **on earth** et **the hell** (beaucoup plus familier) renforcent une question et ajoutent une nuance d'étonnement ou d'agacement. On les place directement après le mot interrogatif :

**What the hell are you doing?**
*Qu'est-ce que vous foutez, bon sang ?*

**Who on earth does he think he is?**
*Il se prend pour qui, celui-là ?*

☞ **B.** *Traduire :*
1. Je dois finir cette lettre ce soir. 2. J'ai trois sœurs. 3. Ils ont des photos de leurs vacances en Afrique. 4. Paul doit prendre Christine à la gare demain matin.

## Article ou pas article? (2)

***He fell off the slide at play school.***

1. Lorsqu'on se réfère à la fonction spécifique (enseignement, soins...) qu'ils ont pour leurs usagers naturels, les noms comme **school, university, hospital, parliament**, etc., ne prennent pas l'article :

**My son goes to school now.** *Mon fils va à l'école maintenant.*
Mais : **We've bought a house near the school.** *Nous avons acheté une maison près de l'école.*

2. Ceci concerne également **church, college (at/to)** et **jail/prison (in/to).**

☞ **C.** *Compléter par une préposition et éventuellement un article :*

1. Jenny went ...... prison to visit her brother. 2. Do you go ...... church every Sunday? 3. Are you still ...... university? 4. Henry was sent ...... prison for shoplifting. 5. We'll have to go ...... hospital and see how he is. 6. Three people were admitted ...... hospital after the accident.

## *Let* + v. : Laisser + v.

***They should let the phone ring.***

**Let me help you** : *Laissez-moi vous aider.*
**I won't let you do that** : *Je ne vous laisserai pas faire ça.*

## Possessif + partie du corps

***What's Adrian done to his arm?***

On emploie le possessif et non l'article défini dans les phrases telles que :

**I opened *my* eyes** : *J'ouvris* les *yeux.*
**The dog bit *his* hand** : *Le chien lui mordit* la *main.*
**He broke *his* leg** : *Il* s'*est cassé* la *jambe.*

☞ **D.** *Traduire :*

1. Il leva la main pour poser une question. 2. Ferme les yeux. 3. Le docteur la regarda et lui souleva la tête. 4. Tournez la tête par ici. 5. Tu n'es pas assez grand pour aller à l'école tout seul.

## 4c. PRONONCIATION

### RYTHME ET FORMES FAIBLES

### and

Dans cette unité, nous allons étudier la prononciation d'un mot grammatical très courant : **and**. Sans doute avez-vous l'habitude de lui donner sa forme forte : [ænd]. En fait, celle-ci n'est que très rarement utilisée. Les cinq **and** du dialogue sont tous en forme faible : [ən] ou tout simplement [n].

"... **answer the phone and take the money...**"

Voici maintenant un exemple où l'insistance justifie l'emploi de la forme forte ['ænd] :

— **Did you *see Pe*ter or *De*nnis?**

— ***Ac*tually, I *saw Pe*ter *and De*nnis.**

☞ **E.** *Souligner les mots lexicaux* (qui seront accentués) *et encercler les mots grammaticaux* (qui seront "avalés") *:*

1. Fish and chips is one of my favourite dishes. 2. Tell Simon to stop jumping up and down. 3. Just a small gin and tonic, please. 4. You've forgotten to give me a knife and fork. 5. There's a Laurel and Hardy film on tonight. 6. Kevin loves rock-and-roll.

### L'ACCENT DES MOTS LEXICAUX

Est-il si important d'accentuer correctement les mots anglais ? La réponse est oui. L'accentuation étant plus marquée qu'en français, si on se trompe, le mot ne ressemble plus du tout à ce que l'on veut dire et l'on n'est pas compris. Voici quelques exemples de malentendus authentiques.

Un des plus célèbres grands magasins de Londres s'appelle "Selfridges". L'accent est sur la première syllabe : **'Selfridges**. Un malentendu est possible dans une phrase comme celle-ci :

**I'm going to Selfridges.** *Je vais à Selfridges.*

Si vous placez l'accent sur la deuxième syllabe :

**I'm going to Sel'fridges**, les Anglais comprendront que vous voulez dire : **I'm going to sell fridges.** *Je vais vendre des frigos.*

Lorsqu'ils vous écoutent, les anglophones repèrent surtout les syllabes accentuées. Si l'accent est mal placé, ils risquent de prendre un mot pour un autre. Le mot **tourism** est accentué sur la première syllabe : **tourism**. Dans le dialogue suivant, un étranger avait placé l'accent sur la deuxième syllabe :

*Anglais*: **Why do you think it's a town with a future?**

*Étranger*: **Tou'rism.**

— *Pourquoi pensez-vous que la ville a un avenir ?*

— *Le tourisme.*

Mais l'Anglais comprit "**two 'reasons**" et demanda quelles étaient donc ces deux raisons.

Un autre exemple très connu est celui du touriste allemand à Londres, que son taxi amena à Kensington au lieu de Camden Town ; comparez : **Camden Town** (· · —) et **Kensington** (— · ·). Or notre touriste prononçait "**Camden Town** (— · ·)". Le bruit ambiant, les sons communs [k], [t] et [n] favorisèrent la confusion.

## LES SONS DE L'ANGLAIS

### Sons et symboles : [æ], [ɑ:], [aʊ]

Le symbole [æ] représente la voyelle de **cat** [kæt] qui rappelle notre mot *patte*, mais la bouche est un peu plus ouverte : c'est le **a** parisien (*"Atmosphère, atmosphère..."* comme dit Arletty).

Le symbole [ɑ:] représente la voyelle de **car** [kɑ:]. C'est un a long, "de gorge" qui rappelle les mots *pâte, théâtre*, comme on les prononce dans les beaux quartiers.

Le symbole [aʊ] représente une diphtongue composée d'un **a** et d'un son proche de **ou**. Ex. : **town** [taʊn]. Si vous prononcez assez sèchement ***va où*** *tu veux*, en insistant sur *va*, vous n'en êtes pas loin.

Voici quelques exemples tirés du dialogue :

[æ] **happen, accident,**

[ɑ:] **arm, plaster, staff, after, answer,**

[aʊ] **about, hour, down.**

☞ **F.** *Classer ces mots en trois groupes suivant la voyelle qu'ils contiennent :* [æ], [ɑ:] ou [aʊ].
**ask, *a*tmosphere, f*a*ctory, hand, heart, house, laugh, loud, m*a*gazine, March, match, mouth, tom*a*to, town, sound.**

# 5. THE ABSENT-MINDED SHOPLIFTER

*A store detective stops a man who is just leaving the store.*

**S.D.** = Store Detective — **C.** = Customer

**S.D.** Excuse me sir, I'm afraid[1] I'll have to ask you to accompany me to the manager's office.

**C.** What? The manager's office? What are you talking about?

**S.D.** I'm talking about the items in your pocket which you've neglected to pay for.

**C.** What[2]? Oh good heavens! I quite forgot about them! Let me explain. I didn't take a basket because I only came in for a pint of milk. Then I saw a couple of other things I needed and I just put them in my pocket because it was easier to carry them that way, but it was just an oversight. I'll pay for them now.

**S.D.** I'm afraid you'll have to see the manager, sir.

**C.** But this is ridiculous. I had no intention of stealing these things. It was sheer absent-mindedness.

**S.D.** I'm very sorry sir, but it's company policy to deal with all shoplifters[3] in the same way — we always prosecute. You'll have to explain the facts to the manager.

**C.** What! Prosecute! You can't be serious! I wouldn't dream of shoplifting. I'm a respectable member of the community. I mean to say, would I risk my good name for a couple of batteries and a torch?

**S.D.** Would you prefer the manager to come down here, sir?

**C.** No, no, I'll come with you. I'm quite sure the manager will understand. The whole thing is just too ridiculous for words. I've never been so insulted in all my life.

# 5. LE VOLEUR MALGRÉ LUI

*Une inspectrice retient un homme qui quitte le magasin.*

**I. = Inspectrice — C. = Client**

**I.** Pardon, monsieur. Je vais malheureusement être obligée de vous demander de me suivre dans le bureau du directeur.

**C.** Quoi ? Le bureau du directeur ? Mais de quoi s'agit-il ?

**I.** Des articles qui sont dans votre poche et que vous avez négligé de payer.

**C.** Quoi ? Oh, mon Dieu ! Je n'y pensais plus du tout. Laissez-moi vous expliquer. Je n'ai pas pris de panier, parce que je ne suis entré que pour une bouteille de lait ; et puis j'ai vu deux ou trois autres choses dont j'avais besoin, et je les ai mises dans ma poche, simplement parce que c'était plus facile à transporter comme ça ; mais ce n'est qu'un oubli, je vais les payer maintenant.

**I.** Malheureusement, monsieur, il vous faudra voir le directeur.

**C.** Mais c'est ridicule ; je n'avais aucune intention de voler ces objets, ce n'était que pure distraction.

**I.** Je suis désolée, monsieur, mais la maison a pour politique de traiter tous les voleurs de la même façon ; nous engageons toujours des poursuites. Vous devrez expliquer les faits au directeur.

**C.** Quoi ! Des poursuites ! Mais vous plaisantez ! Jamais je ne songerais à voler dans un magasin. Je suis un honnête citoyen, enfin, est-ce que j'irais risquer ma réputation pour deux-trois piles et une lampe de poche ?

**I.** Préféreriez-vous que le directeur descende ici, monsieur ?

**C.** Non, non, je vais venir avec vous. Je suis persuadé que le directeur comprendra. Toute cette histoire est trop bête ! Jamais on ne m'a insulté comme ça !

## 5*a*. VOCABULAIRE ET EXPRESSIONS

1. **I'm afraid...** : on emploie très souvent cette expression pour annoncer avec plus de ménagements un fait déplaisant ou contrariant.

**I'm afraid Mr. Turner isn't available.**
*M. Turner n'est malheureusement pas libre.*

Ne pas confondre avec **I'm sorry**, qui signifie *je m'excuse* ou *je regrette.*

☞ **A.** *Ajouter* **I'm sorry** *ou* **I'm afraid** *aux phrases suivantes :*
1. Excuse me, ...... that's my magazine you're reading. **2.** ...... I was so rude on Saturday, I'd had too much to drink. **3.** ...... I didn't phone you last night, I completely forgot about it. **4.** ...... Mr. Bull won't be back until three o'clock. **5.** Carol has broken one of your coffee cups, .......

2. **What?** : Il existe de nombreuses manières de demander à son interlocuteur de répéter ce qu'il vient de dire. Les formules suivantes vont du moins poli au plus poli : **Eh? What? Sorry? What was that (you said) again? Pardon? I beg your pardon? I'm afraid I didn't (quite) catch what you said.**

3. **shoplifter** : désigne le *voleur à l'étalage.* Autrement, *voleur* se dit **thief** ou **robber**.

Notez l'emploi de **from** avec le verbe **steal**, *voler* :

**They stole fifty pounds from the old lady.**
*Ils ont volé cinquante livres à la vieille dame.*

**Rob** n'est pas suivi du nom de l'objet du délit, mais de celui de la victime.

**They've robbed the bank.** *On a dévalisé la banque.*

☞ **B.** *Traduire :*
1. Les bandits ont volé deux mille livres. **2.** Les trois hommes dévalisèrent cinq banques avant d'être arrêtés. **3.** Le comptable avait volé beaucoup d'argent à son entreprise. **4.** Mon cousin est à Tombouctou. — Comment ? **5.** Quelqu'un a volé mon portefeuille.

## 5*b*. GRAMMAIRE

### Le génitif

***The manager's office***

1. Cette construction s'emploie s'il existe un lien étroit (par exemple de possession) entre un être animé **A** et une personne ou un objet **B**. Voici un autre exemple. Remarquer l'ordre des mots :

*The Queen's birthday*
A 's B
B de A
*L'anniversaire de la reine.*

2. Si **A** est un nom propre, il n'y a pas d'article :
**John's bicycle,** *la bicyclette de Jean.*

3. Si **A** est un pluriel en **-s**, on écrit seulement une apostrophe : **Our friends' house** : *la maison de nos amis.*

4. Mais après un pluriel irrégulier, on écrit **'s** : **The children's toys** : *les jouets des enfants.*

☞ **C.** *Traduire :*

**1.** John et Tim repeignent l'appartement de Jane. **2.** Est-ce que la mère de Fred t'a téléphoné ? **3.** C'est l'assiette du chat, ça ? **4.** La grève des conducteurs dura trois semaines. **5.** Laisse ça dans la chambre des enfants.

### *Must* + v → *will have to* + v.

***I'll have to ask you to accompany me...***
***You'll have to explain the facts to the manager.***

1. Au présent, l'obligation exprimée par l'auxiliaire modal **must** vient de celui qui parle, contrairement à celle exprimée par l'équivalent **have to**. Comparer :
**You must go to bed now** (c'est un ordre).
**You have to go to bed now** (c'est le règlement).

2. Aux autres temps, la différence s'efface et l'on n'utilise que **have to**, ce qui donne par exemple **had to** pour le passé et **will have to** pour le futur. Comparer avec ce qui se passe pour **can** (v. p. 95).

☞ **D.** *Traduire :*

**1.** Les enfants devront courir. **2.** Vous n'aurez pas à le payer. **3.** Il faudra vous lever tôt demain. **4.** J'ai dû partir presque tout de suite. **5.** Nous devrons prendre le panier de Kitty.

## 5*c*. PRONONCIATION

### RYTHME ET FORMES FAIBLES

**but**

**But** est presque toujours utilisé en forme faible : [bət]
**But *this* is *ridi*culous.**
**I'm *very sorry*, *sir*, but it's *com*pany *po*licy...**

La forme forte, très rare, est ['bʌt]
— **You promised you'd do it!**
— **Ah, but...** (pause) **I didn't say when.**

☞ **E.** *Souligner tous les mots lexicaux* (qui seront accentués) *et entourer tous les mots grammaticaux* (qui seront "avalés") :

1. I'd like to help but I can't. **2.** It's a good film but it's a bit too long. **3.** Bob takes milk in tea but not in coffee. **4.** Samantha can swim but she can't dive.

### ACCENT DE MOT

La terminaison **-ion**

Dans chaque unité nous présentons une règle qui permet de prévoir la place de l'accent pour toute une famille de mots ayant la même terminaison.

N.B. : Nous indiquerons toujours l'accentuation des trois dernières syllabes :
accent sur la dernière syllabe : (· · —)
accent sur l'avant-dernière : (· — ·)
accent sur l'avant-avant-dernière : (— · ·).

*Nous commençons par une des terminaisons les plus fréquentes :* **-ion**. Les mots qui se terminent en **-ion** sont accentués sur l'avant-dernière syllabe, c'est-à-dire la syllabe qui précède **-ion** (· — ·).
Exemple du texte : in'*ten*tion [ɪn - 'ten - ʃən].

Si on ajoute **-al** ou **-ally** à ces mots la place de l'accent ne change pas. Ex. **in'*ten*tional, in'*ten*tionally**.

☞ **F.** *Indiquer la place de l'accent dans les mots suivants :*
Ex. : **prosecution - prose'cution**
accommodation ; additional ; companion ; conversationally ; dimension ; intentional ; proportionally ; recommendation ; sensational ; solution.

## LES SONS DE L'ANGLAIS

### Sons et symboles : [ɜ:], [ʌ], [ʃ], [tʃ]

Le symbole [ɜ:] représente la voyelle de **work** [wɜ:k]. Le son français le plus proche se trouve dans le mot *cœur*, un peu plus long, mais surtout prononcé sans arrondir les lèvres (qui doivent avoir la même position que dans *quart*).

Le symbole [ʌ] représente la voyelle de **cup** [kʌp]. C'est un son proche du [ɜ:], mais plus court.

Le symbole [ʃ] représente le son que l'on trouve au début de **ship** [ʃɪp]. C'est très proche du *ch* de *chemise.*

Le symbole [tʃ] représente le son que l'on trouve au début de **chicken** ['tʃɪkɪn]. Cette consonne est très proche du *tch* de *Tchécoslovaquie.*

Voici quelques exemples tirés du dialogue :

[ɜ:] **sir, words**
[ʌ] **couple, understand**
[ʃ] **sure, shoplifters**
[tʃ] **torch.**

## LA PHRASE ANGLAISE

### Le groupe de souffle

La phrase anglaise n'est pas une suite ininterrompue et monotone. Comme dans toutes les langues, la voix monte et descend et on marque une pause de temps en temps. Dans le texte imprimé, la ponctuation peut indiquer ces pauses, mais ce n'est pas toujours le cas.

Exemple :

**| If I'm shopping for clothes | or something like that | then I look in the shops in town as well|**

Chacune de ces pauses délimite ce qu'on appelle un "groupe de souffle". Dans cette partie, nous séparons les groupes de souffle par un trait vertical : |.

Noter qu'un groupe de souffle peut comporter un ou plusieurs mots :

**| Do you live in York? |**
**| No | I live in Cloughton |**

Nous verrons dans les unités à venir le rôle du groupe de souffle en anglais parlé.

# 6. THE ROYAL FAMILY

*Susan is reading an article about Prince Charles'new wife.*

**S. = Susan — D. = Dave**

**S.** I see Camilla is in the news again.

**D.** Oh? What's she done now? Sneezed?

**S.** Ha ha. Very funny. No, it seems things are not going too well between her and the rest of the Royals.

**D.** I'm so glad you told me that. I'll send a memo to the Palace telling them to be nice to her.

**S.** No need to be sarky[1].

**D.** Well, for Heaven's sake[2]. In the first place, who cares whether or not she gets on with[3] her in-laws[4]? Hardly anyone does. And secondly, I think the poor woman has the right to a bit of privacy. How would you like it if people spied on you and spread all the details of your private life all over the front page?

**S.** Well, they're used to it, aren't they? It's part of their lives. It's not the same for them.

**D.** I don't see why.

**S.** She did come from a rich family.

**D.** Well, anyway, I think the papers go too far. Everyone has the right to a certain amount of privacy.

**S.** Oh, I agree, but I don't think it does any harm. People are interested in the Royal family. They like to feel involved in their lives, just like "Dallas" really, but it's basically a friendly interest – nothing nasty.

**D.** All I can say is that I'd like to see your face if every argument you had with Peter was reported in the press!

**S.** I'd like to see Peter's!

# 6. LA FAMILLE ROYALE

*Suzanne lit un article sur la nouvelle épouse du prince Charles.*

**S. = Suzanne — D. = David**

**S.** Tiens, encore Camilla qui défraie la chronique.

**D.** Ah ? Qu'est-ce que c'est, maintenant ? Aurait-elle éternué ?

**S.** Ah, très drôle ! Non, apparemment, ça ne va pas trop bien entre elle et le reste de la famille royale.

**D.** Je suis bien content que tu me l'aies dit. Je vais envoyer une note à Buckingham pour leur dire d'être gentils avec elle.

**S.** Arrête de te moquer.

**D.** Enfin quoi, zut ! D'abord, qui est-ce que ça intéresse de savoir si elle s'entend bien avec sa belle-famille ? Presque personne ne s'entend avec la sienne. Et deuxièmement, je trouve que la pauvre femme a bien droit à un peu d'intimité. Qu'est-ce que tu dirais si on t'espionnait, et qu'on étalait tous les détails de ta vie privée en première page ?

**S.** Bah, ils en ont l'habitude, non ? Ça fait partie de leur vie. C'est pas pareil pour eux.

**D.** Je ne vois pas pourquoi.

**S.** Elle était quand même d'une riche famille.

**D.** Enfin, de toute façon, je trouve que les journaux vont trop loin. Tout le monde a droit à un minimum d'intimité.

**S.** Oh, je suis d'accord, mais je ne crois pas que ça fasse de mal. Les gens s'interessent à la famille royale, ils aiment se sentir impliqués dans sa vie, comme pour "Dallas", finalement, mais ça part d'un bon sentiment, ça n'a rien de malsain.

**D.** Tout ce que je peux dire, c'est que j'aimerais voir ta tête si les journaux publiaient un article sur chacune de tes disputes avec Pierre !

**S.** Moi, c'est la tête de Pierre que je voudrais voir !

## 6*a*. VOCABULAIRE ET EXPRESSIONS

1. **sarky** : abréviation de **sarcastic**.

2. **for Heaven's sake** : on trouve aussi **for goodness' sake** ; **for God's sake** ; **for Christ's sake**. Cette dernière expression est à utiliser avec prudence.

3. **get on with someone** : a le même sens que **get on well with someone** : *bien s'entendre avec quelqu'un*. Pour dire *mal s'entendre/ne pas s'entendre*, on utilise la forme négative. Exemple :
**I don't get on very well with him.**

4. **the in-laws** : *la belle-famille*, c'est-à-dire la famille de votre conjoint. Ne pas confondre :
— la famille du conjoint :
**brother-in-law** *(beau-frère)*, **mother-in-law** *(belle-mère)*, **son-in-law** *(gendre)*, **daughter-in-law** *(bru)*, etc.
— la famille acquise par le remariage d'un des parents :
**stepmother** *(belle-mère* ou *marâtre)*, **stepfather** *(beau-père)*, **stepson** *(beau-fils)*, etc.

☞ **A.** *Compléter les phrases suivantes :*
1. Your sister's husband is your ....... **2.** Your mother's second husband is your ....... **3.** Your son's wife is your ....... **4.** Your wife's (or husband's) father is your .......

☞ **B.** *Traduire :*
1. Il ne s'entend pas avec sa belle-sœur. **2.** Est-ce qu'ils se sont encore disputés ? **3.** Carine a été élevée en Italie et parle italien couramment.

## *be/get used to* + nom ou *-ing*

***They're used to it.***

1. **Be used to** signifie *être habitué à.*
2. **Get used to** signifie *s'habituer à, se faire à.*
3. Ne pas confondre avec l'auxiliaire **used to** qui est suivi de la base verbale (v. p. 83).

☞ **C.** *Traduire :*

**1.** Charles et Camilla ont l'habitude de voir leurs noms dans la presse. **2.** Au bout d'un moment, je me suis habitué à lui. **3.** Ne t'inquiète pas, j'ai l'habitude de me lever tôt. **4.** Je ne me ferai jamais au café anglais. **5.** Il est toujours difficile de se faire à un nouveau mode de vie.

## *have* + p.p. : le parfait

***What's she done now?***

Dans cette forme verbale, **have** est suivi du participe passé (régulier ou irrégulier : v. p. 240).
**I have never talked to John** : *Je n'ai jamais parlé à Jean.*
**Lucy has made a mistake** : *Lucie s'est trompée.*

☞ **D.** *Mettre le verbe au parfait 1 :*

**1.** I'm afraid (I / break) another one of your tea-cups. **2.** (You / ever see) Laurence Olivier's film of *Hamlet*? **3.** (I / not / finish) yet. **4.** (He / only / write) two novels so far. **5.** How many eggs (you / boil)?

## celui / ceux / celle(s) de...

***I'd like to see Peter's.***

1. Après le génitif **Peter's** le mot face, qui vient d'être utilisé, est sous-entendu. Notez la traduction par "celle de".
2. S'il ne s'agit pas du génitif, "celui / ceux / celle(s)" se traduit le plus souvent par **the one(s)** :

**The one I like best...** : Celui / celle que je préfère...

☞ **E.** *Traduire :*

**1.** Où est celui que je vous ai offert pour Noël ? **2.** Celles qui ont été fabriquées à l'étranger sont moins chères. **3.** Ceux que nous avons vus l'autre jour étaient mieux. **4.** C'est celle de votre sœur.

## 6c. PRONONCIATION

### RYTHMES ET FORMES FAIBLES

### of

La forme faible de **of** se prononce [əv] (1) ou même [ə] (2).
Ex. : ... **the *rest* of the *Royals*.**

Noter que l'emploi des formes faibles est reflété dans l'orthographe de **o'clock** qui était à l'origine **of the clock** ; **the** a complètement disparu et **of** est réduit à **o'** [ə].

La forme forte de **of** est ['ɒv] (3). Conformément aux règles énoncées p. 31, on trouve cette prononciation essentiellement en fin de phrase.
Ex. : ***What* on *earth* was he *think*ing *of?***

Remarque : bien que **of** soit souligné, son accent est moins fort que celui des mots lexicaux de la phrase. Cela s'applique à toutes les prépositions en fin de phrase.

☞ **F.** *Souligner les syllabes accentuées et indiquer la forme de* **of** *qui convient au moyen de la numérotation utilisée ci-dessus.*

Ex. **It's <u>part</u> of the <u>job</u>.** 1 ou 2 (les deux formes faibles conviennent).

**1.** He's a friend of mine. **2.** A couple of hours. **3.** Who does he remind you of? **4.** Would you like a cup of tea? **5.** Two spoons of sugar, please.

### ACCENT DE MOT

Noter que le mot **princess** est accentué sur la deuxième syllabe [prɪn'ses] (· —), sauf s'il est suivi d'un nom ou de l'adjectif **royal**.
Ex. : **Princess Ann** ['prɪnses 'æn] (— ·).
**The Princess Royal** [ðə 'prɪnses 'rɒɪəl] (— ·).
Attention à **interest** : l'accent est sur la première syllabe : ['ɪntrəst]. Noter que l'on ne prononce pas le premier **e** et le deuxième **e** se prononce [ə]. De même pour **interested** ['ɪntrəstɪd] et **interesting** ['ɪntrəstɪŋ].

## LES SONS DE L'ANGLAIS

## [ɒ], [ɔ:], [əʊ]

L'anglais possède trois sons qui rappellent plus ou moins le *o* français.

1. Une voyelle brève qui se transcrit [ɒ]. Exemple anglais : **dog** [dɒg]. Ce son est assez proche du o de *dogue.*

2. Une voyelle longue qui se transcrit [ɔ:]. Exemples anglais : **more** [mɔ:], **awful** [ɔ:ful]. Ce son rappelle le mot *fort* si l'on ne prononce pas le r.

3. Une diphtongue qui se transcrit [əʊ]. Exemples anglais : **go** [gəʊ] , **low** [ləʊ]. Partir de [ə] et arriver à un o, comme si vous répétiez très vite "le haut, le haut", en appuyant sur "le".

Voici quelques exemples tirés du dialogue :
[ɒ] **not, on, inv*o*lved**
[ɔ:] **all, bef*ore*, br*ought*, *o*rdinary, rep*or*ted, in-*law*s**
[əʊ] **going, no, so, told, don't, over, note.**

☞ **G.** *Classer les mots suivants en trois groupes suivant le son qu'ils contiennent :* [ɒ], [ɔ:] *ou* [əʊ]
**alone, ball, clock, coffee, daughter, doctor, floor, go, home, phone, road, shop, swan, talk, watch, water.**

## LA PHRASE ANGLAISE

### La syllabe tonique

Examinons ce groupe de souffle :
| I ***think*** **the** ***poor girl*** **has the** ***right*** **to a** ***bit*** **of** ***pri*****vacy** |

Parmi les syllabes accentuées de ce groupe, il y en a une (celle de **privacy**) qui ressort plus que les autres : c'est sur cette syllabe que la voix monte ou descend. C'est ce qu'on appelle *la syllabe tonique.*

Nous l'indiquerons désormais en majuscules. Autres exemples (v. dialogue 2) :
| ***What about*** **YOU?** |
| **We're *going* to FRANCE a*gain*** |

# 7. SUNDAY MORNING

*Two flatmates discuss an article in a Sunday paper, over breakfast.*

**P.** = Phil — **D.** = Dave

**P.** Oh, you're up then. Hangover?

**D.** Mmm, I've got a splitting[1] headache[2]. Have we got any Alka-Seltzer?

**P.** Nope[3]. You finished them last weekend. Pass the marmalade, will you?

**D.** I don't know how you can face[4] breakfast.

**P.** I never mix drinks. That's the secret. Hey, listen to this. There's a guy here who's been sent to jail because some girl complained he'd been chatting her up.

**D.** Keep your voice down, can't you?

**P.** Yeah, he's been pestering this girl for five years and she can't stand him[5]. It's the fourth time he's been sent to jail for it.

**D.** You're joking! Just for chatting someone up?

**P.** Well it was more than that. He kept phoning her up and going round to her house and things.

**D.** Still, it doesn't sound very fair. I mean, sticking someone in jail for that. She must have encouraged him or he would have given up, surely.

**P.** No, she told him to get lost but he wouldn't take no for an answer. Anyway, what I can't understand is what he saw in her in the first place. There's a picture of her here, look. I thought she'd be absolutely fantastic, but she's nothing special, is she?

**D.** Mmm. Perhaps she isn't very photogenic.

**P.** Yeah, maybe, but even so...

**D.** Well, there's no accounting for taste, you know what they say, "Beauty is in the eye of the beholder." Is there any coffee left?

**P.** Yeah, help yourself.

# 7. DIMANCHE MATIN

*Deux colocataires discutent d'un article dans un journal du dimanche en prenant leur petit déjeuner.*

**P. = Philippe — D. = David**

**P.** Ah, tu es levé. Gueule de bois ?

**D.** Mm... J'ai un horrible mal de crâne. Est-ce qu'on a de l'Alka-Seltzer ?

**P.** Non. Tu les as finis dimanche dernier. Tu me passes la marmelade, s'il te plaît ?

**D.** Je comprends pas comment tu peux affronter un petit déjeuner.

**P.** Je fais pas de mélanges. C'est ça, le secret. Hé, écoute ça. Y a un type qu'ils ont mis en prison parce qu'une fille s'est plainte qu'il la baratinait.

**D.** Crie pas si fort, tu veux ?

**P.** Ouais. Ça fait cinq ans qu'il empoisonne cette fille et elle peut pas le souffrir. C'est la quatrième fois qu'on l'envoie en prison pour ça !

**D.** Tu plaisantes ! Rien que pour avoir dragué une fille ?

**P.** Enfin, c'était plus grave que ça. Il arrêtait pas de lui téléphoner, d'aller chez elle, et tout ça.

**D.** Quand même, ça semble pas très juste. Franchement, mettre un type en prison pour ça. Elle devait lui donner de faux espoirs, sinon il l'aurait laissée tomber, non ?

**P.** Non ; elle lui a dit d'aller se faire voir, mais il a pas voulu comprendre que c'était non. Enfin, ce que je ne comprends pas, c'est ce qu'il a bien pu lui trouver, déjà. Tiens, regarde, il y a sa photo là, je croyais que ça serait une super-beauté, mais elle a rien de spécial, tu trouves pas ?

**D.** Peut-être qu'elle n'est pas très photogénique.

**P.** Admettons, mais quand même...

**D.** Bof, les goûts, ça s'explique pas, tu sais ce qu'on dit, "l'amour est aveugle". Reste du café ?

**P.** Oui. Tiens, sers-toi.

## 7*a*. VOCABULAIRE ET EXPRESSIONS

1. **splitting** : cet adjectif ne s'emploie que pour un mal de tête. Autres expressions plus générales : **very bad, terrible** ou **awful.**

2. **headache** : **ache** désigne une douleur lancinante. Attention à la prononciation: [eɪk] (v. unité 9). Notez les composés suivants : **toothache** ; **earache** ; **stomachache** ; **backache** *(mal aux dents / aux oreilles / au ventre / au dos).*

Dans les autres cas, on utilise plutôt le nom **pain** ou le verbe **hurt**. Exemples :
**I've got a pain in my leg** : *J'ai mal à la jambe.*
**My leg hurts** : *Ma jambe me fait mal.*

3. **nope** : équivalent familier de **no** comme **yeah** pour **yes.**

4. **to face something** : *faire face à*; *accepter un fait.*
**Let's face it, we can't afford a ski-ing holiday.**
*Regardons les choses en face : nous n'avons pas les moyens d'aller aux sports d'hiver.*

5. **I can't stand him** : *je ne peux pas le supporter*, expression équivalente : **I can't bear him.**

Attention le verbe anglais **support** signifie *soutenir, entretenir* :

**That paper always supports the government** : *Ce journal soutient toujours le gouvernement.*
**I've got a family to support** : *J'ai une famille à entretenir.*

☞ **A.** *Traduire :*

1. J'ai une rage de dents épouvantable. 2. J'espère que Pierre ne sera pas là ; je ne peux pas supporter une autre soirée à écouter ses horribles plaisanteries. 3. Je me demande ce que Karine trouve à David. 4. Personne d'autre ne peut le supporter. 5. Mon genou me fait vraiment mal.

## *For / since / how long* et le parfait 2

***He's been pestering this girl for five years.***

1. On emploie le parfait 2 **(have been + -ing)**, et non le présent pour traduire les phrases avec *depuis* et *voilà / il y a / cela fait x temps que...*

2. Dans ce cas, **for** introduit une expression de durée, tandis que **since** introduit une heure, une date, un moment précis.
**He's been pestering this girl since 1985.**
*Il empoisonne cette fille depuis 1985.*

3. Cette date peut s'exprimer par toute une proposition : **He's been drinking since his wife left him** : *Il boit depuis que sa femme l'a quitté.*

4. La question correspondante se forme avec **how long?**
**How long have you been working here?**
*Depuis combien de temps travaillez-vous ici ?*

☞ **B.** *Former le parfait 2 et compléter :*
1. Claire (knit) that jumper ...... Easter. 2. Peter (wear) glasses ...... several months. 3. He (train) as an engineer ...... last summer. 4. I (mean) to write to you ...... Christmas. 5. ...... she (use) the same perfume?

## Parfait 1 ou parfait 2?

1. Avec le parfait 1, on constate et informe ; avec le parfait 2 on commente, déduit, réagit.
**He's washed the car** : *Il a lavé la voiture* (c'est fait).
**He's been washing the car** : *Il a lavé/Il lavait la voiture* (il est tout sale/il y a de l'eau par terre, etc.).

2. Le parfait 2 envisage l'action comme une totalité ininterrompue :
**He's written ten novels** : *Il a écrit dix romans.*
**He's been writing novels for ten years** :
*Voilà dix ans qu'il écrit des romans.*

☞ **C.** *Choisir la forme qui convient :*
1. What an awful smell! Have you (painted/been painting)? 2. How many pages have you (typed/been typing)? 3. What have you (done/been doing) all this time? 4. Sorry about this mess! Alan's (played/been playing) with his model train. 5. I've already (done/been doing) the washing-up.

## RYTHME ET FORMES FAIBLES

### **have** et **has**

Les formes faibles de ces mots sont [əv] (1) et [əz] (2) respectivement. Cependant, en début de phrase, on prononce le **h** : [həv] (3) et [həz] (4).
Ex. : **Have we *got* any Alka-*Selt*zer?** (3)

Les formes fortes sont ['hæv] (5) et ['hæz] (6).
Ex. : **— You *must* have *fin*ished. — *Yes*, I *have*.**
**— *George* has *gone*. — I *know* he *has*.**
**I *have*n't *seen* *To*ny *re*cently.**

Remarquer l'emploi de la forme forte en fin de phrase (v. p. 31) et dans les formes négatives : la forme négative d'un auxiliaire est toujours accentuée.

☞ **D.** *Souligner les syllabes accentuées et indiquer la forme de* **has** *ou* **have** *qui convient (1, 2, 3...).*
**Ex. : I *think* *Joe* has *seen* *that* *film*** (1).
1. Have they decided to buy that house? **2.** I think they have. **3.** What sort of house have they got? **4.** Where has she put my glasses? **5.** Ted has been to Iceland. — I'm sure he has. 6. Has anyone seen my glasses?

## ACCENT DE MOT

### Les terminaisons **-ic** et **-ics** (· — ·)

Comme les mots qui se terminent en **-ion**, les mots en **-ic** ou **-ics** sont accentués sur l'avant-dernière syllabe, c'est-à-dire la syllabe qui précède -ic(s).
Exemple du texte : **photo'genic** [fəʊ - tə - 'dʒe - nɪk] Si on ajoute **-al** ou **-ally** à ces mots la place de l'accent ne change pas.
Exemples : **his'toric, his'torical ;**
**scien'tific, scien'tifically.**

☞ **E.** *Indiquer la place de l'accent dans les mots suivants :*
*Ex.* **romantic → ro'mantic.**
**Atlantic ; automatic ; automatically ; economic ; economical ; energetic ; fantastic ; musical ; terrific ; theoretically ; democratic ; electrical ; diplomatic ; domestic ; mathematics ; mechanic ; mechanically ; physics.**

## LES SONS DE L'ANGLAIS

### Sons et symboles : **[ʊ], [u:], [ʊə]**

**Il y a trois sons proches de notre** *ou* :

1. Une voyelle brève qui se transcrit [ʊ]. Exemple anglais : **good** [gʊd]. Ce son est assez proche du français *fou*, mais il doit être *beaucoup plus bref.*

2. Une voyelle longue, [u:]. Exemple anglais : **blue** [blu:]. Ce son est *un peu plus long* que dans le mot *moudre.*

3. Une diphtongue qui se transcrit [ʊə]. Exemple anglais : **sure** [ʃʊə]. On part de [ʊ] et l'on aboutit à [ə], un peu comme si l'on disait le mot *joue* en prononçant le *e* muet.

Voici quelques exemples tirés du dialogue :
[ʊ] **look,**
[u:] **absolutely, who, beauty,**
[ʊə] **surely.**

☞ **F.** *Classer ces mots en trois groupes suivant le son qu'ils contiennent :* [ʊ], [u:] *ou* [ʊə]
**book, cushion, food, full, insure, noon, pudding, school, screw, through, tour, took, two.**

## LA PHRASE ANGLAISE

### L'intonation

1. Nous avons vu que la voix monte ou descend à partir de la syllabe tonique. Ces mouvements de voix constituent ce qu'on appelle l'**intonation**. Dans cette partie, nous parlerons de ce qui compte peut-être le plus en intonation : le placement de la syllabe tonique.

2. Normalement, la tonique est située dans le dernier mot lexical du groupe de souffle. Exemples :
| Perhaps she isn't very photoGEnic |
| I thought she'd be absolutely fanTAStic |
| Beauty is in the eye of the beHOLDer |

Toutefois, nous verrons dans l'unité 8 que cette règle n'est pas absolue.

# 8. TROUBLE IN THE OFFICE

*Cathy is making life at the office difficult for Linda and Anne.*

**C.** = Cathy — **L.** = Linda — **A.** = Anne

**C.** Excuse me, but that happens to be MY correcting fluid.

**L.** Oh, well can I just[1] borrow it. Mine's dried up.

**C.** I'm sorry but I need it myself. I've got a very important letter which has to be done straight away.

**L.** But I only need it for a second.

**C.** You should look after your own things —it's only dried up because you didn't close it properly. If I let you have mine, you'll spoil[2] that too.

**L.** Oh, for goodness' sake, don't be so petty. It isn't yours, anyway. It's provided by the firm. It's just as much mine as yours.

**C.** I'm fed up with everybody in this office taking advantage of the fact that I look after things. It's always the same.

**A.** Here Linda, take mine. You should know better than to ask HER.

**L.** Thanks Anne, I won't be long.

**A.** No rush. I think I'll just nip out and have a cigarette. Shall I bring you back a coffee?

**L.** Mmm, yes please.

**C.** That's right, you two sit and drink coffee. That's what you're paid for, after all, isn't it?

**A.** Cathy, the sooner you move into your own office the happier we'll be, but in the meantime can't you just shut up once in a while? It's really very boring listening to you moaning all day.

**C.** You're not the only ones who'll be happier. I can't wait to get out of here.

**Mr. Fielding.** Good morning girls, everything okay?

**C./A./L.** Good morning sir, Yes sir. Fine sir.

# 8. LA GUERRE DU BLANC

*Au bureau, Catherine mène la vie dure à Linda et Anne.*

**C. = Catherine — L. = Linda — A = Anne**

**C.** Excuse-moi, mais il se trouve que c'est le mien, ce correcteur.

**L.** Oh là là... Je peux t'en prendre un peu ? Le mien a séché.

**C.** Désolée, mais j'en ai besoin aussi. J'ai une lettre très importante qui est à faire tout de suite.

**L.** Mais je n'en ai besoin qu'une seconde.

**C.** Tu n'as qu'à prendre soin de tes affaires. Si ton blanc a séché, c'est uniquement parce que tu ne l'as pas bien refermé. Si je te passe le mien, tu vas le gâcher aussi.

**L.** Bon sang, ne sois donc pas si mesquine ! C'est pas ton blanc, de toute façon, c'est fourni par la maison. C'est autant à moi qu'à toi.

**C.** J'en ai marre que tout le monde dans ce bureau profite du fait que je suis soigneuse. C'est toujours pareil !

**A.** Tiens, Linda, prends le mien. Tu devrais savoir qu'il ne faut rien demander à celle-là.

**L.** Merci, Anne. Je n'en ai pas pour longtemps.

**A.** Il n'y a rien qui presse. Je crois que je vais sortir me fumer une petite cigarette. Tu veux que je te rapporte un café ?

**L.** Oui, merci.

**C.** C'est ça, restez bien là à boire du café. C'est pour ça qu'on vous paye, sans doute.

**A.** Catherine, plus tôt t'auras ton bureau à toi, plus on sera contentes, mais d'ici là, tu ne pourrais pas la fermer de temps en temps ? C'est vraiment fatiguant de t'entendre râler toute la journée.

**C.** Vous ne serez pas les seules à être plus heureuses, j'ai hâte de sortir d'ici.

**M. Fielding.** Bonjour, mesdemoiselles. Tout va bien ?

**C./A./L.** Bonjour, monsieur. Oui, monsieur. Ça va.

## 8*a*. VOCABULAIRE ET EXPRESSIONS

**1. just** : a plusieurs sens :

1. *seulement, ne... que.* Exemple du texte :
**... can I just borrow it?**
Dans ce sens, **just** sert à atténuer un impératif :
**Just put it on the table :**
*Vous n'avez qu'à le mettre sur la table.*

2. *à l'instant, maintenant.* Exemple :
**... I'm just going to get a coffee...**
Noter en particulier cet emploi de **just** avec le parfait pour dire *venir de* (voir p. 161) :
**Diane has just finished her homework.**
*Diane vient de finir ses devoirs.*

3. *exactement.* Exemple du texte :
**It's just as much mine as yours.**

☞ **A.** *Traduire :*
1. Je vais juste mettre une lettre à la poste ; je reviens dans un instant. **2.** Ce n'était qu'une plaisanterie. **3.** Je viens d'acheter un ordinateur. **4.** C'est tout à fait ce qu'il me faut.

**2. spoil** : peut prendre le sens de *gâcher, abîmer* (voir texte) ou de *gâter.* Exemple : **a spoilt child** = *un enfant gâté.*

☞ **B.** *Le verbe* **look** *a de nombreux sens suivant la préposition ou la particule (v. p. 237) avec laquelle il est utilisé. Voici quelques exemples. Le contexte devrait vous aider à traduire ces phrases :*
1. Jane lost her glasses this morning and she's been looking for them ever since. **2.** It's difficult to find a reliable baby-sitter to look after your kids. **3.** If you're ever in New York, don't hesitate to look me up. **4.** Look out! There's a car coming. **5.** — What does "anorexic" mean? — I've no idea. Look it up in the dictionary.

☞ **C.** *Trouver dans le texte les mots ou phrases qui ont le même sens que :*
1. immediately. **2.** for a very short time. **3.** take care of. **4.** sick of. **5.** no hurry.

## 8*b*. GRAMMAIRE

### *what/who* etc. + préposition

***That's what you're paid for.***

1. Remarquer la place de la préposition dans les interrogatives :

**What are you paid for?** *À quoi vous paie-t-on ?*
**What can I serve it with?** *Avec quoi puis-je le servir?*

2. Même construction dans les relatives (v. p. 155) :
**...the items which you've neglected to pay for** (p. 38)

3. À ce propos, noter en particulier :

a) **what... for?**, qui a à peu près le même sens que **why**.
**What did you buy this for?** *pourquoi* ("pour quoi faire ?") *avez-vous acheté ça ?*

Cependant, ne pas confondre ces deux expressions :
**Why is that?** *Comment se fait-il ?*
**What's that for?** *À quoi sert ce truc?*

b) **what... like?**, qui appelle une description (v. p. 179).

4. Certains verbes peuvent demander une préposition dans une langue, mais pas dans l'autre.
**What are you looking for?** *Qu'est-ce que tu regardes ?*
**Who should I obey then?** *À qui dois-je obéir, alors ?*

☞ **D.** *Traduire :*

1. C'est ce que je cherche. **2.** Quelle radio écoutez-vous habituellement ? **3.** À quoi tu joues ? **4.** De quoi est-ce fait ? **5.** À quoi sert cette étrange machine ? **6.** Pour qui est ceci ? 7. Pourquoi avez-vous dit ça ? — Pour embêter le patron.

### L'impératif

***Don't be so petty.***

1. L'impératif a la même forme que la base verbale ; la négation se forme toujours avec **don't** :
**Come here** : *Viens/venez ici.*
**Don't be silly** : *ne sois/soyez pas stupide.*
**You two sit and drink coffee.**

2. Le pronom **you** (accentué à la forme affirmative) peut renforcer l'impératif. Exemple de forme négative :
**Don't you talk to me like that!**
*Ne t'avise pas de me parler ainsi!*

## RYTHME ET FORMES FAIBLES

### the

Il existe deux formes faibles : [ðə] et [ðɪ]

Devant une consonne, on utilise : [ðə] (1).

Ex. : **It's pro*vid*ed by the *firm*.**

Devant un son vocalique, on utilise : ['ðɪ] (2).

Ex. : **You're *not* the *only ones*...**

La forme forte, assez rare, est [ði:] (3).

Ex. : **— I've just *seen Paul New*man. — *The Paul New*man?**
*— Je viens de voir Paul Newman. — Quoi, Paul Newman, l'acteur ?*

☞ **E.** *Souligner les syllabes accentuées et indiquer la forme de* **the** *qui convient (1, 2 ou 3) :*
1. The one I want is out of stock. 2. The umbrella in the corner is mine. 3. The honest way is the best way. 4. Henry lives in the United States now.
(N.B. : Voir p. 79, prononciation de **union**, etc.)

☞ **F.** *Souligner les syllabes accentuées et entourer* toutes les formes faibles *que nous avons* déjà étudiées *:*
1. The apples on that tree should be ripe soon. 2. There's a lot of snow in the Alps. 3. Has he got a place of his own?

## ACCENT DE MOT

### La terminaison **-ette** (· · —)

Les mots qui se terminent en **-ette** sont accentués sur la dernière syllabe. Exemple du texte : **ciga'rette**.

Autres exemples :
**ca'ssette** ; **kitche'nette** ; **launder'ette** ; **quar'tette** ; **serv'iette** ; **suffra'gette** ; **ushe'rette**.

Deux exceptions importantes : **'etiquette** ; **'omelette**.

Les Américains ont tendance à mettre l'accent plus à gauche. Ainsi on trouve : **'cigarette** ; **'kitchenette**...

## LES SONS DE L'ANGLAIS

### Sons et symboles : **[e], [eə], [θ], [ð]**

Les symboles [e] et [eə] représentent les sons de **men** [men] et **where** [weə].

Le son [e] est assez proche du è français.

Quant à [eə], c'est une diphtongue : on glisse de [e] à [ə]. Le mot **pear** *(poire)* ressemble un peu au français *père*, sans prononcer le "r".

Noter que le fameux **th** anglais correspond en fait à deux sons différents. Il y a donc deux symboles : **[θ]**, comme dans **thin** [θɪn], et **[ð]**, comme dans **that** [ðæt]. Il n'y a pas d'équivalents français, mais il suffit de prononcer **s** ou **z** en tenant la langue entre les dents.

Voici quelques exemples tirés du dialogue :

[e] **get, well, very, any, let, fed, petty,**

[eə] **fair** (dialogue 7), **cares** (dialogue 6),

[θ] **things, everything,**

[ð] **the, that, than.**

☞ **G.** *Classer ces mots en quatre groupes suivant le son qu'ils contiennent :* [e], [eə], [θ] ou [ð]
**bread, friend, hair, head, many, pear, share, spent, wear, where, birthday, father, month, rather, those, thousand, Thursday, weather, with.**

## INTONATION

L'opposition "information nouvelle"/"information ancienne" (c'est-à-dire déjà connue) est fondamentale en anglais parlé. La règle de base est que la tonique marque le dernier mot porteur d'information nouvelle.

Exemple :

| This is Andrew BROWN | and this is his WIFE | JANE Brown|.

Dans les deux premiers groupes de souffle, la tonique est située tout à fait normalement sur le dernier mot lexical. Mais dans le troisième groupe de souffle, le nom **Brown** a déjà été donné : c'est de l'information ancienne. Il ne peut donc pas porter la tonique. Autre exemple :

| Here's a cup of COFfee |

| But I don't LIKE coffee |

# 9. DO-IT-YOURSELF[1]

*Tony and Anne have bought a cupboard in kit-form and are trying to assemble it.*

**T.** = Tony — **A.** = Anne

**T.** Now then, the main thing is to be logical and to follow the instructions exactly, then we can't go wrong. Okay, let's see what we've got.

**A.** Well, the first thing is to find the instructions.

**T.** Yes, okay, uh, what's that bit of paper there? That must be the instructions.

**A.** Yes, it is.

**T.** Let's have a look[2] then.

**A.** Hang on[3], I can read them just as well as you. Well, we need a hammer, soap, a ruler and a pencil. You go and get those while I sort out[4] the panels.

**T.** Eh? *Soap?* What's that for? It can't be soap. Let's have a look.

**A.** It *is* soap, I can read for heaven's sake, I'm not a complete idiot. There, see, "soap".

**T.** Oh yes, how peculiar! Okay. Sorry. I apologize... Right, here we are, soap, ruler, pencil and hammer. Now what?

**A.** Er, "Take panel 'A'" —that must be that one there— "and attach door hinge 'K' as shown in diagram".

**T.** Er, let's see, I suppose you have to bang it in with the hammer... Ouch[5]! Damn! There, that's it.

**A.** That can't be right. Look at the diagram. You must have got the hinge upside-down[6].

**T.** Um, oh, it's the wrong hinge, that's why. You know, I've got a funny feeling this isn't going to be as easy as I thought it was.

**A.** I'll tell you what, you go and make some coffee and I'll do it on my own.

**T.** No, no. Two heads are better than one. We'll do it together. Now then, this must go here and this...

# 9. LE BRICOLAGE

*Tony et Anne ont acheté une armoire en kit qu'ils essaient de monter.*

**T. = Tony — A. = Anne**

**T.** Bon alors, l'essentiel est d'être logique et de suivre les instructions à la lettre ; comme ça, on ne peut pas se tromper. Bien, voyons un peu ce que nous avons là.

**A.** Eh bien, la première chose à faire est de trouver les instructions.

**T.** Oui, bon, euh... qu'est-ce que c'est que ce bout de papier, là ? Ça doit être ça, les instructions.

**A.** Oui, c'est ça.

**T.** Alors, voyons voir.

**A.** Attends un peu, je peux les lire aussi bien que toi. Bien, il nous faut un marteau, du savon, une règle et un crayon. Va chercher tout ça, pendant que moi, je m'occupe des panneaux de bois.

**T.** Hein ? Du savon ? Pour quoi faire ? Ça doit pas être du savon. Fais voir.

**A.** Mais si c'est du savon. Bon sang, je sais lire, je ne suis pas complètement idiote. Tiens, regarde : "du savon".

**T.** Ah oui. Ça, c'est bizarre! Bon, d'accord, je m'excuse... Bien, voilà. Savon, règle, crayon et marteau. Alors maintenant ?

**A.** Euh... "prendre le panneau A" — ça doit être celui-là, là-bas — "et fixer la charnière K comme indiqué sur le schéma".

**T.** Euh... voyons voir, je suppose qu'il faut la faire rentrer à coups de marteau. Aïe ! Zut ! Ça y est, c'est ça.

**A.** Ça ne peut pas être bon, ça. Regarde le schéma ; t'as dû mettre la charnière à l'envers.

**T.** Euh... ah ! c'est pas la bonne charnière, voilà pourquoi ça va pas. Tu sais, j'ai comme l'impression que tout ça ne va pas être aussi facile que je le croyais.

**A.** Je vais te dire : toi, va faire du café et moi je vais le faire toute seule.

**T.** Ah non. Deux têtes valent mieux qu'une. On le fera ensemble. Bon alors, ça doit aller là, et ça...

## 9*a*. VOCABULAIRE ET EXPRESSIONS

1. **Do-it-yourself**: *bricolage.* M. à m. : *"faites-le vous-même".* L'abréviation D.I.Y [di: aɪ waɪ] est très courante.

2. **Let's have a look...** = show me.

3. **Hang on** = just a minute.

4. **to sort out** : verbe à particule qui signifie *arranger, mettre en ordre.*

☞ **A.** *Compléter les phrases en utilisant les verbes ci-dessous :* **find out ; run out ; sort out ; take out ; work out.**
1. Go and ...... ...... the mess in your room before you watch T.V. 2. Barry's going to ...... me ...... to the pictures tomorrow. 3. I'm afraid I've ...... ...... of white sugar, but I've got some brown if that's okay. 4. Three point four five times one point eight? (3,45 × 1,8) I'll need a calculator to ...... that ....... 5. I'd like to ...... ...... who broke that window.

5. **Ouch!** [aʊʃ]: exclamation de douleur, tout comme **Ow!** [aʊ].
À propos de ces petits mots anodins mais bien utiles, notez encore : **Er...** [ɜ:] et **um** [ʌm], qui expriment le doute ou l'hésitation.

6. **upside down** : signifie *à l'envers* (la tête en bas).
**inside out** = *à l'envers* (le dedans dehors).
**back to front** = *à l'envers* (le devant derrière).

☞ **B.** *Trouver dans le texte les mots qui correspondent aux définitions suivantes :*
1. easily broken. 2. a tool for putting in nails. 3. strange, unusual. 4. a drawing which shows how something works.

## *can't* et *must* exprimant une déduction

***That can't be right. That must be that one there.***

Ici, **can't** n'exprime pas l'incapacité (**I can't swim** : *je ne sais pas nager*), mais une impossibilité logique. De même, **must** n'exprime pas une obligation (cf. p. 41), mais une forte probabilité. Noter que dans ce sens, **can't** (et non "**mustn't**") est la négation de **must**.

☞ **C.** *Dire le contraire des phrases suivantes et traduire :*
**1.** You must be tired after a walk like that. **2.** I can't have left it at the station. **3.** They must have forgotten about our invitation. **4.** They can't be English.

## auxiliaire modal + *have* + p.p.

1. La phrase "**He must work hard**" *(Il doit travailler dur)* est ambiguë, tout comme sa traduction : s'agit-il d'une obligation ou d'une déduction ? Seul le contexte l'indique. Mais, au passé l'anglais distingue :

**He had to work hard** : *Il a dû travailler dur* (obligation = il lui fallut travailler dur)

**He must have worked hard** : *il a dû travailler dur* (supposition = je pense qu'il a travaillé dur).

On voit que si le modal (**can, may, must, shall, will**) indique un degré de probabilité, on marque le passé par la construction : *modal* + **have** + p.p. (voir aussi p. 143).

**2.** Cette construction est très importante. On la retrouve avec tous les modaux.

☞ **D.** *Mettre au passé et traduire :*
**1.** He must be very ill. **2.** You could get into trouble. **3.** Those people can't be English. **4.** He's wearing a kilt, he must be Scottish. **5.** He can't hear us: he must be working upstairs.

## Forme 1 ou forme 2 ?

Remarquer la différence de sens suivant que l'on emploie la forme 1 ou la forme 2 dans "modal + have + p.p."

**He knows the story. He must have watched the film.**
*Il connaît l'histoire. Il a dû regarder le film.*

**He didn't hear the phone ring. He must have been watching the film** : *Il n'a pas entendu le téléphone sonner. Il devait regarder le film.*

## RYTHME ET FORMES FAIBLES

### must

Il existe deux formes faibles : [məst] et [məs]. Devant les consonnes (sauf "h") on utilise [məs] (1).
Ex. : ***Robert* must *make* more *effort*.**

Devant un son vocalique ou "h", on utilise [məst] (2).
Ex. : **You must *only take one* at a *time*.**

Il existe deux formes fortes : ['mʌst] et ['mʌs].

Noter que quand **must** exprime un jugement de probabilité, il prend la forme forte.

Devant les consonnes (sauf **"h"**), on utilise ['mʌs] (3).
Ex. : **"*That must* be the in*struc*tions."**

Devant un son vocalique ou **"h"** on utilise ['mʌst] (4).
Ex. : **... you *must* have *got* the *hinge* upside-*down*.**
(Il s'agit ici de la forme faible de **have** [əv].)

Pour la forme négative on utilise toujours ['mʌsnt] (5).
Ex. : **You *must*n't *do that*.**

☞ **E.** *Souligner les syllabes accentuées et indiquer la forme de* **must** *qui convient (1, 2, 3...) :*
1. With an accent like that he must be German. 2. You mustn't take it personally. 3. It must be the right road. 4. I must ask her for more details.

## ACCENT DE MOT

### Les terminaisons -ize et -ise

Pour les mots de deux syllabes, l'accent est sur la dernière (· —) : Exemple : **ad'vise** [əd - 'vaɪz].

Pour les mots de trois syllabes ou plus, l'accent est sur l'avant-avant-dernière : (— · ·).
Ex. du dialogue : **a'pologise** [ə - 'pɒ - lə - dʒaɪz].

Attention à ces mots :
**'characterize ('character) ; 'liberalize ('liberal).**

☞ **F.** *Indiquer la place de l'accent dans les mots suivants :* **advise ; revise ; authorize ; civilize ; colonize ; Europeanize ; improvise ; nationalize ; realise ; monopolize ; subsidize.**

## Sons et symboles : **[eɪ], [aɪ], [ɔɪ], [ŋ]**

Les symboles [eɪ], [aɪ] et [ɔɪ] représentent les sons de **day** [deɪ], **why** [waɪ] et **boy** [bɔɪ].

Chacun de ces sons se lit en une seule syllabe, soit respectivement : [eɪ] = "éï" ; [aɪ] = "aïe" ; et [ɔɪ] = "oïe".

Voici quelques exemples tirés du dialogue :
[eɪ] **main, okay, take, sake,**
[aɪ] **find, right, why, I, while,**
[ɔɪ] **spoil** (dialogue 8), **voice** (dialogue 7).

[ŋ] transcrit le son que l'on trouve à la fin de **sing** [sɪŋ]. Cette consonne n'existe pas en français, mais nous la prononçons parfois dans des mots comme **parking, leasing** : le **n** et le **g** sont pour ainsi dire prononcés ensemble et non à la suite l'un de l'autre.
Voici quelques exemples tirés du dialogue :
[ŋ] **thing, feeling, going, wrong.**

☞ **G.** *Classer ces mots en groupes suivant le son qu'ils contiennent :* [eɪ], [aɪ] *ou* [ɔɪ]
**away, eight, employ, enjoy, fine, light, made, nine, noise, oil, same, tired, toy, train, white.**

## INTONATION

☞ **H.** *Souligner les toniques :*
1. | Don't let yourself be tempted again |
2. | She always accepts it | breaks it in two | and says | thanks very much |
3. | Let's see what we've got|
4. | I'm not a complete idiot |
5. |Look at the diagram |
*Consulter le corrigé et relire attentivement.*

# 10. NOISE

*Susan is visiting her friend Linda's flat for the first time.*

**S.** = Susan — **L.** = Linda

**S.** Yes, it certainly is a lovely flat. You've got gas-fired central heating, I see.

**L.** Yes, it's very good too. We kept a couple of electric radiators, just in case, but we've never used them.

**S.** Do you get much noise? We have terrible problems in our place[1]. The neighbours aren't particularly noisy, but the walls are so thin we can hear everything that goes on[2]. We can hear their television, their washing machine and if they raise their voices we can hear every word. We can even hear them cleaning their teeth! It drives me round the bend[3]!

**L.** Gosh, can you really? That must be awful. We don't get that at all. I don't know whether we have very quiet neighbours or what, but we never hear anything. The only problem we do have is in the summer when we open the windows. Then we hear the people in that building over there. They're incredibly noisy. They tend to[4] stay up half the night playing music and shouting at the tops of their voices. On one occasion I nearly called the police. It was after three in the morning[5]. I mean, there are limits. I don't know how their neighbours can stand it.

**S.** No. Mind you, they do say that you can get used to a certain level of noise, but it depends what sort of noise it is.

**L.** Well, I read that the noise level in cities will have trebled by the year 2020, so I suppose we'll just have to learn to live with it.

**S.** Well, by then I hope I'll be retired and living in some nice quiet corner of the countryside.

**L.** It'll be so quiet it'll probably drive you mad.

# 10. LE BRUIT

*Susanne visite l'appartement de son amie Linda pour la première fois.*

**S.** = Susanne — **L.** = Linda

**S.** Oui, pas de doute, c'est un appartement charmant. Je vois que vous avez le chauffage central au gaz.

**L.** Oui, et c'est très bien, d'ailleurs. On a gardé deux ou trois radiateurs électriques pour le cas où on en aurait besoin, mais on ne s'en est jamais servi.

**S.** Est-ce que vous avez beaucoup de bruit ? On a des problèmes épouvantables chez nous. Ce n'est pas que les voisins soient particulièrement bruyants, mais les murs sont tellement minces qu'on entend tout ce qui se passe. On entend leur télévision, leur machine à laver, et s'ils élèvent la voix, on entend tout ce qu'ils disent. On les entend même se laver les dents. Ça me rend dingue !

**L.** Mince alors ! Vraiment ? Ça doit être affreux. Nous, on n'a rien de tout ça. Je ne sais pas si c'est nos voisins qui sont très calmes ou quoi, mais on n'entend jamais rien. Le seul problème qu'on ait quand même, c'est l'été, quand on ouvre les fenêtres ; alors là, on entend les gens de cet immeuble, là-bas en face ; ils sont terriblement bruyants. Ils restent souvent debout la moitié de la nuit à passer de la musique et à hurler tant qu'ils peuvent. Une fois, j'ai failli appeler la police. Il était plus de trois heures du matin. Il y a des limites, quand même. Je ne sais pas comment leurs voisins peuvent supporter ça.

**S.** Non. Remarque, on dit bien qu'on peut s'habituer à un certain niveau de bruit, mais ça dépend aussi du genre de bruit que c'est.

**L.** Enfin, j'ai lu que le niveau sonore des villes aura triplé d'ici à l'an 2020, donc je suppose qu'on n'a plus qu'à s'y faire.

**S.** Eh bien, d'ici là, j'espère être à la retraite et couler des jours paisibles dans un beau petit coin de campagne bien calme.

**L.** Tellement calme que ça te rendra sans doute dingue.

## 10*a*. VOCABULAIRE ET EXPRESSIONS

1. **place** : traduit souvent *chez* (voir p. 161). Ex. :
**Come and have a drink at my place.**
*Venez prendre un verre chez moi.*
**We're all going round to Tony's place for a meal.**
*On va tous manger chez Tony.*

2. **everything that goes on** : **go on** peut avoir le même sens que **happen**.
**What's going on? = What's happening?**

3. **It drives me round the bend** : on peut dire aussi : **It drives me up the wall** et **It drives me crazy.**

4. **tend to** : *tendre à* ; **depend on** : *dépendre de.*

☞ **A.** *Compléter les phrases suivantes par une de ces prépositions :* **about** ; **at** ; **by** ; **in** ; **of** ; **on** ; **to** ; **with.**
1. I was so bored ...... the film that I left after twenty minutes. 2. The children are tired ...... eating beans. 3. Martha's boss really relies ...... her. 4. Michael's annoyed ...... you. 5. Look ...... that hat! 6. Diane always talks ...... her operations. 7. Are you interested ...... politics? 8. I usually listen ...... the radio while I have breakfast.

5. **three in the morning** : en général, l'anglais n'utilise que les chiffres de 1 à 12 pour parler de l'heure. En cas d'ambiguïté, on précisera. Exemple :
**The train arrives at 9 o'clock in the evening.**
*Le train arrive à neuf heures du soir.*

Par écrit, on trouvera souvent **a.m.** qui désignent les douze premières heures de la journée et **p.m.** pour les douze autres.

☞ **A.** *Traduire :*
1. Arrête de siffler ! Ça me rend dingue. 2. Je n'arrive pas à m'habituer à vivre dans un appartement. 3. Barry s'intéresse au bricolage. 4. Qu'est-ce que c'est que tout ce bruit ? Qu'est-ce qui se passe ici ?

## beaucoup, tellement, trop : *much/many* etc.

***Do you get much noise?***

1. **much** précède des noms qui sont utilisés comme indénombrables (v. p. 131), c'est-à-dire par exemple :
**air, beer, milk, noise, water, work...**
**There isn't much water left** : *Il ne reste pas beaucoup d'eau.*

2. **many** s'emploie pour les noms dénombrables :
**books, cars, friends, jobs, neighbours...**
**Do you think Cathy's got many friends?**
*Pensez-vous que Cathy ait beaucoup d'amis ?*

3. À la forme affirmative, **much** et **many** sont le plus souvent remplacés par **a lot of** ou **lots of** :
**Dennis drinks a lot of beer** : *Denis boit beaucoup de bière.*
**Peter has a lot of friends** : *Pierre a beaucoup d'amis.*

4. Les composés de **much** et **many** suivent les mêmes règles. Ne pas confondre : **so much/so many** : *tellement de, tant de* — **too much/too many** : *trop de* — **how much?/how many?** : combien de ?

☞ **C.** *Traduire :*

1. Combien d'argent avez-vous ? 2. Patrick a eu de nombreux emplois. 3. Il ne reste pas beaucoup de café. 4. J'ai tellement de travail à faire que je ne sais pas où commencer. 5. Est-ce que vous avez acheté beaucoup de livres hier ? 6. Il y a trop de voitures dans Paris. 7. Il reste plein de viande. 8. Combien de personnes avez-vous invitées ?

## *will have* + p.p.

***The noise level will have trebled by the year 2000.***

Cette forme verbale est un équivalent du futur antérieur français. Le modal **will** exprime un degré de probabilité plus fort que **must** (v. p. 95).

☞ **D.** *Mettre le verbe entre parenthèses à la forme* **will have** + p.p. *et traduire :*

1. Do you think you (read) it by Wednesday? 2. By the time you leave, we (see) too much of you! 3. William (lose) it all again before long. 4. In a few years' time people (forget) about Elvis Presley. 5. I'm afraid I (not finish) until next week.

RYTHME ET FORMES FAIBLES

**can** et **could**

Les formes faibles sont [kən] et [kəd].
Ex. : ... **we can *bear everything* that *goes on*.**
... **I *don't think* I could *ever get used* to...**
Les formes fortes sont ['kæn] et ['kʊd]
Ex. : **I *can't come* but *Chris can*.**
**Di*ana said* she *could*.**
Les formes négatives sont toujours accentuées : ['ka:nt] et ['kʊdnt]
Ex. : **I *can't* be*lieve* it.**
**Se*bas*tian *could*n't *help* me at *all*.**

☞ **E.** *Souligner les syllabes accentuées et encercler* toutes les formes faibles *que nous avons* déjà étudiées :
1. I'll have two of them, please. 2. I don't know if I can, but I'll try. 3. Have we got any biscuits? 4. I could but I don't want to.

ACCENT DE MOT

Les terminaisons **-ate** et **-ator**

Mots en **-ate** de deux syllabes :
Les verbes sont accentués sur la terminaison (· —).
Ex. : **de'flate**, [dɪ - 'fleɪt].
Les autres mots sont accentués sur la première syllabe : (— ·).
Ex. : **'private** ['praɪ - vɪt], **'senate** ['se - nɪt].
Mots en **-ate** de trois syllabes ou plus :
Ils sont tous accentués sur l'avant-avant-dernière-syllabe : (— · ·). Ex. : **'fascinate** [fæ - sɪ - neɪt].
Exceptions : ***al'ternate** (adjectif) ; ***i'mmediate**.
Pour les mots en **-ator** on ne tient pas compte de la syllabe supplémentaire. Ex. : **'radiate** ['reɪ - dɪ - eɪt] ; **'radiator** ['reɪ - dɪ - eɪ - tə].

☞ **F.** *Indiquer la place de l'accent dans les mots suivants :* **alternate** (verbe), **accelerator** ; **associate** ; **elevator** ; **calculator** ; ***certificate** ; **commentator** ; **hesitate** ; ***illiterate** ; ***indiscriminate** ; **inflate** ; ***intricate** ; **investigator** ; **navigator** ; **negotiator** ; ***passionate.**

* adjectif ou nom : **-ate** se prononce [ɪt].

## LES SONS DE L'ANGLAIS

### Sons et symboles : [g], [j], [dʒ], [ʒ]

Comme nous l'avons vu dans l'unité 2, le symbole [j] correspond au **"y"** de *Yolande*. Exemples anglais : **yes** [jes], **yesterday** ['jestədeɪ], **young** [jʌŋ].

Pour le son de ***jeu, âge***, on utilise [ʒ]. En anglais on trouve [ʒ] tout seul dans quelques mots comme **treasure** ['treʒə]. Mais très souvent il se combine avec [d] en un son unique : [dʒ]. Exemples : **John** [dʒɒn], **Jack** [dʒæk].

Remarquez que [dʒ] correspond le plus souvent à un **"j"** ou **"g"** dans l'orthographe. Exemples :
[dʒ] : **gin** [dʒɪn] ; **agenda** [ə'dʒendə] ; **jam** [dʒæm], **jump** [dʒʌmp].

Voici quelques exemples tirés du dialogue :
[j] **you, yes, used, year,**
[dʒ] **just,**
[ʒ] **television, occasion,**
[g] **gas, good, get, goes.**

☞ **G.** *Classer les mots en groupes suivant le son qu'ils contiennent :* [j] ; [dʒ] ; [ʒ] *ou* [g].
**age, apologise, casual, confusion, danger, decision, enjoy, fragile, general, giraffe, give, green, ignore, joke, leg, leisure, pleasure, use, yellow.**

## INTONATION

☞ **H.** *Indiquer les toniques dans ces deux dialogues :*

1. | — Where does she live ? |
   | — She's got a lovely flat. |
2. | — What do you think of Linda's flat? |
   | — It's a lovely flat. |

# 11. T.V. ADVERTS

*The Hatfields are watching T.V. with Cathy's boyfriend, Phil.*

**Mrs. H.** = Mrs. Hatfield — **P.** = Phil — **C.** = Cathy
**T.** = Tony

**Mrs. H.** The adverts[1] will be on in a minute. Who wants a cup of tea?

**P.** Yes, please. Do you want a hand?

**Mrs. H.** No, thanks, I've just got time. Anyone else?

**C.** No, thanks.

**T.** No, thanks. I don't know what the advertisers would do if everyone was like mum. She always makes a cuppa[2] during the adverts.

**P.** Yes, loads of people do, that's why they put the sound up, so you can still hear the ad, even if you can't see it.

**C.** Is that true? You're kidding[3].

**P.** No, I'm not. Haven't you ever noticed?

**C.** Well, no, I can't say that I have. Isn't that awful!

**T.** Why is it awful? Adverts aren't that bad. In fact, some of them are pretty good[4]. The ones they did for shampoo, a while back, were really great, and the ones with the monkeys were hilarious[5].

**C.** Well, I think they're a pain in the neck. Three stupid adverts for washing powder in the middle of a film, it just ruins it.

**T.** Mmm, you're right about that. Washing powder ads are the end. I can't believe they help to sell the product. I mean, they're all the same.

**P.** What, the adverts you mean, or the products?

**T.** Well, both actually. But I meant the adverts.

**P.** Yeah, they just copy each other. First it was changing two packets for one, then the "biological" powders and now the latest thing is those liquid ones.

**Mrs. H.** Here's the tea, come on, stop chatting[6] now.

**T.** Television —the great conversation killer!

# 11. LA PUBLICITÉ À LA TÉLÉ

*Les Hatfield regardent la télévision avec l'ami de Catherine, Philippe.*

**Mme H. = Mme Hatfield — P. = Philippe — C. = Catherine**
**T. = Tony**

**Mme H.** Ça va bientôt être la publicité. Qui veut du thé ?

**P.** Oui, moi, s'il vous plaît. Un coup de main ?

**Mme H.** Non, merci. J'ai juste le temps qu'il faut. Quelqu'un d'autre en veut ?

**C.** Non merci.

**T.** Non merci. Je ne sais pas ce que les annonceurs feraient si tout le monde était comme maman. Elle va toujours faire du thé pendant les pubs.

**P.** Oui, des tas de gens font ça. C'est pour ça qu'ils augmentent le son, pour qu'on entende encore la pub, même si on ne la voit pas.

**C.** C'est vrai, ça ? Tu nous mènes en bateau.

**P.** Non. T'as jamais remarqué ?

**C.** Non, je ne peux pas dire que ça m'ait frappée. Mais c'est horrible !

**T.** Pourquoi horrible ? C'est pas si mal que ça, les pubs ; en fait, il y en a de très bonnes. Celles qu'ils faisaient pour du shampooing, il y a un moment, étaient vraiment extra, et puis celles avec les singes étaient à mourir de rire.

**C.** Ben moi, je trouve ça vraiment pénible. Trois stupides pubs pour les lessives en plein milieu d'un film, ça vous le massacre.

**T.** Hm, là-dessus, tu as raison. Les pubs pour lessives sont pires que tout. Je n'arrive pas à croire qu'elles fassent vendre. Enfin quoi, c'est toutes les mêmes.

**P.** Quoi donc ? vous voulez dire les pubs ou les lessives ?

**T.** Eh bien, en fait, les deux. Mais je pensais aux pubs.

**P.** Oui, ils ne font que se copier entre eux. Au début, c'était deux barils contre un, puis on a eu les poudres "biologiques", et maintenant, le dernier cri, c'est ces lessives liquides.

**Mme H.** Voilà le thé. Allons, arrêtez de bavarder maintenant.

**T.** Ah, la télé ! La mort de la conversation !

## 11*a*. VOCABULAIRE ET EXPRESSIONS

1. **ad, advert, advertisement** : ces trois mots ont le même sens ; **advert** est probablement le plus employé. Attention à **publicity**, qui signifie *publicité, retentissement*, mais pas *réclame*. Exemple :
**The trial got a lot of publicity.**
*Le procès eut un grand retentissement.*

2. **a cuppa** : abréviation familière de **a cup of tea**
[ə 'kʌp ə 'ti:] → [ə 'kʌpə] (Voir p. 48.)

3. **you're kidding :** : expressions équivalentes : **you're joking** ; **you're pulling my leg.**

4. **pretty good** : attention : le **"e"** de **pretty** se prononce comme un **"i"** : ['prɪtɪ]. Le sens normal de **pretty** est *joli*. Ex. : **Jane's a pretty girl.** Mais dans l'usage familier, **pretty** a le sens de *plutôt, assez* ou même *drôlement*.
Ex : — **What do you think of modern music? — I think it's pretty awful actually.**
*— Que pensez-vous de la musique moderne ? — Je trouve ça plutôt horrible, en fait.*
On peut même dire "**pretty ugly**" ! Ex. :
**— What's the baby like? — Like all babies, pretty ugly.**
*— Comment est le bébé ? — Comme tous les bébés, plutôt moche.*

5. **hilarious** : **very funny, really funny** : on peut dire aussi : **a scream, a giggle, a hoot.**

6. **chat** : *bavarder*. Ne pas confondre avec **chat up** (v. p. 50).

☞ **A.** *Traduire :*
1. Elizabeth Taylor s'attira beaucoup de publicité chaque fois qu'elle se remaria. **2.** Ma sœur passe des heures à bavarder au téléphone. **3.** Allez ! On ferait bien de partir, sinon on va rater le bus. **4.** Pierre est en train de baratiner cette fille aux longs cheveux blonds.

## 11*b*. GRAMMAIRE

### *some... / any...*

***Anyone else?***

**Some** et **any** correspondent à *du, de la, des* indiquant une quantité (v. exemples ci-dessous).

1. **Some** a un sens positif. On l'emploie dans les phrases affirmatives et pour proposer quelque chose :

**There's some American money on your desk.**
*Il y a de l'argent américain sur votre bureau.*

**Would you like some coffee.** *Voulez-vous du café ?*

2. **Any** implique un doute, une restriction. On l'emploie toujours avec la négation et très souvent dans les questions. Exemples :

**Is there any coffee left?** *Est-ce qu'il reste du café ?*
**Henry and Jane haven't got any children.**
*Henri et Jeanne n'ont pas d'enfants.*

Avec le sens de *n'importe*, **any** peut être utilisé dans une phrase affirmative et est alors fortement accentué.

**Any Londoner knows that.** *N'importe quel Londonien sait ça.*

3. Le nom qui suit **some** ou **any** peut être sous-entendu. Noter la traduction par *en* :

— **Is there any coffee left?**
— **Yes, there is some/No, there isn't any.**
— *Oui il y en a/Non, il n'y en a pas.*

4. **Some** et **any** peuvent aussi se combiner avec : **-body** ou **-one** lorsqu'on parle de personnes *(quelqu'un/personne)*; **-thing** lorsqu'on parle de choses *(quelque chose/rien)*; **-where** lorsqu'on parle de lieux *(quelque part/nulle part)*.

5. Sauf en tête de phrase, **n't... any...** peut se remplacer par **no** (v. p. 125).

**There was nobody = There wasn't anybody.**

☞ **B.** *Traduire :*

**1.** Avons-nous du beurre ? — Oui, il y en a dans la cuisine. **2.** Y a-t-il des cerises ? — Non, on n'en a pas. **3.** Voulez-vous encore du vin ? **4.** J'ai laissé mon journal quelque part dans le jardin. **5.** Où allons-nous ? — Oh, n'importe où. Ça m'est égal. **6.** Je suis tout à fait disposé à faire quelque chose pour vous aider. **7.** Quelqu'un devrait dire à Cathy qu'elle est insupportable. **8.** Ne lui dites rien.

## 11*c*. PRONONCIATION

### RYTHME ET FORMES FAIBLES

**a** et **an**

Les formes faibles sont [ə] (1) devant consonne et [ən] (2) devant voyelle. Voir aussi page suivante : prononciation de **union**, etc.

Ex. : **The *ad*verts will be *on* in a *min*ute. *Who wants* a *cup* of *tea*?**

Ex. : **It's an *ad*vert for *co*ffee.**

Les formes fortes correspondantes, qui sont très rares, sont ['eɪ] (3) et ['æn] (4).

☞ **C.** *Souligner les syllabes accentuées et indiquer la forme de* **a** *ou* **an** *qui convient (1, 2, 3...).*
**1.** A friend of mine won a trip to America. **2.** I'd like a dog, but not an Alsatian. **3.** It's not "a" apple, it's "an" apple. **4.** I thought Rachel was an only child.

☞ **D.** *Souligner les syllabes accentuées et entourer* toutes les formes faibles *que nous avons* déjà étudiées :
**1.** Could you lend me a couple of books? **2.** His father's nice but his mother's boring. **3.** Have you seen him at work? **4.** Do you write to him every week? **5.** We must take some more exercise.

### ACCENT DE MOT

Les terminaisons **-oo** et **-oon** (· · —)

Les mots qui se terminent en **-oo** ou **-oon** sont accentués sur la dernière syllabe.

Exemple du texte : **sham'poo** [ʃæm - 'pu:].

Principales exceptions :

**'cuckoo** ['kʊku:] et **'igloo** ['ɪglu:].

☞ **E.** Récapitulatif : l'accentuation des mots suivants est déterminée par les différentes règles que nous avons déjà vues. *Indiquer la place de l'accent dans chaque mot.* Exemple : **bamboo → bam'boo.**
**cartoon ; considerate ; immunize ; kangaroo ; monsoon ; physical ; population ; quintette ; translator ; typhoon.**

## Les lettres "c", "q", "x", "y"

Nous avons vu que l'API utilise parfois des caractères spéciaux. Inversement, certaines lettres ordinaires ne sont pas utilisées dans la transcription de l'anglais ; ce sont : **c**, **q**, **x**, **y**. En effet :
— **c** se prononce [s] ou [k] : **ice** [aɪs], **cat** [kæt] ;
— **q** ne se trouve que dans *qu*, qui se prononce le plus souvent [kw] : **queen** [kwi:n] ;
— **x** se prononce [gz] ou [ks] : **example** [ɪg'za:mpl], **except** [ɪk'sept], **exit** ['eksɪt] ;
— le **y** de **you**, **yes**, se transcrit [j].

À ce propos, notez aussi la prononciation de mots comme **union**, **university**, **useful**, qui commencent tous par le son [j] : **union** ['ju:njən], **university** [ju:nɪ'vɜ:sɪtɪ], **useful** ['ju:sfʊl].

[j] étant une consonne, l'article indéfini est **a** [ə] et l'article défini **the** se prononce [ðə].

☞ **F.** *Indiquer le numéro de la transcription de chaque mot. Exemple :* **a** = *3 (***box** *est transcrit en 3).*
a. **box** (3). b. **quick** ( ). c. **cheese** ( ). d. **city** ( ). e. **exotic** ( ). f. **cake** ( ). g. **equal** ( ). h. **young** ( ).

(1) [keɪk]. (2) [tʃi:z]. (3) [bɒks]. (4) [jʌŋ]. (5) [ɪg'zɒtɪk]. (6) [kwɪk]. (7) [sɪtɪ]. (8) [i:kwəl].

## INTONATION

Noter le placement de la tonique dans cet exemple :
| **she ALways makes a cuppa during the adverts** | :

Tout ce qui vient après **always** est de l'information ancienne. Autres exemples :
| **so you can still** HEAR **the ad** | **even if you can't** SEE **it** |

**Dans le contexte, ad** est de l'information ancienne.

Noter aussi le contraste entre **hear** et **see**.
| **I wouldn't** DREAM **of shoplifting** | (dialogue 5) : l'idée de **shoplifting** est déjà fournie par le contexte.

# 12. A BANK LOAN

*Mr. Ryder goes to see his bank manager about a loan.*

**B.M.** = Bank Manager — **Mr. R.** = Mr. Ryder

**B.M.** Good morning. Mr. Ryder, isn't it?

**Mr. R.** Yes, that's right.

**B.M.** Please sit down. Well now, what can I do for you, Mr. Ryder?

**Mr. R.** Well, I'd like to find out about the possibility of a loan.

**B.M.** I see. What sort of sum did you have in mind[1]?

**Mr. R.** Well, er, about ten thousand pounds.

**B.M.** Yes, I think we can arrange that. And, er, this would be for...?

**Mr. R.** It's to build an extension onto my house.

**B.M.** I see. Do you already have planning permission?

**Mr. R.** No, I haven't actually applied yet, I thought I'd better find out about a loan first.

**B.M.** Yes, of course. Well, I'll ask you to fill in these forms. Now then, what did you have in mind for the repayment?

**Mr. R.** Well, would £250 a month be okay? That's what I used to pay for the mortgage, so I'm used to that. I know I can manage[2] it without any problem.

**B.M.** Yes, that sounds reasonable. Well, what I suggest is you come and see me again next week and bring the completed forms with you then. I don't anticipate any problem, so meanwhile, I'll get things moving.

**Mr. R.** I can go ahead[3] and apply for planning permission then?

**B.M.** By all means. As I say, I don't anticipate any problem. If anything does crop up I'll get in touch[4] with you immediately of course. Good morning, Mr. Ryder.

**Mr. R.** Good morning, and thank you very much.

**B.M.** My pleasure[5].

# 12. UN PRÊT BANCAIRE

*M. Ryder va voir son directeur de banque pour un prêt.*

**D. = le directeur — M.R. = M. Ryder**

**D.** Bonjour. Monsieur Ryder, c'est bien cela ?

**M. R.** Oui, c'est exact.

**D.** Asseyez-vous, je vous en prie. Bien, alors, que puis-je faire pour vous, monsieur Ryder ?

**M. R.** Eh bien, je voudrais savoir s'il me serait possible d'obtenir un prêt.

**D.** Bien, bien. Vous envisagez quelle somme, à peu près ?

**M. R.** Eh bien, environ dix milles livres.

**D.** Oui, je pense que je peux vous arranger ça. Et ce serait pour... ?

**M. R.** C'est pour agrandir ma maison.

**D.** Bon. Vous avez le permis de construire ?

**M. R.** Non, en fait, je n'ai pas encore déposé la demande, je me suis dit qu'il vaudrait mieux que je me renseigne d'abord sur le prêt.

**D.** Oui, bien sûr. Eh bien, je vais vous demander de remplir ces formulaires. Voyons voir, comment pensiez-vous rembourser ?

**M. R.** Euh... est-ce que deux cent cinquante livres par mois feraient l'affaire ? C'est ce que je payais pour mon hypothèque, donc j'y suis habitué. Je sais que je m'en tire sans problème.

**D.** Oui, ça semble raisonnable. Bien, ce que je vous propose, c'est que vous reveniez me voir la semaine prochaine avec les formulaires remplis. Je ne pense pas qu'il y ait de problème, et je vais mettre les choses en route en attendant.

**M. R.** Donc, je peux y aller, pour la demande de permis de construire ?

**D.** Mais parfaitement. Comme je vous le disais, il ne devrait pas y avoir de problème ; si toutefois quelque chose se présente, je me mettrai tout de suite en rapport avec vous, bien entendu. Au revoir, monsieur Ryder.

**M. R.** Au revoir et merci beaucoup.

**D.** Je vous en prie.

## 12*a*. VOCABULAIRE ET EXPRESSIONS

1. **have in mind** : noter aussi :
**if you change your mind** : *si vous changez d'avis...*
**make up your mind** : *décidez-vous,*
**he made up his mind to learn French** : *il se décida à apprendre le français,*
**it's on my mind** : *j'y pense, ça m'obsède.*

2. **manage** : a deux sens : *réussir, se débrouiller* et *gérer, diriger.*

☞ **A.** *Traduire :*
1. Can you manage, or do you want a hand? **2.** It was difficult but I managed in the end. **3.** He's been managing that company for ten years now. **4.** How do you manage to look so relaxed?

3. **go ahead** : sert souvent à donner son accord. Exemple :
— **Do you mind if I smoke? — No, go ahead.**
— *Ça vous gêne si je fume? — Non, allez-y.*

4. **get in touch with** : noter aussi : **keep in touch with,** *rester en contact.*

5. **my pleasure** : pour répliquer à une formule de remerciements, on peut utiliser les expressions ci-dessous, qui sont classées de la plus familière à la moins familière :
**That's okay ; that's all right ; don't mention it ; you're welcome ; think nothing of it ; not at all ; my pleasure ; glad to have been of help.**

☞ **B.** *Traduire :*
1. Je suis resté en contact avec la plupart de mes amis du lycée. **2.** Il a décidé de poursuivre son projet bien qu'il n'ait pas obtenu de prêt de la banque. **3.** Tony a rempli des formulaires de candidature pour quarante emplois, mais seules dix-neuf entreprises l'ont contacté.

## *used to* + v.

***That's what I used to pay for the mortgage.***

1. Ne pas confondre :
**used to** + v. et **be/get used to** + nom/-**ing** (v. p. 47).

2. **used to** + v. ne s'emploie qu'au passé et indique que les choses ont changé depuis l'époque dont on parle. Il se traduit par un imparfait, souvent complété par un adverbe comme *autrefois* :

**I used to like her, but now she gets on my nerves.**
*Je l'aimais bien autrefois, mais maintenant elle me tape sur le système.*

3. Traditionnellement considéré comme auxiliaire, **used to** + v. se conjugue de plus en plus avec **did**. La forme négative se forme aussi très souvent avec **never** :

**He never used to talk like that.**
**= He didn't use to talk...**
*Autrefois il ne parlait pas comme ça.*

☞ **C.** *Traduire :*
1. Que leur donniez-vous pour Noël ? 2. Mais tu ne fumais pas, avant ! 3. Il nous racontait toujours une histoire avant de nous envoyer au lit. 4.Est-ce que cette lampe était là, avant ? — Non, elle était dans ma chambre. 5. On ne s'entendait pas bien ; maintenant on est amis.

## *come* + *and/to* + v.

***You come and see me again next week.***

1. À l'impératif, les verbes **come**, **go** et **try** sont souvent suivis de **and** au lieu de **to**.

**Come and get it yourself** : *Viens le chercher toi-même.*
**Go and do your homework** : *Va faire tes devoirs.*

2. La construction sans **and** ni **to** est familière ou dialectale :
**Go tell it on the mountain** ("gospel song").

☞ **D.** *Insérer* **and** ou **to** *:*
1. Go ...... talk to him. 2. I just came ...... say I was sorry. 3. Try ...... finish this. 4. We tried very hard ...... arrive on time. 5. I went ...... see the boss. 6. I'm trying ...... give up smoking.

### RYTHME ET FORMES FAIBLES

**Do**

La forme faible est [də] (1) ou même [d] (2).
Ex. : **Do you al*ready* have *plan*ning permission?**

La forme forte est ['du:] (3).

Quand **do** est utilisé comme verbe principal on utilise toujours la forme forte.
Ex. : ***What* can I *do* for you, *Mr. Ry*der?**

**Sinon, comme verbe auxiliaire do** obéit aux règles générales données dans l'unité 3.

La forme négative **don't** est toujours accentuée (v. p. 54) ; attention à la prononciation : ['dəʊnt] (4).

Ex. : **I *don't* an*ti*cipate any *prob*lem.**

☞ **E.** *Souligner les syllabes accentuées et indiquer la forme de* **do** *qui convient (1, 2, 3...) :*
**1.** Do you think he means it? **2.** What do they want to do? **3.** Who said I don't care? I do care! **4.** You don't watch much T.V., do you?

### ACCENT PRINCIPAL ET ACCENT SECONDAIRE

Les noms composés

En anglais, il y a beaucoup de noms composés, c'est-à-dire de noms formés de deux éléments (ou plus).

Exemple du texte : **'bank ,manager**. Le français aussi a des noms composés : *ouvre-boîte, porte-bagage*, etc.

En anglais, ces mots ont deux accents. Un accent principal sur le premier élément et un accent secondaire sur le deuxième. L'accent secondaire est indiqué par le même signe que l'accent principal mais on le place en bas. Ex. : **'bank ,manager**.

☞ **F.** *Récapitulatif : indiquer l'accent de mot :*
**accumulate ; advertise ; birthday ; chewing gum ; comprehension ; decorate ; exceptionally ; generalise ; hypocritical ; lunch hour ; sextette ; symbolic ; teacup.**

LES SONS DE L'ANGLAIS

Évitez les malentendus !

Dans quelque langue que ce soit, la différence entre certains sons est essentielle. En français, par exemple, la distinction entre **u** et **ou** gêne beaucoup d'étrangers. *Il a épousé une Russe* peut devenir *Il a épousé une rousse*, ce qui n'est pas la même chose !

De même, nous, Français, avons tendance à confondre certains sons de l'anglais, ce qui peut mener à de graves malentendus. Commençons par :

**loan** [ləʊn] ou **lawn** [lɔ:n].

**I've come about my loan** : *Je viens pour mon prêt.*

**I've come about my lawn** : *Je viens pour ma pelouse.*

Voici d'autres couples de mots où l'on retrouve la même distinction :

| [əʊ] | | | [ɔ:] | | |
|---|---|---|---|---|---|
| **foam** | [fəʊm] | *mousse* | **form** | [fɔ:m] | *forme* |
| **row** | [rəʊ] | *rangée* | **raw** | [rɔ:] | *cru,* adj. |
| **loads** | [ləʊdz] | *tas* | **lords** | [lɔ:dz] | *lords* |
| **so** | [səʊ] | *donc* | **saw** | [sɔ:] | *voyait* |
| **low** | [ləʊ] | *bas,* adj. | **law** | [lɔ:] | *loi* |

Attention à ces mots :

**mortgage** ['mɔ:gɪdʒ]. On ne prononce pas le **t**. Le **a** se prononce [ɪ] et non [eɪ].

À ce propos, notez que la terminaison **-age** se prononce presque toujours [ɪdʒ] et n'est pas accentuée.

**'message** ['mesɪdʒ] : **'language** ['læŋgwɪdʒ].

Autres exemples :

**ad'vantage, 'courage, 'image, 'luggage, 'manage, 'passage, per'centage, 'storage, 'village.**

INTONATION

☞ **G.** Comment expliqueriez-vous le placement de la tonique dans la *deuxième phrase* de chaque exemple ?

**1.** | What are you DOing? |
| I'm writing to PEter. |

**2.** | I'm making an OMElette. |
| But I HATE eggs! |

# 13. THE QUARREL

*Anne comes home from work to find that Tony hasn't done the housework.*

**A.** = Anne — **T.** = Tony

**A.** Honestly, Tony, I'm just sick of this. I mean it. If you don't change your ways, I'm leaving.

**T.** Oh, for God's sake, what's the matter with you[1] now?

**A.** You promised you'd do the housework[2] and the shopping today — there's nothing to eat and the place is a pigsty! It's not fair! I've had a hard day, and I come home to this mess!

**T.** What are you talking about? The house is fine and I thought it would be nice to have fish and chips or a Chinese take-away[3] for dinner.

**A.** How can you say the house is fine? The bed's not made, you haven't done the hoovering[4] and the sink is full of washing up! What the hell have you actually done?

**T.** Calm down, calm down, there's no need to get into such a state. I had quite a few things to do today. I had to sign on, oh, and I ran into Nick Evans. He was in a terrible state. Pam's just left him.

**A.** Well, it might make him pull himself together.

**T.** Yeah, well, he's really down, so I took him out to lunch to cheer him up.

**A.** How dare you take that drunken good-for-nothing out to lunch with my money?

**T.** What do you mean with *your* money? I've got my *own* money and I'll do what I like with it?

**A.** The pittance you get on the dole[5] doesn't go anywhere. You spend more than that on cigarettes. I pay for everything. And I object to you spending the afternoon in the pub with layabouts like Nick Evans!
THE PHONE RINGS.

**T.** Well, hadn't you better answer?

**A.** Oh, answer it yourself. I'm going out!

# 13. UNE DISPUTE

*En rentrant du travail, Anne s'aperçoit que Tony n'a pas fait le ménage.*

**A. = Anne — T. = Tony**

**A.** Franchement, Tony, j'en ai par-dessus la tête de tout ça, et pour de bon ; si tu ne changes pas d'attitude, je m'en vais.

**T.** Oh, nom de nom, mais qu'est-ce que t'as encore ?

**A.** Tu avais promis de faire le ménage et les courses aujourd'hui ; il n'y a rien à manger et la maison est une porcherie ! C'est pas juste ! J'ai eu une dure journée, je rentre et je trouve ce taudis !

**T.** Mais qu'est-ce que tu racontes ? Elle est bien, la maison, et puis je me suis dit que ça serait chouette d'aller chercher du poisson et des frites ou un plat chinois pour le dîner.

**A.** Comment peux-tu dire que la maison est propre ? Le lit n'est pas fait, tu n'as pas passé l'aspirateur, et l'évier est plein de vaisselle ! Mais qu'est-ce que t'as donc fichu ?

**T.** Calme-toi, c'est pas la peine de se mettre dans des états pareils. J'ai eu pas mal de choses à faire aujourd'hui. J'ai dû aller pointer, y avait une queue terrible. Et puis, au fait, j'ai rencontré Nick Evans, il était dans tous ses états, Pam vient de le quitter.

**A.** Ça va peut-être l'obliger à se secouer.

**T.** Oui, eh bien, il était vraiment déprimé, alors je l'ai emmené déjeuner pour lui remonter le moral.

**A.** Comment oses-tu emmener ce bon à rien, cet ivrogne déjeuner avec mon argent ?

**T.** Comment ça, avec ton argent ? J'ai mon argent à moi et j'en fais ce que je veux.

**A.** Avec tes quatre sous de chômage, on se paye pas grand-chose, tu dépenses plus en cigarettes. C'est moi qui paye tout ! Et je refuse que tu passes l'après-midi au pub avec des traîne-savates comme Nick Evans !
LE TÉLÉPHONE SONNE.

**T.** Eh bien, tu crois pas que tu ferais bien de répondre ?

**A.** Réponds toi-même. Moi, je sors.

## 13*a*. VOCABULAIRE ET EXPRESSIONS

1. **What's the matter with you...?** : noter l'emploi de **with**. Exemples :
**What's the matter?** *Qu'est-ce qui ne va pas ?*
**What's the matter with Fiona?** *Qu'est-ce qu'elle a, Fiona ?*
**What's the matter with this clock?** *Qu'est-ce qu'elle a, cette horloge ?*

2. **housework** : ne pas confondre **housework** = *le ménage* et **homework** = *les devoirs.* Ces noms sont indénombrables (voir p. 131).

3. **Chinese take-away** : le système du repas à emporter est très répandu en Grande-Bretagne. Le plus souvent il s'agit de **fish and chips** (typiquement britannique) ou de plats exotiques.

4. **the hoovering** : **Hoover** est le nom d'une marque qui remplace fréquemment l'expression **vacuum cleaner** *(aspirateur).*
To hoover = to vacuum clean.

5. **the dole** : ce terme familier désigne l'ensemble des aides versées aux chômeurs par l'État. Noter l'emploi de **on** :
**Tony's been on the dole for six months** :
*Tony touche le chômage depuis six mois.*

☞ **A.** *Voici les définitions de quelques mots tirés du texte. Lesquels ?*
1. a dirty untidy place. 2. dirty plates, glasses, etc. 3. a line of people waiting for something. 4. a useless, worthless person. 5. a very small amount of money. 6. a very lazy person.

☞ **B.** *Traduire :*
1. Qu'est-ce que tu as ? 2. J'ai horreur de faire le ménage, surtout le repassage. 3. Ça ne me gêne pas de passer l'aspirateur, mais j'ai horreur de faire la vaisselle. 4. Que diriez-vous d'un plat indien à emporter ?

## 13*b*. GRAMMAIRE

### faire faire

***It might make him pull himself together.***

1. **make** + v.

La construction **make** + v. s'emploie lorsque *faire faire* a un sens actif. Autre exemple : *Je te le ferai payer.* (L'interlocuteur *paiera* : sens actif.)

**I'll make you pay for this.**

2. **have** + v. et **get to** + v.

Ces tournures sont moins fortes et peuvent se traduire par "veiller à ce que quelqu'un fasse quelque chose".

**I'll have her (get her to) eat her dinner and go to bed.**
*Je la ferai dîner et aller au lit.*

☞ **C.** *Traduire :*

1. Cet accident le fit changer d'avis. **2.** Je ferai en sorte qu'il vous rappelle. **3.** Il nous l'a fait écrire dix fois. **4.** Je n'ai pas pu lui faire dire ce qui n'allait pas.

3. **have** + p.p.

Si *faire faire* a un sens passif, on emploie **have** + p.p. Exemple :

*Faites vérifier votre voiture* (la voiture *sera vérifiée* : sens passif) : **Have your car checked.**

☞ **D.** *Traduire :*

1. Faites-le livrer à domicile. **2.** Je dois me faire couper les cheveux. **3.** Avez-vous fait examiner ce tableau par un expert ? **4.** Nous faisons réparer la toiture.

### *-ing :* le fait que...

**I object to *you spending the afternoon in a pub.***

1. L'emploi de **-ing** transforme toute l'expression soulignée en complément du verbe **object to**. Autre exemple :

**I don't like him saying that** : *Je n'aime pas qu'il dise ça.*

2. Noter que le pronom complément peut être remplacé par un possessif : **I don't like *his* saying that.**

☞ **E.** *Transformer suivant le modèle :*

**We spoke English. He didn't like that**
**→ He didn't like us/our speaking English.**

1. I bought this dress. Peter disapproved of that. **2.** He wants to drive. I object to that. **3.** We left early. That hurt Jane's feelings. **4.** They had stolen his money. He was complaining about that.

## RYTHME ET FORMES FAIBLES

### there

**1.** Quand **there** est utilisé comme adverbe de lieu, on emploie les formes accentuées suivantes :

Devant une consonne : [ˈðeə] (1)

Ex. : ***That's Jeremy*, over *there* by the *bus stop*.**

Devant un son vocalique : [ˈðeər] (2)

Ex. : ***There* it is, *under* the *table*.**

**2.** Dans les constructions **there is, there was**, etc. *(il y a/avait...)*, **there** est en forme faible et se prononce [ðə] (3) (comme **the**, v. p. 60) devant une consonne et [ðər] (4) devant une voyelle. Exemples :

**... there was [ðə wəz]a hell of a queue...**

**... there are [ðərə] piles of ironing...**

Ces constructions posent souvent un problème de compréhension, tout simplement parce que l'auxiliaire qui suit **there** est lui aussi en forme faible. D'où l'intérêt d'étudier ces formes : une oreille avertie en vaut deux !

☞ **F.** *Souligner les syllabes accentuées et indiquer la forme de* **there** *qui convient (1, 2, 3 ou 4) :*
**1.** Put one there and give me the other one. **2.** There used to be a baker's on the corner. **3.** Are there any more biscuits? **4.** There's a good restaurant near there.

## ACCENT DE MOT

### La terminaison -ese

Les mots en **-ese** ont un accent variable. Seuls ou en position finale, ils sont accentués sur la dernière syllabe (· · —). Ex. : **He's Chi'nese**. Mais s'ils sont suivis d'une syllabe accentuée l'accent passe sur la première syllabe (— · ·). Exemple : **a 'Chinese 'take-away**. La plupart de ces mots sont des noms ou des adjectifs de nationalité.

☞ **G.** *Marquer l'accent dans les mots en* **-ese** *:*
**Portuguese leather ; Burmese ; a Chinese girl ; manganese ; a Cantonese restaurant ; Portuguese ; a Burmese cat ; Vietnamese ; a Japanese camera ; Siamese twins.**

## LES SONS DE L'ANGLAIS

### La prononciation du "**h**"

**Le h** n'est pas toujours prononcé.

1. Les quatre mots lexicaux **heir** *(héritier)*, **honest, honour** et **hour** commencent par un **h** muet. Par conséquent, les articles sont **an** et **the** [ðɪ] :
**half an hour, an honest man, the** [ðɪ] **heir.**

Les dérivés de ces quatre mots ont aussi un **h** muet.
Exemples : **heiress, hourly, honourable, honestly...**

2. Le **h** ne se prononce pas non plus dans les formes faibles de **he, him, his, her, have, has** en milieu de phrase. Mais en début de phrase, on le prononce.

Distinguez bien :

| [h] | | | Ø | | |
|---|---|---|---|---|---|
| **harm** | [ha:m] | *le mal* | **arm** | [a:m] | *bras* |
| **hill** | [hɪl] | *colline* | **ill** | [ɪl] | *malade* |
| **high** | [haɪ] | *haut* | **eye** | [aɪ] | *œil* |
| **here** | [hɪə] | *ici* | **ear** | [ɪə] | *oreille* |

Ne confondez pas :
**Do you want me to heat/eat it?**
*Voulez-vous que je le chauffe/mange ?*
**I really appreciate having nice clean hair/air.**
*J'adore avoir des cheveux/de l'air propre(s) et frais.*

Attention à ce mot :
**queue** : [kju:] . C'est un des rares cas où **qu** ne se prononce pas [kw].

## INTONATION

En principe, les expressions de temps et de lieu comme **today, yesterday, again, here, there**, etc., ne portent pas la tonique.
| **You promised you'd do the housework and the** SHOpping **today** |.

☞ **H.** *Indiquer la tonique :*
1. | I forgot to go to the bank yesterday |. **2.** | He used to live in the country |. **3.** | It's Alan's birthday tomorrow |.

# 14. GOING TO THE OLYMPICS

*Three friends meet in a pub and talk about another friend's plans to go and see the Olympic Games.*

**P.** = Phil — **T.** = Tony — **D.** = Dave

**P.** There you go.

**T.** Thanks. Cheers[1].

**P.** Did you know Mark's actually thinking of going to see the Olympics?

**T.** Wow[2]! Is he really?

**P.** Apparently it's a life-long ambition. He's been saving up for ages and he's going to do it in style. You know, four star hotels, front row seats, the whole works. He's even bought a camcorder to take with him, so he can keep a record of the whole trip[3].

**T.** Sounds great!

**D.** Oh, I don't know, it'll cost him a bomb and I think you get a much better idea from the telly.

**T.** But you don't get the atmosphere. Oh no, I think it would be great. I'd go myself if I had half a chance[4].

**P.** I don't think it would be much fun[5] going on your own, which is what he's planning to do. It's the sort of thing you need to do with someone else to get the most out of it, so you can talk about it and compare notes.

**T.** Oh no, if he's on his own he can do exactly what he wants to do, without having to fit in with anybody else, hang about waiting for people and all that sort of hassle.

**P.** The only thing that's putting him off is the thought of the journey itself. He'd have to go by plane and he's not too keen on flying.

**D.** Well, I think he's crazy to even consider it —I bet you anything that I'll be able to tell you more about it from the telly *and* it won't have cost me a penny! What'll it be? Same again?

**P.** No, an orange juice for me this time. I'm driving.

**T.** Yeah, well I'm not, so same again for me, please.

# 14. EN ROUTE POUR LES JEUX

*Trois amis se rencontrent dans un pub et parlent du projet d'un autre ami d'aller voir les Jeux Olympiques.*

**P. = Philippe — T. = Tony — D. = Dave**

**P.** Et voilà.

**T.** Merci. Santé.

**P.** Vous saviez que Marc envisageait sérieusement d'aller voir les Jeux Olympiques ?

**T.** Ouah ! C'est pas vrai ?

**P.** Apparemment, c'est le rêve de sa vie. Il met de l'argent de côté depuis une éternité et il va faire ça en grand. Vous voyez le genre : hôtel quatre étoiles, places au premier rang, tout le tremblement. Il s'est même acheté un caméscope qu'il emportera avec lui pour pouvoir garder un souvenir de tout son voyage.

**T.** Ça a l'air super !

**D.** Oh, je n'en sais trop rien. Ça va lui coûter une fortune, et je trouve qu'on se fait une bien meilleure idée de ce qui se passe en regardant la télé.

**T.** Mais tu n'as pas l'ambiance. Oh non, je crois que ça sera super ; moi, j'irais à la première occasion.

**P.** Je crois pas que ce serait très amusant d'y aller tout seul, comme il compte faire. C'est le genre de truc qu'il faut faire avec quelqu'un d'autre pour en profiter au maximum, pour pouvoir en parler après et comparer tes impressions.

**T.** Oh non, s'il est tout seul, il peut faire exactement ce qu'il veut, sans avoir à s'adapter à quelqu'un d'autre, à perdre son temps à attendre les autres et tous ces enquiquinements.

**P.** La seule chose qui le retienne, c'est l'idée du voyage lui-même. Il faudrait qu'il y aille en avion, et il n'aime pas trop ça.

**D.** Eh bien, je trouve qu'il est fou rien que d'y penser. Je vous parie tout ce que vous voulez que je pourrai vous en dire plus d'après ce que j'aurai vu à la télé, et en plus, ça ne m'aura pas coûté un sou. Qu'est-ce que vous prenez ? La même chose ?

**P.** Non, un jus d'orange pour moi, cette fois. Je conduis.

**T.** Eh ben pas moi, alors, la même chose pour moi, s'il te plaît.

## 14*a*. VOCABULAIRE ET EXPRESSIONS

1. **cheers!** : se dit en trinquant. Pour porter un toast, on dira : **Here's to...** Ex. : pour une naissance : **Here's to the new arrival!**
Noter que **cheers** est aussi un synonyme familier de **thanks**.

2. **wow!** : exclamation qui traduit l'admiration ou l'étonnement. Attention à la prononciation : [waʊ].

3. **trip** : **trip** ou **journey** signifient un *voyage*. Ne jamais dire **a travel** - **travel** est indénombrable (voir p. 131) et traduit l'idée générale de voyage. Ex. : **Travel broadens the mind.** *Les voyages enrichissent l'esprit.*
**Travel** est aussi un verbe. Exemple :
**He travelled for three days, it was a very long journey.**

4. **chance** : signifie *occasion, possibilité* mais pas *chance, veine.*
Comparer :
**He has always been lucky.** *Il a toujours eu de la chance.*
**He's got the chance to work in New-Delhi for two years.**
*Il a l'occasion de travailler à New Delhi pendant deux ans.*

5. **fun/funny** : ne pas confondre le nom et l'adjectif.
Comparer :
**We had a lot of fun.** *On s'est bien amusés.*
**He tells very funny jokes.** *Il raconte des blagues très drôles.*
**Funny** a aussi le sens de *bizarre, étrange.*
**He is a very funny guy.**
*C'est un type très drôle* ou *c'est un drôle de type.*

☞ **A.** *Traduire :*
1. Tu as eu de la chance que cette assiette ne se casse pas. 2. Mr. Hatfield part en voyage d'affaires à Paris la semaine prochaine. 3. Ma grand-mère était très intelligente, mais elle n'a jamais eu la possibilité d'aller à l'université.

## 14*b*. GRAMMAIRE

### *will* + v.

***It'll cost him a bomb.***

1. Comme nous l'avons déjà dit (p. 71), le modal **will** peut indiquer un jugement de probabilité plus forte que **must**, c'est-à-dire une prédiction. C'est pourquoi on l'emploie souvent pour exprimer le futur. La forme négative est **won't** : **You won't be cold** : *Vous n'aurez pas froid.*

2. L'emploi de **will** dans ce sens est impossible dans les propositions temporelles. C'est une faute fréquente à laquelle il faut faire attention. Exemples :

**I'll tell you when I *see* you.**
*Je te le dirai quand je te* verrai.

**Once you *understand* this, you'll be all right.**
*Une fois que vous* comprendrez *ça, tout ira bien pour vous.*

**We'll have a beer as soon as the pubs *open*** : *On prendra une bière dès que les pubs* ouvriront.

### *will be able to* + v.

***I bet you I'll be able to tell you more.***

La construction "modal + modal" étant impossible (v. p. 230), **be able to** remplace **can** après **will** et les autres modaux.

☞ **B.** *Traduire :*

1. D'abord, nous irons à la plage, puis nous prendrons le thé en regardant (= et regarderons) la mer. 2. Quand tu viendras à Paris, nous t'emmènerons au restaurant. 3. Dès qu'il arrivera, je vous le ferai savoir. 4. Ne vous inquiétez pas ; je vous apporterai votre courrier tous les jours. 5. Je ne pourrai pas vous aider, malheureusement. 6. Je lui dirai ce que je pense quand je le verrai.

### Reprise de l'auxiliaire (1) : vraiment ?

— ***Paul's thinking of going to see the Olympics.***
— ***Is he really?***

La deuxième phrase est un début de question :

**Is he really (thinking of going to see the Olympics)?**

Autre exemple : — **I love Italian wine.** — **Do you?**

Ces phrases tronquées sont très fréquentes en anglais (v. p. 235).

## 14c. PRONONCIATION

### RYTHME ET FORMES FAIBLES

**to**

Il existe deux formes faibles : [tə] et [tʊ].

Devant une consonne, on utilise [tə] (1).

Ex. : "... **he's *going* to *do* it in *style*.**"

Devant un son vocalique, on utilise [tʊ] (2).

Ex. : **I'd *love* to *own* a *dog*.**

La forme forte est ['tu:] (3).

Ex. : ***What* are you *lis*tening *to*?**

(Voir p. 48, préposition en position finale.)

☞ **C.** *Souligner les syllabes accentuées et indiquer la forme de* **to** *qui convient (1, 2 ou 3).*

**1.** It belongs to Uncle Matthew. **2.** Okay, I'll come if you really want me to. **3.** It's two minutes to two. **4.** Liz learned to drive before she went to university.

(Voir p. 79 : prononciation de "**union**", etc.)

☞ **D.** *Souligner les syllabes accentuées et entourer* toutes les formes faibles *que nous avons* déjà étudiées *:*

**1.** Have they lived there for long? **2.** I write to him, but only at Christmas. **3.** Has Joanna ever been to Berlin?

### ACCENT DE MOT

Certains mots de deux syllabes sont à la fois verbe et nom (parfois aussi adjectif). L'accentuation sur la deuxième syllabe est la marque distinctive du verbe.

Ex. : **a 'record** (— · nom), mais **to re'cord** (· — verbe).

De même : **absent, contract, desert, export, insult, object, permit, produce, protest, survey.**

Quelques exceptions : **an a'ccount, to a'ccount ; a 'comment, to 'comment ; dis'tress, to dis'tress.**

☞ **E.** *Indiquer la place de l'accent dans les mots en italiques :*

**1.** Teenagers usually *rebel* against their parents. **2.** Have you bought Graham a birthday *present* yet? **3.** David's planning to *import* Belgian lace. **4.** *Progress* on the tunnel is slow but steady.

## LES SONS DE L'ANGLAIS

### La prononciation de **love**

Certains mots très courants ont un **o** qui se prononce [ʌ]. Voici les plus importants :
**become, come, some** (forme forte) - **one, wonder - other, mother, brother - honey, money, monkey, month - comfort, company - dove, love, glove - done, front, none, nothing, son.**

Notez aussi : **London** ['lʌndən].

### **cut** ou **cot** ?

Distinguez bien :

| [ʌ] | | | [ɒ] | | |
|---|---|---|---|---|---|
| **hut** | [hʌt] | *cabane* | **hot** | [hɒt] | *chaud* |
| **luck** | [lʌk] | *chance* | **lock** | [lɒk] | *serrure* |
| **suck** | [sʌk] | *sucer* | **sock** | [sɒk] | *chaussette* |
| **gun** | [gʌn] | *pistolet* | **gone** | [gɒn] | *parti(e)* |
| **dug** | [dʌg] | *creusé* | **dog** | [dɒg] | *chien* |

Ne confondez pas :

**And here come the cups/cops.**
*Et voici les tasses/les flics.*

**What a lovely colour/collar!**
*Quelle jolie couleur/beau col !*

Attention à ces mots :

**whole** se prononce [həʊl]. C'est une exception : le groupe "wh" se prononce normalement [w]. Exemples :
**what, why, when, which, white, whale, while, where.**

Autres exceptions à retenir :
**who** [hu:], **whom** [hu:m] et **whose** [hu:z].

### INTONATION

☞ **F.** *Remarquer la place des toniques dans cet exemple :*
| Sounds GREAT |
| Yes it SOUNDS great | (but...)
*Indiquer la tonique dans ces deux dialogues :*
**1.** | Peter seems friendly. | Yes he seems friendly, | but he can be very nasty. | **2.** |Tony looks very stupid. | He may look stupid | but in fact | he's very bright. |

# 15. RENOVATING A HOUSE

*Mark and Helen have just bought an old house which they're planning to do up.*

**M.** = Mark – **H.** = Helen

**M.** We'll knock down that wall there, to give us a really big living room and it'll make access to the kitchen easier too. We could even have a hatch.

**H.** Mmm, sounds great[1]! Oh, Mark, isn't it wonderful! I can't wait to start stripping the paint off that staircase. It's lovely wood underneath. Why would anyone paint over wood like that?

**M.** Yeah, well, we'll have to do the big jobs first, like getting rid of that wall and rewiring the place. Then we can concentrate on the rest. Um, what do you think about making that little room, off the main room, into a study?

**H.** Well, it's rather small. I was thinking more in terms of storage space.

**M.** I think that would be a bit of a waste[2]. Shall I tell you what I thought? We could get rid of that built-in cupboard there and that would make the room just big enough for a study. It'd be nice and cosy and I could put all my photography stuff in there. In fact, now that I think about it, I could even make a darkroom.

**H.** Actually, it would be ideal for a sewing room for me.

**M.** Mmm. Another possibility, of course, is an extra shower. That would come in handy[3] as well, seeing how much time you spend in the bathroom in the morning. Anyway, we'll talk about all that later. The main thing is we agree we should get rid of that cupboard to make the room bigger.

**H.** Oh, yes, I think it's a great idea. Shall we go upstairs and have a look at the bathroom again? I still think we should keep those lovely old taps.

# 15. ON RÉNOVE

*Marc et Hélène ont acheté une vieille maison qu'ils projettent de retaper.*

**M. = Mark — H. = Hélène**

**M.** On abattra ce mur-là, ça nous donnera un vrai salon et en plus, ça simplifiera l'accès à la cuisine. On pourrait même installer un passe-plats.

**H.** Mmm, formidable ! Oh, Marc ! C'est merveilleux, non ? Vivement qu'on commence à enlever la peinture de cet escalier. C'est du beau bois, en dessous. Pourquoi aller peindre un bois comme ça ?

**M.** Oui, enfin, il va falloir faire le gros œuvre d'abord, enlever ce mur et refaire toute l'électricité. Après, on pourra s'attaquer au reste. Qu'est-ce que tu dirais de transformer la petite pièce qui donne sur le salon en bureau ?

**H.** Eh bien... elle est un peu petite, je voyais plutôt un rangement.

**M.** Je trouve que ce serait dommage. Veux-tu que je te dise ce que j'avais pensé ? On pourrait se débarrasser de ce placard encastré, ça ferait une pièce juste assez grande pour un bureau. Ça serait bien confortable et je pourrais mettre tout mon matériel photo là-dedans. En fait, maintenant que j'y pense, je pourrais même faire une chambre noire.

**H.** En fait, ça serait l'idéal pour mon coin couture.

**M.** Mmm... Bien sûr, une autre possibilité, ça serait de mettre une douche supplémentaire. Ça aussi, ça serait bien pratique, à voir le temps que tu passes dans la salle de bains tous les matins. Enfin, on reparlera de tout ça plus tard. L'essentiel, c'est qu'on est d'accord pour supprimer ce placard et agrandir la pièce.

**H.** Oui, oui, c'est une très bonne idée. On remonte regarder la salle de bains ? Je persiste à penser qu'on devrait garder ces beaux robinets anciens.

## 15*a*. VOCABULAIRE ET EXPRESSIONS

1. **Sounds great!**: dans la description d'objets ou de personnes, l'anglais emploie volontiers un verbe correspondant à l'un des cinq sens (vue, ouïe, odorat, toucher, goût). Le français est souvent plus vague. Par exemple, *ça a l'air bien* se dit:
**It looks/sounds/smells/feels/tastes all right**, selon qu'il s'agit de quelque chose que l'on voit/entend/respire/touche ou goûte. Autres exemples:

— **I've just had my hair cut. — It looks great.**
— *Je viens de me faire couper les cheveux. — C'est très beau.*

— **This is my favourite perfume. — It smells lovely.**
— *Voici mon parfum préféré. — Il sent très bon.*

☞ **A.** *Donner la réponse la plus appropriée aux phrases ci-dessous en utilisant l'adjectif indiqué:*
**1.** Kay's wearing a new dress (nice). **2.** This scarf is pure silk (lovely). **3.** What do you think of my new record? (great) **4.** What's your medicine like? (horrible) **5.** I've just spread some new fertiliser on the garden (terrible). **6.** That cheese smells awful, but (delicious).

2. **a bit of a waste**: noter aussi:
**don't waste your time**: *ne perdez pas votre temps.*
**to waste money**: *gaspiller de l'argent.*
**waste paper**: *vieux papiers* (dans la poubelle).

3. **come in handy**:
**The shop on the corner is very handy.**
*La boutique du coin de la rue est très commode.*
**It's a very handy gadget.** *C'est un gadget très pratique.*
**a handyman**: *un homme à tout faire* ou *un bricoleur.*

☞ **B.** *Traduire:*
**1.** Débarrassez-vous de ce vieux téléviseur et achetez un écran plat. **2.** Cette pièce a bien besoin d'être repeinte. **3.** Ta femme a téléphoné. Elle avait l'air très fâchée. **4.** C'est une petite rue qui donne sur Bridge Street.

## 15*b*. GRAMMAIRE

### *could* + v.: pourrait/pouvait

***We could even have a hatch. I could even make a darkroom.***

1. **Could** peut exprimer une hypothèse *(pourrait)*, comme dans les exemples ci-dessus.

2. **Could** signifie aussi *pouvait*:

**A few years ago, I could drive for hours on end.**
*Il y a quelques années, je pouvais conduire pendant des heures.*

### *was/were able to* + v.

1. Cette construction permet d'éviter toute ambiguïté. On emploie aussi fréquemment le verbe **manage**. Comparer :

**Could you open it?**
*Pourriez-vous l'ouvrir ?* ou *Avez-vous réussi à l'ouvrir ?*
**Were you able to open it?/Did you manage to open it?**
*Avez-vous réussi à l'ouvrir ?*

2. Dans les phrases affirmatives, *a pu/put* se traduisent presque toujours ainsi. Exemples :

**I was only able to talk to him for ten minutes =**
**I only managed to talk to him for ten minutes.**
*Je ne pus/n'ai pu lui parler que dix minutes.*

☞ **C.** *Compléter par* **could** *ou* **was/were able to** *et traduire :*
**1.** We (finish) redecorating last night. **2.** Even if he had all day, he still ...... not do it. **3.** (You get) there on time? **4.** Last year, they (visit) ten countries in eight days. **5.** (You post) this letter for me, please?

### *shall I* + v.

***Shall I tell you what I thought? Shall we go upstairs?***

Le modal **shall** s'emploie surtout à la première personne et à la forme interrogative pour demander à l'interlocuteur ce qu'il veut que l'on fasse :

**Shall I help you?** *Voulez-vous que je vous aide ?*

2. Notez aussi l'emploi de **shall** après **let's** :

**Let's dance, shall we?** *Dansons, voulez-vous ?*

☞ **D.** *Traduire :*
**1.**Voulez-vous que je fasse du café ? **2.** Changeons de conversation, d'accord ? **3.** On réserve maintenant ? **4.** Est-ce que vous avez un exemplaire, ou bien est-ce que je dois apporter le mien ? **5.** J'achète le vin ?

## 15c. PRONONCIATION

### RYTHME ET FORMES FAIBLES

#### **shall** et **should**

Les formes faibles sont [ʃəl] (1) et [ʃəd] (2).

Ex. : ***What* shall we *do* with *that old kit*chen *sink*?**

**... we *agree* we should *get rid* of *that cup*board...**

Les formes fortes sont [ˈʃæl] (3) et [ˈʃʊd] (4).

Ex. : **— *Why not go* to *Paris*? — *Shall* I?**

***Peo*ple *don't always do what* they *should do*.**

En début de phrase, **shall** est souvent accentué et prend donc sa forme forte.

Ex. : **"*Shall* I *tell* you *what I thought*?"**

Les formes négatives sont [ˈʃa:nt] (5) et [ˈʃʊdnt] (6).

Ex. : **I *shan't tell* them *any*thing.**

**He *shouldn't* have *told* all *those lies*.**

☞ **E.** *Souligner les syllabes accentuées et indiquer la forme de* **shall** *ou* **should** *qui convient (1, 2, 3...).*
**1.** I shall probably see them later. **2.** Shouldn't we turn off the electricity? **3.** Shall we tell Ken? — Yes, I think we should. **4.** They should go out more often.

☞ **F.** *Souligner les syllabes accentuées et entourer* toutes les formes faibles *que nous avons* déjà étudiées :
**1.** We're going to Portugal for a whole month. **2.** Can you tell us what to do? **3.** Shall I give them to Benjamin or to Adrian?

### ACCENT DE MOT

Les terminaisons **-ography** et **-ographer** (— · ·).

Les mots qui se terminent en **-ography** et **-ographer** sont accentués sur la syllabe qui contient le **o** de la terminaison, c'est-à-dire l'avant-avant-dernière syllabe du mot.
Exemple du texte : **pho'tography** [fə - ˈtɒ - grə - fi].

☞ **G.** *Récapitulatif : Indiquer l'accent de mot :*
**attention** ; **autobiography** ; **balloon** ; **beer bottle** ; **choreographer** ; **criticize** ; **geography** ; **rebel** (nom).

## Les lettres muettes

### **knock** : la prononciation de **kn**

Dans les mots commençant par les lettres **kn**, on ne prononce pas le **k**. Exemples :
**knee, knew, knife, knit, knock, knot, know, knowledge.**
Tous ces mots commencent par le son [n].

De même, dans les mots commençant par **pn**, **ps** ou **wr**, la première lettre ne se prononce pas.
Le son initial est donc :
[n] dans les mots comme **pneumatic** [nju:'mætɪk] ;
[s] dans les mots comme **psychology** [saɪ'kɒlədʒɪ] ;
[r] dans **wrap [ræp], wrist, write, written, wrong...**

### **rid** ou **red** ?

Distinguez bien :

| [ɪ] | | | [e] | | |
|---|---|---|---|---|---|
| **win** | [wɪn] | *gagner* | **when** | [wen] | *quand* |
| **pin** | [pɪn] | *épingle* | **pen** | [pen] | *stylo* |
| **big** | [bɪg] | *grand* | **beg** | [beg] | *mendier* |
| **bit** | [bɪt] | *mordu* | **bet** | [bet] | *parier* |

Ne confondez pas :
**The will/well had never been mentioned.**
*On n'avait jamais parlé du testament/du puits.*

Attention à ce mot :
**cupboard** : ['kʌbəd]. Le **p** ne se prononce pas.

## INTONATION

☞ **H.** *Expliquez la place des toniques dans ces exemples :*
**1. | I think they're a pain in the** NECK **|. 2. | Stop** CHATTing **now |. 3. We could even have a** HATCH **|. 4. | Shall we go upstairs and have a look at the** BATHroom **again?|. 5. It'd be nice and** COsy **| and I could put all my** phoTOgraphy **stuff in there. |**

# 16. "LITTLE BIG MAN"

*Susan and Anne arrange to watch a film on T.V. together.*

**A.** = Anne — **S.** = Susan

**A.** Hey[1], there's a great film on telly[2] tonight, *Little Big Man* with Dustin Hoffman! Fancy coming round to my place to watch it?

**S.** Yes, I'd love to, what time's it on[3]?

**A.** Half eight I think, but I'm not sure. Tell you what, I'll give you a ring and let you know. Or, no, even better, why don't you come round about seven and we'll have something to eat together before the film?

**S.** Yeah, that'd be lovely — don't bother getting anything ready though, because I've got some really nice pizzas in my freezer. I'll bring a couple of those and one of my mum's apple-pies.

**A.** Oh great. Well I've got fruit and stuff, so there should be plenty. Shall we ask Jennifer as well?

**S.** No, I wouldn't if I were you — she's anti-T.V.

**A.** Oh, really? Why?

**S.** I think she considers it as the opium of the people, or something like that.

**A.** Oh, I see. Well, it's true that there's a lot of rubbish on. I mean a lot of those American series are terrible. I was watching one the other night and it was absolute drivel.

**S.** Aha[4]! You see, you admit you were watching it even though it was rubbish. That's Jennifer's point. She says people end up watching everything. They don't bother choosing their programmes.

**A.** Yes. I suppose that's true to a certain extent but after a hard day's work it's nice to just switch on[5] the telly and sit back and relax. Look, I'll have to dash now. See you about seven, okay?

**S.** Yes, lovely, see you then.

# 16. ''LITTLE BIG MAN''

*Suzanne et Anne prennent rendez-vous pour regarder un film à la télévision ensemble.*

**S. = Suzanne — A. = Anne**

**A.** Hé, il y a un film extraordinaire à la télé ce soir : "Little Big Man", avec Dustin Hoffman. Ça te dirait de venir le voir chez moi ?

**S.** Ah oui, avec plaisir. Ça passe à quelle heure ?

**A.** Huit heures et demie, je crois, mais je ne suis pas sûre. Écoute, je te passe un coup de fil pour te le dire. Ou non, tiens, mieux que ça, même : si tu venais vers les sept heures ? On mangera quelque chose ensemble avant le film.

**S.** Oui, ça serait extra. Mais ne t'embête pas à faire la cuisine. J'ai de très bonnes pizzas au congélateur ; j'en apporte une ou deux, plus une tarte aux pommes de ma mère.

**A.** D'accord. J'ai des fruits et tout ce qui s'ensuit, ça devrait être largement assez. On invite Jennifer aussi ?

**S.** Non, à ta place, je m'abstiendrais : elle est contre la télé.

**A.** Ah bon ? Pourquoi ?

**S.** Je crois qu'elle considère ça comme l'opium du peuple, ou un truc dans ce genre.

**A.** Ah, d'accord ! Remarque, c'est vrai qu'ils passent pas mal d'âneries. Je veux dire, beaucoup de ces séries américaines sont horribles. L'autre soir j'en regardais une, et c'était complètement crétin.

**S.** Tiens ! Tu vois, tu reconnais que tu regardais, même si c'était nul. C'est ça, l'argument de Jennifer : elle dit que les gens finissent par tout regarder sans se fatiguer à choisir leurs émissions.

**A.** Oui, c'est peut-être vrai dans une certaine mesure, mais après une dure journée de travail, c'est agréable d'allumer sa télé et de se caler dans son fauteuil pour se détendre. Écoute, il faut que je me sauve. Alors vers sept heures, d'accord ?

**S.** Oui, super, à ce soir.

## 16*a*. VOCABULAIRE ET EXPRESSIONS

1. **Hey** : [heɪ] : pour introduire un nouveau sujet, pour attirer l'attention de quelqu'un. Peut également exprimer la surprise.

2. **telly** : abréviation familière de **television**. On dit aussi **T.V.** et **the box**. Noter l'expression : **You'll get square eyes.** *Tu vas te retrouver avec des yeux carrés.* C'est ce que l'on dit aux enfants (grands et petits) qui passent trop de temps devant le petit écran.

3. **What time's it on** : noter l'emploi de **on**.
Ex. : **What's on T.V. tonight?**
*Qu'est-ce qu'il y a à la télé, ce soir ?*
— **Shall we go to the cinema? — What's on?**
— *Si on allait au cinéma ?*
— *Qu'est-ce qu'il y a au programme ?*
L'équivalent de *L'officiel des spectacles* est **What's on in London?**

4. **Aha !** : [ʌhɑː] : dénote une certaine satisfaction : *Tiens, tiens !* ("C'est bien ce que je pensais.")

5. **switch on** : = **turn on** = **put on** : *allumer.*
**Off** exprime souvent l'action inverse de **on**. Par exemple, *éteindre* se dit **switch off** ou **turn off**.

☞ **A.** *Traduire :*
1. — Did you get the job? — I don't know yet, they said they'd write and let me know. **2.** Switch off the telly, will you. That film's really boring. **3.** There's never anything interesting on telly on Saturday nights. **4.** Shall we have pizzas for lunch? **5.** How many T.V. channels are there in England?

## Autres emplois du génitif

***After a hard day's work.***

1. On peut utiliser le génitif avec des expressions de date, durée ou distance :

**This is yesterday's paper.**

*Ceci est le journal d'hier.*

2. Le génitif s'emploie aussi avec les pronoms indéfinis désignant des personnes :

**What I do is nobody's business.**

*Ce que je fais ne regarde personne.*

☞ **B.** *Transformer ces phrases en utilisant un génitif :*

1. Does this cup belong to anybody? (→ Is this...) 2. Staying in England for two months will do you a lot of good. (→ A...) 3. Phil went to bed after working for ten hours. 4. Jenny loves spending money that belongs to someone else. 5. Don't miss the programme which is planned for next Sunday!

## Il y a (1) : *there + be*

***There's a great film on telly tonight.***
***There should be plenty.***

1. **There + be** peuvent s'employer à tous les temps et modes du système verbal de l'anglais. Le verbe s'accorde au sujet réel, c'est-à-dire au nom qui le suit :

**There are some biscuits left.** *Il reste des biscuits.*

**There have been several accidents at this crossroads** :

*Il y a eu plusieurs accidents à ce carrefour.*

2. **there + be** ne s'utilisent pas pour des indications temporelles comme « il y a x temps que » (v. pp. 53 et 113).

☞ **C.** *Traduire :*

1. Il y avait tant de choses à voir ! 2. Il aurait dû y avoir plus de canots de sauvetage. 3. Il va y avoir beaucoup de gens. 4. Il y a déjà eu deux émissions sur cet auteur. 5. Il y a cinq ans que je le connais.

## *if I were you*

On emploie parfois **were** et non **was** pour exprimer une hypothèse irréalisable.

## 16*c*. PRONONCIATION

### RYTHME ET FORMES FAIBLES

**was** et **were**

La forme faible de **was** est [wəz] (1).

Les formes faibles de **were** sont [wə] (2), et [wər] (3) devant une voyelle. Exemples :

**I was *watch*ing *one* the other *night*...** (1)

**...you ad*mit* you were *watch*ing it...** (2)

**They were *all very tired* at the *end* of the *day*** (3).

Les formes fortes sont ['wɒz] (4) et ['wɜ:] (5). Exemples :

**— It *can't* have been *Bren*da. — It *was*.** (4)

**They *were tired*, but they're *okay now*.** (5)

☞ **D.** *Souligner les syllabes accentuées et indiquer la forme de* **was** *ou* **were** *qui convient* (1, 2, 3...) :

1. We were only having a look.
2. I wonder what that noise was?
3. They were drinking vodka.
4. Sheila was twenty-one last week.
5. — Were his parents pleased? — Yes, they were.

Formes négatives : **wasn't** ['wɒznt] (deux syllabes) et **weren't** ['wɜ:nt] (une seule syllabe).

### ACCENT DE MOT

Les noms composés : exceptions

Nous avons vu (p. 84) que le premier élément des noms composés portait l'accent principal. Cependant, dans certains noms composés cet accent est sur le deuxième élément. Ce sont essentiellement :

— les noms de voies et places qui ne se terminent pas par **street**. Comparer : **Cromwell 'Road, 'Regent Street** ;

— des noms ayant trait à la nourriture (sauf les composés de **cake** !). Comparer : **apple-'pie, 'birthday cake.**

Autres exemples d'exceptions à la règle générale :

**banana 'split; beef 'curry; chocolate 'biscuits; Christmas 'pudding; Hyde 'Park; Irish 'stew; lamb 'chop; Leicester 'Square; peppermint 'creams; prawn 'cocktail; raspberry 'flan; tomato 'sauce...**

## LES SONS DE L'ANGLAIS

### La lettre **a** (1)

La lettre **a** se prononce très souvent [æ] (comme dans **cat** [kæt]), ou [eɪ] (comme dans **take** [teɪk]).

Mais de nombreuses autres prononciations sont possibles : par exemple, comme nous l'avons vu, le **a** de **ago** et **around** se prononce [ə].

☞ **E.** *Les mots suivants viennent tous du dialogue. Classez-les en colonnes suivant la prononciation du* **a** *:*

[ə] [æ] [ɑ:] [e] [eɪ]

about, absolute, admit, after, anything, ask, back, dash, day, fancy, half, hard, man, rather, relax, says.

### **drag** ou **drug**?

Distinguez bien :

| [æ] | | | [ʌ] | | |
|---|---|---|---|---|---|
| **drag** | [dræg] | *traîner* | **drug** | [drʌg] | *drogue* |
| **cat** | [kæt] | *chat* | **cut** | [kʌt] | *couper* |
| **fan** | [fæn] | *ventilateur* | **fun** | [fʌn] | *amusement* |
| **match** | [mætʃ] | *allumette* | **much** | [mʌtʃ] | *beaucoup* |
| **drank** | [dræŋk] | *buvait* | **drunk** | [drʌŋk] | *ivre* |

Ne confondez pas :

**The track/truck was in very poor condition.**
*La piste/le camion était en très mauvais état.*

**The child was asleep on the bunk/bank.**
*L'enfant dormait sur la couchette/la rive.*

## INTONATION

### Placement régulier de la tonique

Rappel : Sauf raison particulière, la tonique tombe sur le dernier mot lexical (D.M.L.) du groupe de souffle.

☞ **F.** *Indiquer la tonique :*

1. | Where did you meet him? |
2. | Have you read *War and Peace*? |
3. | You'll have to talk to them. |
4. | Where do you come from? |

# 17. MODERN ART

*Three friends talk about modern art.*

**L.** = Linda — **T.** = Tony — **A.** = Anne

**L.** Do you two fancy going[1] to see that new exhibition at the Hobson Gallery? Apparently it's really amazing.

**T.** Well, you can count me out[2]. I think modern artists are nothing more than bloody con men[3]. Pardon my French.

**A.** How can you say that, Tony? You can't tell a Miro from a Matisse. You don't know anything about it.

**T.** Maybe not, but I know what I like, as the man said. And anyway, half of the so-called experts can't tell one thing from another either.

**A.** Oh Tony, you do talk rubbish.

**T.** Oh yeah? Well what about that experiment in the States a few years ago, when all the critics made absolute fools of themselves?

**L.** What was that?

**T.** Oh, they took three paintings, one by a well-known artist, don't ask me[4] who it was, one by a seven-year old girl and one by a monkey and asked a group of art critics to say who had painted what.

**L.** And...?

**T.** Well, you can guess, can't you? They liked the monkey's picture best. They thought the artist had done it!

**L.** Oh no! How embarrassing for the critics. I bet there were a few red faces[5].

**A.** Well, I don't believe it. It's just the sort of story a Philistine like Tony would come up with.

**T.** And then of course there are all those paintings which have been hanging upside-down for ages.

**L.** Yes, all right, Tony, I get the message — you don't want to go. What about you, Anne? How about tomorrow straight after work?

**A.** Yes, okay, that suits me[6]. I'll meet you outside the gallery at about a quarter to six.

# 17. L'ART MODERNE

*Trois amis parlent de l'art moderne.*

**L. = Linda — T. = Tony — A. = Anne**

**L.** Ça vous dit, tous les deux, d'aller voir cette nouvelle exposition à la Galerie Hobson ? À ce qu'on dit, c'est absolument extraordinaire.

**T.** Eh bien, ne comptez pas sur moi. Pour moi, les artistes modernes, c'est rien que de foutus escrocs. Passez-moi l'expression.

**A.** Comment peux-tu dire ça, Tony ? Tu ne reconnais pas un Miró d'un Matisse ; tu n'y connais rien du tout.

**T.** Peut-être bien, mais je sais ce que j'aime, comme dirait l'autre. Et de toute façon, la moitié de ces prétendus experts ne font pas la différence non plus.

**A.** Oh, Tony ! tu dis vraiment des bêtises !

**T.** Ah oui ? Et cette expérience aux U.S.A., il y a quelques années, où tous les critiques se sont complètement ridiculisés ?

**L.** Qu'est-ce que c'était ?

**T.** Oh, ils ont pris trois tableaux : un d'un artiste célèbre, ne me demandez pas qui c'était, un d'une fillette de sept ans, et un fait par un singe ; et ils ont demandé à un groupe de critiques d'art de dire qui avait peint quoi.

**L.** Et alors... ?

**T.** Bah, ça se devine, non ? Ils ont préféré le tableau du singe ; ils ont cru que c'était l'artiste qui l'avait fait !

**L.** Pas possible ! Quelle honte pour les critiques ! Il a dû y avoir pas mal de pleurs et de grincements de dents.

**A.** Eh ben, moi, j'y crois pas. C'est tout à fait le genre de trucs que sort un béotien comme Tony.

**T.** Et puis, bien sûr, il y a tous ces tableaux qui sont accrochés à l'envers depuis x temps.

**L.** Bon, d'accord, Tony, j'ai compris — tu ne veux pas y aller. Et toi, Anne ? Si on y allait demain en sortant du travail ?

**A.** Oui, ça me va. Je te retrouverai devant la galerie vers six heures moins le quart.

## 17*a*. VOCABULAIRE ET EXPRESSIONS

1. **Do you two fancy going...** : le verbe **fancy** est suivi d'un verbe en **-ing** (comme ci-dessus) ou d'un nom. Exemples :
**Do you fancy a cup of coffee?**
*Un petit café ?*
Noter aussi (familier) :
**John fancies Wendy.**
*John trouve Wendy bien à son goût.*

2. **you can count me out** : *Ne comptez pas sur moi = ça ne m'intéresse pas.*
Comparez avec : **don't count on me**, *ne comptez pas sur moi = je ne suis pas libre/je ne peux pas vous aider.*

3. **con men** :
**a con man, a confidence trickster** : *un escroc*
**a confidence trick, a con** : *une escroquerie*
Noter aussi : **You've been conned** ou **you've been had.**
*Vous vous êtes fait avoir.*

4. **don't ask me** : façon familière de dire : **I don't know**. On dit aussi : **ask me another** ; **I've no idea** ; **search me** et **don't look at me.**

5. **a few red faces** : mot à mot : *quelques visages rouges* (de gêne).

6. **that suits me** :
**You should wear that colour more often, it really suits you.**
*Vous devriez porter cette couleur plus souvent, ça vous va vraiment très bien.*
Ne pas confondre avec : **fit**, qui signifie *aller*, mais uniquement au sens de *être à la taille*. Exemple :
**These shoes don't fit me. They're too big.**
*Ces chaussures ne me vont pas, elles sont trop grandes.*

☞ **A.** *Traduire :*
1. — Quelle est la population de la Grèce ? — Aucune idée ! 2. Cathy est devenue toute rouge lorsque David est entré. Je crois qu'il doit bien lui plaire. 3. Il vous a dit que c'était de l'or véritable ? Vous vous êtes fait avoir. 4. Je n'ai pas envie de manger des escargots, c'est tout.

## 17*b*. GRAMMAIRE

### il y a (2) : *ago*

***A few years ago.***

1. **Ago** sert à dater des faits clairement situés dans le passé. On le trouve donc presque toujours avec le prétérit. Il se place *après* l'expression de temps.

☞ **B.** *Traduire :*

1. Il y a deux ans, je suis allé en Amérique. 2. J'ai entendu ce mot pour la première fois il y a trois semaines. 3. Il y a six mois, Jenny s'est cassé la jambe. 4. Hélène a eu une scène avec sa belle-mère il y a quinze jours. 5. Il y a trois jours, nous étions en Espagne.

### *had* + p.p. et *had been + -ing* : le plus-que-parfait

***They asked them to say who had painted what.***
***They thought the artist had done it.***

1. L'emploi du plus-que-parfait ne présente pas de difficultés pour les francophones.

2. Remarquer cependant qu'on peut trouver **had been + -ing** là où le français utilise l'imparfait (comparer avec l'emploi du parfait, p. 53) :

**He'd been bothering her for five years.**
*Ça faisait cinq ans qu'il l'empoisonnait.*

☞ **C.** *Transformer ces phrases en commençant par* **they said**, *ou par* **they asked** *pour les questions :*

1. They've been to Spain. 2. How long have you known her? 3. We've been here for ages. 4. He looked at her in a funny way. 5. They bought it in Paris.

### Reprise de l'auxiliaire (2) : *n'est-ce pas ?*

***You can guess, can't you?***

1. En fin de phrase AFFIRMATIVE, l'auxiliaire est repris à la forme NÉGATIVE.

2. En fin de phrase NÉGATIVE, on reprend l'auxiliaire à la forme AFFIRMATIVE.

**Richard and Mary don't speak English, do they?**

☞ **D.** *Ajouter la reprise :*

1. We can't go wrong. 2. He'd object to that. 3. They've taken it away. 4. You'll let me know. 5. Richard didn't approve. 6. We'd all had more than enough. 7. You haven't been swimming. 8. Linda jogs every day.

## 17c. PRONONCIATION

### RYTHME ET FORMES FAIBLES

**from**

La forme faible est [frəm] (1). Exemple :
**They've** ***got paintings*** **from** ***all*** **over the** ***world.***

La forme forte est ['frɒm] (2).
**Where** does he **come from?**

(Voir p. 48 : préposition en position finale.)

☞ **E.** *Souligner les syllabes accentuées et indiquer la forme de* **from** *qui convient* (1 ou 2) :

**1.** Where's Colette from? **2.** I think she's from Tours. **3.** It was a present from Jane.

☞ **F.** *Souligner les syllabes accentuées et entourer* toutes les formes faibles *que nous avons* déjà étudiées :

**1.** Daniel was there from five o'clock until six. **2.** I was expecting a message from Ian. **3.** Should we wait a bit longer or shall we go now? **4.** Has anyone seen him with his purple hat on?

### ACCENT DE MOT

Les adjectifs composés

En plus de noms composés (v. p. 84), l'anglais peut former des adjectifs composés. Par exemple, *malade d'amour* se dit **'lovesick**. Certains adjectifs composés prennent l'accent principal sur le premier élément et l'accent secondaire sur le deuxième. Voici quelques exemples :
**'air,tight, 'car,sick, 'sun,tanned, 'water,proof.**

D'autres adjectifs suivent le schéma inverse.
**,bad-'tempered, ,dark-'blue, ,good-'looking, ,home'made, ,over'weight, ,sea-'green, ,user-'friendly.**

Noter que quand un adjectif composé est *suivi d'un nom*, l'accent principal est toujours sur le premier élément.

Comparer : **'child-,like** et **a 'child-,like 'attitude**

Mais **,hard-'boiled** et **a 'hard-,boiled'egg.**

## LES SONS DE L'ANGLAIS

### La prononciation du **r**

Le **r** ne se prononce que s'il est suivi d'une voyelle. On ne tient pas compte des voyelles muettes.
**Henry** (**r** + "voyelle") : ['henrɪ]
**art** [ɑ:t] (**t** n'est pas une voyelle)
**weren't** [wɜ:nt] (le deuxième **e** ne se prononce pas).

De même, un **r** final ne se prononce que si le mot suivant commence par une voyelle. Comparer :
**Roger and Philip we(re) late. Roge(r) was late.**

Exemple tiré du dialogue :
**I bet the(re) were a few red faces.**

☞ **G.** *Barrer les* **r** *qui ne se prononcent pas et souligner ceux qui se prononcent. Exemple :*
**He~~r~~e's a present fo~~r~~ you~~r~~ mothe~~r~~.**
1. There's nowhere else to park around here, is there? 2. There are a few oranges left. 3. Please give this parcel to your uncle. 4. No wonder you were annoyed.

### **want** ou **won't**

Distinguez bien :

| [ɒ] | | | [əʊ] | | |
|---|---|---|---|---|---|
| **not** | [nɒt] | *ne pas* | **note** | [nəʊt] | *lettre, mot* |
| **got** | [gɒt] | *de "get"* | **goat** | [gəʊt] | *chèvre* |
| **hop** | [hɒp] | *sauter* | **hope** | [həʊp] | *espérer* |
| **pop** | [pɒp] | *soda* | **pope** | [pəʊp] | *pape* |

Ne confondez pas :
**Her doll was under the cot/coat.**
*Sa poupée était sous le lit d'enfant/manteau.*

**You didn't give me the cod/code.**
*Vous ne m'avez pas donné le cabillaud/le code.*

## INTONATION

☞ **H.** Dans ces extraits du texte, les toniques ne sont pas placées sur le dernier mot lexical pour une raison particulière. Laquelle ?
| **They liked the** MONkey's **picture best.** |
| **They thought the** ARtist **had done it.** |

# 18. THE OLYMPIC GAMES

*Dave bumps into Mark and asks him about his plans to go and see the Olympic Games.*

**D.** = Dave — **M.** = Mark

**D.** Hello, Mark. I hear you're going to see the Olympics.

**M.** Yes, that's right. I'm off[1] next week.

**D.** How does Helen feel[2] about it? Doesn't she mind you going off like that and leaving her with the kids?

**M.** No, she knows it's something I've always wanted to do. She doesn't mind at all.

**D.** Are you going to stay for the whole thing[3]?

**M.** Well, I'll be there for two weeks, so I'll get to see most of the main events.

**D.** I wonder what it'll be this year? Drugs? Boycotts? Bombs? Some terrorist group taking hostages?

**M.** You make it sound like a T.V. police series.

**D.** Yeah, well, it's not what it used to be, is it? I mean, there's no "Olympic spirit" any more. The whole thing is dominated by nationalism — flags, national anthems, counting up the medals.

**M.** Oh, don't exaggerate. It's not as bad as all that.

**D.** Anyway, something always goes wrong. I mean, look at Munich, look at Montreal, look at Moscow...

**M.** Well...

**D.** ... and another thing, the attitude of the athletes has changed. Nobody cares about taking part now, it's only winning that counts.

**M.** Well, there I think you're wrong. I agree the pressures to win are tremendous, but I still think for most athletes, taking part in the Olympics is the crowning point of their career.

**D.** Mmm. Well, let's agree to differ, shall we? Have a good time anyway.

**M.** I'm sure I will. I'll send you a card.

# 18. LES JEUX OLYMPIQUES

*David tombe sur Marc et l'interroge sur son projet d'aller voir les Jeux Olympiques.*

**D. = David — M. = Marc**

**D.** Salut, Marc. On me dit que tu vas voir les Jeux Olympiques ?

**M.** Oui, oui. Je pars la semaine prochaine.

**D.** Qu'est-ce qu'elle en dit, Hélène ? Ça ne lui fait rien que tu t'en ailles comme ça en lui laissant les gosses ?

**M.** Non, elle sait que c'est quelque chose que j'ai toujours eu envie de faire. Ça ne lui fait rien du tout.

**D.** Tu vas y rester tout du long ?

**M.** Eh bien, je serai sur place pendant deux semaines, ça me permettra de voir presque toutes les grandes rencontres.

**D.** Je me demande ce que ça sera cette année : le dopage ? les boycotts ? les bombes ? un groupe de terroristes qui va prendre des otages ?

**M.** À t'entendre, on dirait un feuilleton policier.

**D.** Ben, ouais, hein? C'est plus ce que c'était, non ? Enfin quoi, "l'esprit olympique", il n'y en a plus. Tout le truc est dominé par le nationalisme : drapeaux, hymnes nationaux, décompte des médailles...

**M.** Oh, n'exagère pas. Ce n'est pas à ce point-là.

**D.** Enfin, il y a toujours quelque chose qui tourne mal. Regarde Munich, regarde Montréal, regarde Moscou...

**M.** Ben euh...

**D.** Et puis il y a autre chose, c'est que l'attitude des athlètes a changé. Tout le monde se fiche de participer maintenant, il n'y a plus que gagner qui compte.

**M.** Eh bien là, je crois que tu te trompes. D'accord, on les pousse drôlement à gagner, mais je pense quand même que pour la plupart des athlètes, participer aux Jeux Olympiques, c'est le couronnement de leur carrière.

**D.** Eh bien, disons qu'on n'est pas d'accord, O.K. ? Et de toute façon, je te souhaite un bon séjour.

**M.** Merci. Je suis sûr que ce sera bien. Je t'enverrai une carte.

## 18*a*. VOCABULAIRE ET EXPRESSIONS

1. **I'm off**: signifie que l'on est sur le point de partir.

Autre emploi très différent:

**That meat's off.**

*Cette viande est avariée.*

Noter encore:

**that's a bit off = that's just not on = that isn't done**:

*c'est un peu fort / ça ne se fait pas.*

Mais au restaurant, "**Chicken's off**" signifie "**off the menu**": *il n'y a plus de poulet.*

2. **feel**: peut avoir le même sens que **think**. Remarquer l'emploi de **how**: **How does Susan feel about moving? = What does Susan think about moving?**

3. **the whole thing**: **whole** [həʊl]: *entier*, s'emploie s'il y a un article et se place comme n'importe quel autre adjectif.

Mais **all** [ɔ:l]: *tout(e), tous, toutes*, se place avant l'article s'il y en a un.

**All the children laughed.** *Tous les enfants rirent.*

**All children love sweets.** *Tous les enfants aiment les bonbons* (v. p. 23)

*Tous les jours/soirs,* etc. **Every day/evening,** etc.

*Toute la journée/soirée,* etc. **All day/evening,** etc.

☞ **A.** *Compléter par* **whole, all** *ou* **every**:

1. They went to America for a ...... year. **2.** They go to Florida ...... year. **3.** ...... their children go to the same school. **4.** I spent ...... morning doing the housework. **5.** It snowed ...... day for a week. **6.** I didn't have time to read the ...... book.

☞ **B.** *Traduire*:

1. N'oubliez pas de m'envoyer une carte de Miami. **2.** Ça vous fait quoi d'aller vivre en Espagne? **3.** Les gosses vont camper cet été. **4.** Bon, je me sauve. **5.** Il part pour Moscou le quatorze. **6.** Tu ne peux pas prendre tout le gâteau. **7.** Ne mange pas tous les gâteaux.

## verbe n° 1 + verbe n° 2 + *-ing*

***Doesn't she mind you going off like that?***
***Nobody cares about taking part now.***

1. Après une préposition, le verbe prend la terminaison **-ing** :
**The Smiths are talking of emigrating to America.**
*Les Smith parlent d'émigrer en Amérique.*

2. **-ing** est également obligatoire après certains verbes non prépositionnels (v. p. 238).
**Please avoid smoking.** *Prière d'éviter de fumer.*
**Would you mind buying me a newspaper?**
*Est-ce que ça vous dérangerait de m'acheter un journal ?*

3. Le sujet du verbe n° 2 peut être différent de celui du verbe n° 1 : **I object to you/your spending the afternoon in the pub** (p. 86). Autre exemple :
**I don't mind them/their staying up late.**
*Ça ne me gêne pas qu'ils restent debout assez tard.*

☞ **C.** *Traduire en utilisant des verbes suivis de* **-ing** *:*
1. Je m'oppose à ce que tu dépenses mon argent. **2.** Avez-vous fini de faire votre valise ? **3.** Continuez de travailler. **4.** J'ai du plaisir à peindre. **5.** Ça vous dit d'aller à cette exposition ? **6.** Je lui en veux de ne pas m'écrire. **7.** Excusez-moi d'arriver si tard.

## *as* + adjectif + *as*

***It's not as bad as all that.***

Il s'agit du comparatif d'égalité *(aussi... que).*

Autres exemples :
**Denmark isn't as expensive as Sweden.**
*Le Danemark n'est pas aussi cher que la Suède.*
**It's as good as done.** *C'est comme si c'était fait.*
**Paul isn't as stupid as you think.**
*Paul n'est pas aussi bête que vous le croyez.*

☞ **D.** *Traduire :*
1. Est-ce que votre mari est aussi grand que vous ? **2.** Cet appartement est aussi cher qu'une maison. **3.** La sœur de Linda n'est pas aussi horrible que tu le dis. **4.** Était-ce aussi intéressant que la semaine dernière ? **5.** Paul est tout aussi intelligent que toi.

# 18*c*. PRONONCIATION

## RYTHME ET FORMES FAIBLES

### does

La forme faible est [dəz] (1).

Ex. : ***How* does *Helen feel about* it?**

La forme forte est ['dʌz] (2).

Ex. : ***Graham does know Kate, why* did he *say* he *doesn't*?**

La forme négative, toujours accentuée, est ['dʌznt] (3).

Ex. : **She *doesn't mind* at *all*.**

☞ **E.** *Souligner les syllabes accentuées et indiquer la forme de* **does** *qui convient* (1, 2 ou 3) *:*

**1.** Steve does all their ironing. **2.** Does his sister live in Madrid too? **3.** He does speak German — I've heard him. **4.** She doesn't want a fur coat. **5.** She says she does. **6.** How on earth does she manage?

☞ **F.** *Souligner les syllabes accentuées et entourer* toutes les formes faibles *que nous avons* déjà étudiées *:*

**1.** What does she do for a living? **2.** They never help us at all, do they? **3.** Could you take that back to the shop for me? **4.** Would you like some sweets? Have a few more.

## ACCENT DE MOT

### La terminaison **-ism**

Remarquons d'abord que **-ism** se prononce en deux syllabes.

Les mots en **-ism** sont accentués commme le mot dont ils sont dérivés. Exemple du texte : **'national** (v. p. 42, **ion**) → **'nationalism** ['næʃ - nəl - ɪz-əm].

Exception : **'Catholic → Ca'tholicism.**

Enfin, noter l'accentuation de certains mots qui ne dérivent d'aucun autre : **me'tabolism.**

☞ **G.** *Récapitulatif : indiquer l'accent de mot :*

**anachronism ; appreciate ; bamboo ; beautiful ; communism ; exception ; fanaticism ; historical ; Maltese ; a Maltese cross ; metabolism ; poetic ; socialism ; subsidize ; subject** (nom) ; **vandalism ; water proof.**

## **wanted** : la terminaison **-ed**

La terminaison **-ed** se prononce [d] ou [t]. Ex. : **played** [pleɪd], **loved** [lʌvd], **washed** [wɒʃt].

Mais quand le verbe se termine par les sons [d] ou [t], on ajoute la syllabe [ɪd]. Ex. : **wanted** ['wɒntɪd].

☞ **H.** *Classer ces mots en colonnes suivant la prononciation de* **-ed**, [t], [d] ou [ɪd] *:*
**changed, decided, dominated, happened, hated, laughed, lifted, liked, lived, married, noticed, passed, rained, shocked, stayed, stopped, typed, waited, watched.**

Remarquer cependant la prononciation [ɪd] dans certains adjectifs en **-ed**. Ex. :
**crooked** ['krʊkɪd] ; **jagged** [dʒægɪd] ; **learned** ['lɜːnɪd] ; **naked** ['neɪkɪd].

Attention à ces mots :
**bomb** [bɒm]. Noter qu'après un **"m"** on ne prononce pas le "**b**". Autres exemples : **bomber, lamb(s), climb, climbing, climbed, limb(s)**...

De même avec **"n"** : **damn, damned, column, condemn**...

Exceptions : **damnation** [dæm'neɪʃən] et quelques autres dérivés de ce mot.

## INTONATION

Attention, le sens de la phrase dépend de la place de la tonique :

1. | What would you DO? |
   *Qu'est-ce que tu ferais ?*
   | What would YOU do? |
   *Qu'est-ce que tu ferais, toi ?*
2. | Mary took the CAR |
   *Marie a pris la voiture.*
   | MAry took the car |
   *C'est Marie qui a pris la voiture.*

# 19. TO VOTE OR NOT TO VOTE?

*Cathy and Dave discover they have very different ideas about voting.*

**D.** = Dave — **C.** = Cathy

**D.** You aren't serious?

**C.** Well, yes I am, actually.

**D.** Well, I think people like you are a disgrace!

**C.** Why? I really don't see what possible difference it makes.

**D.** If everybody said that, what would happen?

**C.** Oh for Heaven's sake! Don't start going on about[1] "my duty as a citizen" or I'll scream.

**D.** You're a typical product of a free democratic society. You don't realise how lucky you are. You have a say[2] in who runs the country and you can't be bothered to go and vote. I find that incredible!

**C.** But my vote won't make any difference. If I did vote I'd vote for the ecologists but with the system we have in this country they haven't a hope of winning. So the fact that they don't get my vote won't change anything.

**D.** But you don't know that. If everybody who doesn't bother to vote went and voted for the Greens, they'd probably win.

**C.** Oh rubbish!

**D.** What do you mean "rubbish"? It's quite true. People like you are the first to complain about the way the country's run[3], and yet you aren't prepared to do anything about it. It's not as if it requires a huge effort to go and vote every four or five years.

**C.** But why should I, if I can't see any point[4]?

**D.** Oh, I can't talk to you about it. That sort of attitude makes me sick.

**C.** Well, I think you should mind[5] your own business, I don't mind if you vote so why should you mind if I don't?

**D.** Oh, for Christ's sake!

# 19. VOTER OU NE PAS VOTER?

*Catherine et David découvrent qu'ils ont des idées très différentes sur le vote.*

**D. = David — C. = Catherine**

**D.** Tu ne dis pas ça sérieusement ?

**C.** En fait, si.

**D.** Eh bien, je trouve que c'est une honte.

**C.** Pourquoi ? Je ne vois vraiment pas quelle différence ça peut faire.

**D.** Qu'est-ce qui se passerait si tout le monde disait ça ?

**C.** Oh, pitié ! Si tu te mets à me parler de mon "devoir de citoyenne", je hurle.

**D.** Tu es le produit typique d'une société libre et démocratique. Tu ne te rends pas compte de ta chance. On te donne le droit de décider qui va gouverner le pays et tu ne veux pas prendre la peine d'aller voter. Je trouve ça incroyable !

**C.** Mais mon vote ne changera rien. Si j'y allais, voter, je voterais pour les écologistes, mais avec le système qu'on a dans ce pays, ils n'ont pas la moindre chance de gagner. Donc, ça ne change rien, qu'ils n'aient pas ma voix.

**D.** Mais ça, tu n'en sais rien. Si tous ceux qui ne prennent pas la peine de voter allaient voter pour les Verts, probablement qu'ils gagneraient.

**C.** N'importe quoi !

**D.** Comment ça, "n'importe quoi" ? C'est la vérité. Les gens comme toi sont les premiers à se plaindre de la façon dont le pays est gouverné et malgré ça, vous ne voulez rien faire pour que ça change. Ce n'est quand même pas un effort surhumain d'aller voter tous les quatre ou cinq ans.

**C.** Mais pourquoi je devrais le faire, si je n'en vois pas l'intérêt ?

**D.** Oh, je renonce à t'en parler, ce genre d'attitude me rend malade.

**C.** Eh bien, à mon avis tu devrais te mêler de tes affaires ; ça m'est égal que tu votes, pourquoi ça devrait te gêner que moi je ne vote pas ?

**D.** Oh ! Nom de Dieu !

## 19*a*. VOCABULAIRE ET EXPRESSIONS

1. **go on about something**: *parler longuement, ne cesser de parler de quelque chose.*
**Tony's always going on about football.**

2. **have a say**: *avoir son mot à dire, avoir voix au chapitre.*

3. **run**: trois sens principaux:
*courir:* **Peter won a medal for running.**
*gérer:* **He runs a small company.**
*circuler/faire circuler.* **Does the hovercraft run in winter?**

4. **I can't see any point**:
**See the point**: *Voir de quoi il s'agit, voir l'intérêt.*
**You have a point**: *Je reconnais que vous n'avez pas tort.*
**Pointless**: *Inutile, absurde.*
**What's the point?**: *À quoi ça sert? À quoi bon?*
**There's no point**: *Ça ne sert à rien.*

5. **I don't mind/do you mind**: attention en répondant à **do you mind....?**

Pour donner son consentement on dira: **No, of course not**; ou **Go ahead**; **By all means** (plus formel).

Pour exprimer un refus poli, on répondra:
**Well, yes, I do, actually.**

☞ **A.** *Compléter les phrases suivantes par* **"Do you mind..."**
*Ex.:*
**It's very hot in here. Do you mind if I open the window?**

1. I'm dying for a cigarette ......? **2.** I'd like to watch the news ......? **3.** Is this your magazine ......? **4.** I must ring Helen ......? **5.** That music is rather loud ......? **6.** I get carsick if I sit in the back ......?

☞ **B.** *Traduire:*
1. Il dirige une petite entreprise de son domicile. **2.** — Ça vous dérange si je prends un whisky? — Bien sûr que non. Allez-y. **3.** Jeanne est toujours en train de chanter les louanges de ses enfants.

## 19*b*. GRAMMAIRE

### *would* + verbe

***If everybody said that, what would happen?***
***If I did vote, I'd vote ecologist.***

Le modal **would**, passé de **will**, qui indique une action prévisible (v. p. 95), peut servir à former l'équivalent du conditionnel présent. Comme en français après *"si"*, on a un temps du passé après "**if**". Autre exemple :
**If you didn't smoke, you'd be a lot richer.**
*Si vous ne fumiez pas, vous seriez beaucoup plus riche.*

☞ **C.** *Traduire :*
**1**. S'ils se couchaient à dix heures, ils ne seraient pas si fatigués. **2**. Tu as promis que tu ferais le ménage aujourd'hui. **3**. Savez-vous ce que je ferais si j'étais vous ? **4**. S'il y allait vraiment, il serait obligé de prendre l'avion. **5**. Vous pourriez toujours lui passer un coup de fil, bien sûr. **6**. Si vous l'envoyiez demain, nous le recevrions probablement avant la fin de la semaine. **7**. Il a déclaré qu'il ferait de son mieux. **8**. Je pourrais m'exercer tous les jours si j'achetais un piano.

### *n't... any.../no...*

***My vote won't make any difference.***
***The fact that they don't get my vote won't change anything.***

**1**. Comme nous l'avons déjà vu (p. 77), **n't... any...** et **no...** sont interchangeables, sauf en tête de phrase ; nos deux exemples pourraient devenir :
**My vote *will* make no difference.**
**The fact that they don't get my vote *will* change nothing.**

**2**. Remarquer qu'avec **no...**, le verbe est à la forme affirmative.

☞ **D.** *Transformer les phrases ci-dessous si possible :*
**1**. There should be no problem. **2**. His letters mean nothing to me. **3**. She saw nobody for a whole year. **4**. I took no money from them. **5**. No one said a word. **6**. There would be nothing left for me. **7**. He'd had no breakfast. **8**. Nothing can be further from the truth. **9**. You haven't done anything at all. **10**. She didn't tell anybody.

## 19*c*. PRONONCIATION

### RYTHME ET FORMES FAIBLES

**am et are**

La forme faible de **am** est [əm] (1) ou même [m] (2).

Les formes faibles de **are** sont [ə] (3) et [ər] (4) devant un son vocalique.

Exemples : *So* am *I* (1).

***Well,* I *think peo*ple like *you* are a dis*grace*!** (4).

Noter que l'orthographe reflète souvent la prononciation de ces formes :

**I'm** [aɪm] ; **you're** [jʊə] ; **they're** [ðeə] ; **we're** [wɪə].

Les formes fortes sont ['æm] (5) et ['ɑ:] (6). Ex. :

**Well, *yes*, I *am actu*ally.**

**... you *don't re*alize *how luck*y you *are*.**

☞ **E.** *Souligner les syllabes accentuées et indiquer la forme de* **am** *ou* **are** *qui convient* (1, 2, 3...) *:*

**1.** — You're not really from Texas, are you? — Yes, I am. **2.** — I'm not very keen on fish soup. — Neither am I. **3.** Are you going to Ellen's party tonight? **4.** You really are the laziest person I know. **5.** Are they the only ones you've got?

La forme négative de **are** est **aren't** ['ɑ:nt]. Noter qu'il n'y a qu'une syllabe (v. p. 108).

La forme négative de **I am** est **I'm not**. Mais on emploie **aren't** à la forme interro-négative :

**I'm right, aren't I?**

### ACCENT DE MOT

Les terminaisons **-ology** et **-ologist** (— · ·)

Les mots en **-ology** et **-ologist** sont accentués sur le premier **o** de la terminaison.

Exemple du texte : **e'cologist** [ɪ - 'kɒ - lə - dʒɪst].

☞ **F.** *Récapitulatif : indiquer l'accent de mot :*

**apology ; archeology ; biologist ; capsize ; graphology ; gynaecologist ; heroic ; hurtful ; quartette ; methodology ; psychologist ; terminate ; self-centred ; water pistol.**

## **mind** : la prononciation du **i**

Le **i** se prononce le plus souvent [ɪ] ou [aɪ]. Exemples :
[ɪ] : **city, filter, fist, kill, lid, little, quit**...
[aɪ] : **fine, line, mine, quite, time, wife, wine, find, kind, right.**
— **micro-** [maɪkrəʊ] : **microchips, microwave**, etc.
* pour **wind** voir p. 181.
* On dit **child** ['tʃaɪld] mais **children** ['tʃɪldrən].
* On dit **Christ** [kraɪst] mais **Christian** ['krɪstjən] et **Christmas** ['krɪsməs].

## **pint** ou **paint** ?

Distinguez bien :

| [aɪ] | | | [eɪ] | | |
|---|---|---|---|---|---|
| **pint** | [paɪnt] | *pinte* | **paint** | [peɪnt] | *peinture* |
| **mine** | [maɪn] | *le mien* | **main** | [meɪn] | *principal* |
| **light** | [laɪt] | *léger* | **late** | [leɪt] | *tard* |
| **line** | [laɪn] | *ligne* | **lane** | [leɪn] | *file* |
| **pie** | [paɪ] | *tarte* | **pay** | [peɪ] | *paye* |

Attention à ces mots :
**country** [kʌntrɪ]. Mais **count** et **county** : ['kaʊnt(ɪ)].

## INTONATION

1. Remarquez la place de la tonique dans :
| **You aren't** SE**rious?** | **Well yes,** I AM **actually.** |
C'est la forme affirmative de **am** qui importe, et non le pronom **I**.
2. Comparez avec l'exemple suivant :
| — **Who's in** CHARGE **here?** | — **I am.** |
— *Qui est responsable ici ? — C'est moi.*
Ici, c'est l'identité du sujet qui constitue l'information nouvelle.

☞ **G.** *Souligner les toniques non indiquées :*

1. | Who'd like to GO? | | I would |
2. | NO one wanted to see her. | | I did |
3. | Am I suPPOSED to tell him? | | You are |

# 20. COMPUTING

*Rumours are spreading in the office.*

**D.** = Dave — **C.** = Cathy — **P.** = Philip — **L.** = Linda

**D.** Far be it from me to spread alarm and despondency, but guess what I've just overheard[1].

**C.** They've cancelled the office party?

**P.** Mr. Bradley has been promoted to manager?

**L.** The company is bankrupt and we're all unemployed[2] as of tomorrow?

**D.** No. not as bad as that. I heard Mr. Nolan saying something about new software.

**L.** Well, that's *good* news, isn't it? It's about time we modernized things around here.

**C.** But surely that means that they'll be cutting down on[3] staff?

**D.** Yes, that's what I was thinking.

**L.** I don't know why people always react so negatively to the word computing.

**P.** Well I haven't a clue about computers. I suppose they'll give us some sort of training.

**L.** Of course they will. You'll soon pick it up. I did an evening class at the tech. The basics aren't difficult.

**C.** It's all very well for you but I'm sure that I won't be able to cope[4]. I'm hopeless with anything like that. And what if we lose our jobs?

**P.** Now, now[5], let's not over-react. The fact that Dave heard Mr. Nolan use the word software doesn't mean that they're going to give us all the sack[6]. Anymay, it is inevitable, sooner or later. We'll just have to get used to the idea.

**D.** All right, I know. You can't stop progress, but I would like to know what's going on.

**L.** Why don't you ask Mr. Nolan about it? That's the simplest solution.

**D.** Right, I will, then.

# 20. L'INFORMATIQUE

*Rumeurs au bureau.*

**D. = David — C. = Catherine — P. = Philippe — L. = Linda**

**D.** Je ne voudrais surtout pas semer l'angoisse et la désolation dans vos cœurs, mais devinez ce que je viens d'entendre.

**C.** La fête du bureau est annulée ?

**P.** M. Bradley a été promu directeur ?

**L.** La société a fait faillite, et on est tous au chômage à compter de demain ?

**D.** Non, ce n'est pas si terrible que ça ; j'ai entendu M. Nolan de nouveaux logiciels.

**L.** Eh bien, voilà de bonnes nouvelles, non ? Il serait temps qu'on modernise les choses ici.

**C.** Mais ça veut sûrement dire qu'ils vont réduire les effectifs ?

**D.** Oui, c'est ce que je me disais.

**L.** Je ne comprends pas pourquoi les gens réagissent toujours de façon aussi négative au mot "informatique".

**P.** Eh bien, moi, je ne connais rien aux ordinateurs. Je suppose qu'ils vont nous donner une formation.

**L.** Mais bien sûr, tu t'y mettras vite. J'ai suivi un cours du soir à l'I.U.T., les bases ne sont pas compliquées.

**C.** Pour toi, ça va, mais je suis sûre que je ne serai pas à la hauteur, je suis nulle pour tous ces trucs-là. Et si on perd notre place ?

**P.** Allons, allons, pas de réactions excessives, ce n'est pas parce que David a entendu M. Nolan prononcer le mot " logiciel " qu'ils vont tous nous flanquer dehors. De toute façon, tôt ou tard, c'est inévitable ; il faudra se faire à l'idée, et c'est tout.

**D.** D'accord, je sais, on n'arrête pas le progrès, mais j'aimerais bien savoir ce qui se passe.

**L.** Pourquoi tu ne poses pas la question à M. Nolan ? C'est ce qu'il y a de plus simple.

**D.** Bon. Eh bien, je le ferai.

## 20*a*. VOCABULAIRE ET EXPRESSIONS

1. **overheard** : **overhear** signifie *entendre par hasard, surprendre une conversation.* Autres mots formés avec **"over"** : **overtake** : *doubler, dépasser* ; **overlook** : *négliger, omettre :*
**Your account is overdrawn.**
*Votre compte est à découvert.*

2. **unemployed** : de nombreux mots forment leur contraire par l'adjonction de **un** : **employed** → **unemployed.**
Il n'y a pas de règle ; c'est une question d'usage.
☞ **A.** *Peut-on ajouter* **un-** *aux mots suivants ?*
**ambitious ; attractive ; clever ; comfortable ; friendly ; happy ; healthy ; important ; intelligent ; interesting ; kind ; modern ; official ; pleasant ; polite ; reasonable ; soft.**

3. **cut down on** : *réduire, faire des économies.*
**I'm trying to lose weight so I'm cutting down on sugar.**
*J'essaie de perdre du poids, alors je réduis le sucre.*

4. **cope** : *s'en sortir, être à la hauteur* (= **manage**, voir p. 82) souvent employé avec **can/be able to** :
**I don't know how she copes/can cope with eight children.**

5. **Now, now** : utilisé pour ramener quelqu'un à la raison : consolation (comme dans le texte), ou reproche :
**— She says her hair's naturally blonde, but I don't believe it.**
**— Now, now.**

6. **give the sack** : familier. Quelques synonymes : **fire, give the boot, give the push.** Plus formel : **dismiss, make redundant.**
☞ **B.** *Trouvez dans le texte les mots qui correspondent aux définitions suivantes :*
**1. given a better job in the same company ; 2. without a job ; 3. brought up-to-date ; 4. all the people who work in a place ; 5. something which cannot be avoided ; 6. the answer to a problem.**

## 20*b*. GRAMMAIRE

### Indénombrables très spéciaux

***That's good news.***

1. L'anglais traite comme quantités indénombrables certaines réalités que le français dénombre une à une. Là où nous voyons *des meubles* ou *des informations* l'anglais voit *du mobilier* ou *de l'information*: au pluriel français correspond un singulier anglais. Exemples :

**My hair is dirty**: *Mes cheveux sont sales.*
**What is the news?** *Quelles sont les nouvelles ?*
**There wasn't much evidence against him:**
*Il n'y avait pas beaucoup de preuves contre lui.*
**Where is your luggage? — It's still in my room.**
*— Où sont vos bagages ? — Ils sont encore dans ma chambre.*

2. Voici les plus fréquents de ces indénombrables :
a) *noms concrets:* **hair, toast, spaghetti, spinach, fruit, furniture, luggage/baggage, rubbish** *(ordures).*
b) *noms abstraits:* **advice, news, information, knowledge, evidence, rubbish** *(bêtises).*

3. L'emploi direct de **a/an** ou d'un chiffre est impossible ; on intercale le plus souvent **piece of** ou **bit of** :
**A valuable piece of furniture.** *Un meuble de valeur.*
**Two or three interesting bits of news.**
*Deux ou trois nouvelles intéressantes.*
On dit quand même **a hair** : *un cheveu, un poil épars.*

4. Le mot **weather** est aussi indénombrable, donc pas de "a" :
**We had splendid weather.**
*Nous avons eu un temps splendide.*

☞ **C.** *Traduire:* **1.** Il ne restait pas beaucoup de fruits. **2.** — Où sont mes toasts ? — Ils sont encore dans le grille-pain. **3.** Nous avons acheté tant de meubles, vous savez. **4.** Les nouvelles sont très tristes aujourd'hui. **5.** C'est un renseignement essentiel. **6.** Vous m'avez donné un très bon conseil. **7.** Ses connaissances en histoire sont impressionnantes. **8.** On ne peut pas laisser toutes ces ordures ici. Descends-les, tu veux ? **9.** Tes cheveux ont l'air bizarre. Qu'est-ce que tu leur as fait ? **10.** C'était mes spaghettis, ça ! **11.** Ne mange pas trop d'épinards. **12.** Voulez-vous un fruit ?

## 20c. PRONONCIATION

### RYTHME ET FORMES FAIBLES

**that**

La forme faible est [ðət] (1)

Ex. **I'm *sure* that *I won't* be *able* to *cope*.**

La forme forte est ['ðæt] (2).

La forme forte est toujours utilisée quand il s'agit du démonstratif.

**Ex. : *Well, that*'s *good news, isn't* it?**

☞ **D.** *Souligner les syllabes accentuées et indiquer la forme de* **that** qui convient (1 ou 2).

1. Daniel promised that he'd come.
2. Is that the one you want?
3. Don't tell me that you forgot again!
4. What does that mean?
5. That's the one that John broke.

☞ **E.** *Souligner les syllabes accentuées et entourer* toutes les formes faibles *que nous avons* déjà étudiées :

1. It's the first time that I've been to Nice.
2. I was sure that Greg was lying.
3. Could you look after my cat for a couple of weeks?
4. That's my umbrella there, the orange one.

### ACCENT DE MOT

Les terminaisons -**less** et -**ness**

Les mots qui se terminent en -**less** ou -**ness** conservent l'accentuation du mot de base.

Exemple du texte : **'hope, 'hopeless**

Autres exemples :

**'care, 'careless ; 'child, 'childless ; 'help, 'helpless, 'helplessness ; 'happy, 'happiness ; 'kind, 'kindness ; 'penny, 'penniless ; 'power, 'powerless, 'powerlessness ; 'rude, 'rudeness ; 'selfish, 'selfishness ; 'sugar, 'sugarless ; 'useful, 'usefulness.**

☞ **F.** *Récapitulatif : indiquer l'accent de mot :*
**account ; biography ; good-natured ; grammatical ; information ; mathematics ; minimize ; negotiate ; psychology ; radiator ; rebellion ; tattoo ; timetable.**

## Des syllabes sans voyelles

Dans le mot **people**, la deuxième syllabe ne comporte pas de voyelle. Partir de ['pi:-pəl] et supprimer [ə] pour arriver à ['pi:pl], toujours en deux syllabes.

Dans la transcription API, on place une petite marque verticale sous le [l̩]. De nombreux mots en -**al**, -**le** ou -**el** ont ce [l̩] que l'on appelle "syllabique".

Quelques exemples tirés de divers dialogues :
**couple** ['kʌpl̩] ; **drivel** ['drɪvl̩]
**typical** [tɪpɪkl̩] ; **inevitable** [ɪ'nevɪtəbl̩]

## **bad** ou **bed** ?

Distinguez bien :

| [æ] | | | [e] | | |
|---|---|---|---|---|---|
| **sad** | [sæd] | *triste* | **said** | [sed] | *disait* |
| **lad** | [læd] | *garçon* | **led** | [led] | *menait* |
| **sand** | [sænd] | *sable* | **send** | [send] | *envoyer* |
| **ham** | [hæm] | *jambon* | **hem** | [hem] | *ourlet* |

Ne confondez pas :
**It was an awful band/bend.**
*Cet orchestre/ce virage était épouvantable.*

Attention à ces mots :
**lose** [lu:z], **loser** [lu:zə].
Ne pas confondre avec l'adjectif **loose**, ample, desserré.

## INTONATION

*Remarquer le placement de la tonique dans cet exemple :*
| I think we should do something NOW. |
*Je pense que c'est maintenant qu'il faudrait faire quelque chose.*

☞ **G.** *Où placer la tonique pour que la même phrase signifie :* **1.** Moi, je pense qu'on devrait faire quelque chose maintenant. **2.** Je pense qu'il faudrait faire quelque chose maintenant (mais je ne sais pas quoi). **3.** Je pense qu'il faudrait vraiment faire quelque chose maintenant.

# 21. STAYING AT HOME

*Mark and Tom, two old friends, meet after not seeing each other for several months.*

**M.** = Mark — **T.** = Tom

**M.** Hello Tom, nice to see you again. How are Lynne and the kids?

**T.** Hello Mark, nice to see you too. They're fine[1].

**M.** What are they up to these days? I suppose Charles has finished university now. What's he doing?

**T.** Yes, he has. He's got a job working with computers.

**M.** I suppose you don't see much of him nowadays then.

**T.** Well, actually he's living at home again, so you could almost say we see rather too much of him!

**M.** Oh, he's looking for a place of his own, I suppose.

**T.** Well no. He's quite happy with the arrangement. You know, on the spot washing and ironing, his Mum's home cooking and all the rest of it. Mum and Dad continue to fork out and meanwhile he saves up for a sports car! I must say we did think that once he was through university he'd stand on his own two feet.

**M.** Oh, I'm sure he'll want his independence soon enough. You shouldn't complain. Most people have the opposite problem — their children leave home and they hardly ever[2] see them.

**T.** Yes.

**M.** What about Celia? She's doing law, isn't she?

**T.** Yes, that's right. She's in her second year at Durham and doing very well.

**M.** Does she plan to return to the fold after her finals?

**T.** I certainly hope not[3]!

# 21. CHEZ PAPA ET MAMAN

*Deux vieux amis, Tom et Marc, se rencontrent après plusieurs mois sans s'être vus.*

**M. = Marc — T. = Tom**

**M.** Bonjour Tom, ça me fait plaisir de te revoir. Comment va Lynne? Et les enfants?

**T.** Bonjour, Marc. Content de te voir aussi. Ils vont bien.

**M.** Qu'est-ce qu'ils font de beau ces jours-ci? Charles doit avoir fini ses études maintenant. Qu'est-ce qu'il fait?

**T.** Oui, il a fini. Il a un poste où il travaille sur ordinateur.

**M.** Alors, tu ne dois pas le voir beaucoup en ce moment ?

**T.** Eh bien, en fait, il est revenu habiter à la maison, et donc on pourrait presque dire qu'on le voit un peu trop.

**M.** Ah bon. Il se cherche un appartement, j'imagine.

**T.** Eh non, il s'accommode parfaitement de la situation. Tu sais, lavage et repassage sur place, la bonne cuisine de maman et tout ce qui s'ensuit. Papa et maman continuent à financer comme avant, et pendant ce temps, il économise pour s'acheter une voiture de sport. J'avoue qu'on pensait bien qu'une fois sorti de l'université, il se débrouillerait tout seul.

**M.** Oh, je suis sûr qu'il voudra bien vite son indépendance. Tu ne devrais pas te plaindre, presque tout le monde a le problème inverse : les enfants quittent la maison et c'est tout juste si on les voit de temps en temps.

**T.** Mmoui...

**M.** Et Célia ? C'est bien du droit qu'elle fait ?

**T.** Oui, c'est ça, elle est en deuxième année à Durham et elle s'en tire très bien.

**M.** Et elle, elle compte rentrer au bercail après ses examens ?

**T.** J'espère bien que non !

## 21*a*. VOCABULAIRE ET EXPRESSIONS

1. **They're fine** :

Voici quelques réponses à la question **How are you?**

**Fine, thanks.** *Bien merci.*
**Very well, thank you.** *Très bien, merci.*
**Not too bad.** *Pas trop mal.*
**Can't complain.** *Il ne faut pas se plaindre.*

Ne pas répondre **Well** tout seul, qui marquerait un début de phrase comme : *"Eh bien..."* Exemple :

**Well, actually I'm not feeling too good.**
*Euh, en fait, je ne vais pas très bien.*

2. **hardly ever** : *presque jamais.* **Hardly** a un sens négatif et s'emploie devant **ever, any**... au sens de *presque pas/jamais*, etc.

**Tony hardly ever does the housework.**
*Tony ne fait presque jamais le ménage.*
**There's hardly any beer left.**
*Il ne reste presque plus de bière.*
*(C'est tout juste s'il reste de la bière.)*

Ne pas confondre :

**He hardly works at all.**
*Il ne travaille pratiquement pas.*
**He works hard.** *Il travaille dur.*

3. **I hope not** :

Noter :

**I hope not** est le contraire de **I hope so.**
**I'm afraid not** est le contraire de **I'm afraid so.**

MAIS : le contraire de **I think so** est **I don't think so.**

☞ **A.** *Trouver dans le texte des phrases synonymes de :*

1. What are they doing now? 2. His parents still pay for things... 3. ... he'd be independent. 4. What is Celia doing? 5. Is she going to live at home again when she finishes university?

☞ **B.** *Traduire :*

1. Presque personne n'est venu à la réunion. 2. — Est-ce qu'Olivier vient vendredi soir ? — Je l'espère. 3. — Est-ce que Paul avait mis de l'argent de côté pour s'acheter cet appareil photo ? — Je ne pense pas, je crois que c'était un cadeau. 4. — Salut, Graham, comment vas-tu ? — Ça peut aller. 5. Allons faire un tour chez Linda.

## 21*b*. GRAMMAIRE

### L'auxiliaire *do/did* dans les phrases affirmatives

***We did think...***

1. On peut marquer l'insistance en faisant porter la tonique à l'auxiliaire de la phrase (v. p. 139). Cet effet est souvent signalé par des italiques. Comparer :
**Henry can swim** (phrase "normale") et **Henry *can* swim** = *mais bien sûr qu'il sait nager, Henri !*

2. Au présent 1 et au prétérit 1, on emploie **do/does/did.**
**Oh, but I *do* like Mozart!** *Mais si, j'aime Mozart !*
— **You never told me about that.**
— **I *did* tell you, but you never listen to me.**
— *Tu ne m'as jamais parlé de cela.*
— *Mais si, je t'en ai parlé, mais tu ne m'écoutes jamais.*

☞ **C.** *Traduire :*
1. Mais si, il s'est excusé ! 2. Ils ont bel et bien essayé de rappeler, mais personne n'a répondu. 3. Mais c'est vrai que vous parlez russe ! 4. Mais si, nous le voyons beaucoup ! 5. Je te l'ai envoyé, ce télégramme !

### Concordance des temps

***We did think that once he was through university he'd stand on his own two feet.***

1. **Once he *is* through university, he'*ll stand* on his own two feet.** *Une fois qu'il* aura fini *ses études, il se* débrouillera *tout seul.*
Noter l'absence de **will** dans la temporelle (v. p. 95).

2. **did think** étant du passé, les verbes qui suivent subissent une transformation par concordance des temps :
le présent devient prétérit : **is → was**
le futur devient conditionnel : **will stand → would stand**

☞ **D.** *Transformer ces phrases en commençant par* **Peter said :**
Exemple : **I'm going to have a drink → Peter said he was going to have a drink.** Traduire les phrases obtenues.
1. I'm going to have as much fun as I can. 2. I'll ring you when I get home. 3. They broke in and got out again in no time. 4. I'll give you a hand if anything goes wrong. 5. I think you are a fool.

## RYTHME ET FORMES FAIBLES

### **his** et **him**

Les formes faibles sont [ɪz] (1) et [ɪm] (2)
... **he'd stand on his own two feet.** (1)
... **you don't see much of him nowadays...** (2)

*Attention :* en fin de phrase **him**, comme tous les pronoms, prend normalement la forme faible.
... **we see rather too much of him!** (2)

Les formes fortes sont ['hɪz] (3) et ['hɪm] (4)
***His* ad*vice* is *al*ways *ex*cellent.** (3)
Oh *no*! *Not him again!* (4)

En début de phrase **his** et **him** prennent la forme forte.
(Voir p. 91 : prononciation de **h**.)

☞ **E.** *Souligner les syllabes accentuées et indiquer la forme de* **his** *ou* **him** *qui convient* (1, 2, 3...).
**1.** His eyes are blue. **2.** I wonder what his name is? **3.** I won't ever speak to him again. **4.** I think it was Jessica who bought him that book. **5.** She bought it for him, not for herself.

☞ **F.** *Souligner les syllabes accentuées et entourer* toutes les formes faibles *que nous avons* déjà étudiées.
**1.** He changed his mind at the last minute. **2.** What do you think of his new car? **3.** He phoned us at work.

## ACCENT DE MOT

### Les terminaisons **-ity** et **-ety** (— · ·)

Les mots qui se terminent en **-ity** ou **-ety** sont accentués sur l'avant-avant-dernière syllabe.
Exemple du texte : **uni'versity [ju:-nɪ-'vɜ:-sɪ-tɪ].**

☞ **G.** *Récapitulatif : indiquer l'accent de mot :*
baboon ; a brown-eyed girl ; captivity ; Catholicism ; clothes hanger ; eternity ; exercise ; humanity ; intensity ; international ; majority ; opposition ; record (verbe) ; society ; superiority ; traffic ; variety ; vitality ; weightless.

## **thought** : le groupe **'-ough'**

Ce groupe de lettres montre bien à quel point l'orthographe anglaise est trompeuse. Bel exemple de l'utilité de la transcription ! Huit prononciations sont possibles ; notez que le groupe "**-ought**" se prononce presque toujours [ɔ:t].

1. [ɔ:t] **ought, bought, thought**
2. [ʌf] **enough, rough, tough**
3. [əʊ] **though, although**
4. [u:] **through**
5. [ɒf] **cough**
6. [ə] **borough, thorough**
7. [aʊ] **bough, drought**
8. [ʌp] **hiccough** (s'écrit aussi **hiccup**)

## **live** ou **leave**

Distinguez bien :

| [i:] | | [ɪ] | |
|---|---|---|---|
| feel | *sentir* | fill | *remplir* |
| feet | *pieds* | fit | *en forme* |
| reach | *atteindre* | rich | *riche* |
| steal | *voler* | still | *encore* |

Ne confondez pas :

**Wendy saw a big black ship/sheep.**
*Wendy aperçut un grand bateau/gros mouton noir.*
**The child beat/bit his brother.**
*L'enfant a battu/mordu son frère.*

Attention à ces mots :

**ironing** [aɪənɪŋ], dérivé de **iron** [aɪən] ; mais **irony** [aɪərənɪ] *ironie.*

## INTONATION

☞ **H.** Dans la forme emphatique (v. grammaire), c'est l'auxiliaire qui porte la tonique :

| We DID think | that once he was through uniVERsity | he'd stand on his own two FEET. |

Indiquer la tonique dans le dernier groupe de souffle :

| I don't suppose you've heard of THACKeray. |

| I have heard of him. |

# 22. FOR BETTER OR FOR WORSE

*Emma and Kevin have decided to get married after living together*[1] *for twelve years.*

**P.** = Phil — **C.** = Cathy — **D.** = Dave

**P.** Have you heard about Emma and Kevin then?

**C.** Yes, I must say, you could have knocked me down with a feather when I heard! Can you imagine! Getting married after all this time!

**D.** How long have they been living together?

**P.** Oh, it must be getting on for twelve years now.

**C.** If not more. They met at university. I wonder what made them suddenly decide to get married?

**D.** I don't know. I mean, I personally don't understand why anyone gets married these days. I can't see any advantage in it. Financially you're better off just living together and it's quite acceptable socially now.

**P.** Yeah, half the time you don't even know if couples are married or not, what with women keeping their maiden names and using "Ms[2]."

**D.** That's right, so why go to all the trouble and expense of a wedding? Especially when that means all the trouble and expense of a divorce when you split up.

**C.** Cynic! No, I can understand why people still get married, what I can't understand is *them* doing it. Ah, unless... you don't think they're thinking of starting a family, do you?

**P.** Surely not. They're getting a bit too old for that, aren't they?

**C.** No, not really. Emma's only thirty-four. Lots of people don't have children until their mid-thirties[3] nowadays.

**P.** Well, I must say that never occurred to me. I always think of Emma as a career woman. Still, you may be right.

**C.** Well anyway, I love weddings. I'm really looking forward to[4] it.

# 22. POUR LE MEILLEUR ET POUR LE PIRE

*Emma et Kevin ont décidé de se marier après avoir vécu ensemble pendant douze ans.*

**P.** = Philippe — **C.** = Catherine — **D.** = David

**P.** Au fait, vous savez la nouvelle pour Emma et Kevin ?

**C.** Oui. Je reconnais que ça m'a fait un choc quand j'ai appris ça. Imaginez un peu ! Se marier après tout ce temps !

**D.** Ça fait combien de temps qu'ils vivent ensemble ?

**P.** Oh, ça doit aller sur les douze ans, maintenant.

**C.** Sinon plus. Ils se sont rencontrés à l'université. Je me demande ce qui les a tout d'un coup décidés à se marier.

**D.** Je ne sais pas. Enfin moi, je ne comprends pas qu'il y ait encore des gens qui se marient, de nos jours. Je trouve qu'il n'y a aucun avantage. Financièrement, on s'en tire mieux à vivre ensemble, et maintenant c'est bien accepté par la société.

**P.** Ouais, une fois sur deux tu ne sais même pas si les couples sont mariés ou non, avec ces femmes qui gardent leur nom de jeune fille et se font appeler madame.

**D.** Exactement, alors pourquoi se fatiguer et se ruiner à faire un mariage ? Surtout que ça implique tous les tracas et tous les frais d'un divorce quand on se sépare.

**C.** Cynique, va ! Moi, je comprends pourquoi les gens se marient encore. Ce que je ne comprends pas, c'est pourquoi *eux* le font. À moins que... tu ne penses quand même pas qu'ils veulent avoir des enfants, dis ?

**P.** Sûrement pas. Ils commencent à être un peu vieux pour ça, non ?

**C.** Non, pas vraiment. Emma n'a que trente-quatre ans. Il y a plein de gens maintenant qui n'ont pas d'enfants avant trente, trente-cinq ans.

**P.** Eh bien, je reconnais que ça ne m'était pas venu à l'esprit. Je vois toujours Emma en femme active. Quand même, t'as peut-être raison.

**C.** Enfin, quoi qu'il en soit, j'adore les mariages. Je m'en réjouis d'avance.

## 22*a*. VOCABULAIRE ET EXPRESSIONS

1. **living together** : *vivre ensemble (en couple).* Noter aussi **share a flat,** *partager un appartement.*

2. **Ms.** : [mɪz] ou [məz] terme créé par les féministes et qui, comme **Mr.** ['mɪstə], n'indique pas si la personne est mariée ou non. Contrairement à **Miss [mɪs]**, *mademoiselle,* et **Mrs.** ['mɪsɪz], *madame.*

3. **mid-thirties** :
Ces formes en **-ies** s'emploient aussi pour indiquer l'âge de quelqu'un.
**Peter's in his twenties.**
*Pierre a entre vingt et trente ans.*
On peut préciser à l'aide de **early, mid** ou **late** :
**Angela's mother is in her late forties.**
*La mère d'Angela va sur la cinquantaine.*
Noter aussi :
**the Roaring Twenties,** *les années 1920, les années folles.*
**the Sixties,** *les années 1960,* etc.

4. **Look forward to something** : verbe à particule très fréquemment utilisé, qui signifie *attendre avec impatience, avoir hâte de.* On indique toujours le complément :
**I'm looking forward to seeing you again.**
*Je serai content de vous revoir.*
**I'm looking forward to the holidays.**
*Vivement les vacances !*
**I'm looking forward to it.**
*Je m'en réjouis d'avance.*

☞ **A.** *Traduire :*
1. Les enfants attendent Noël avec impatience. 2. George ne doit pas être loin des soixante-dix ans maintenant. 3. Vous saviez que le nom de jeune fille de Jane était Thatcher ? 4. Wendy et Brian vivaient ensemble depuis deux ans quand ils se sont séparés.

## 22*b*. GRAMMAIRE

### *could have* + p.p.

***You could have knocked me down with a feather***

*Aurait pu* se traduit très souvent par **could have** + p.p. C'est un exemple de la construction **modal + have + pp**. La phrase tirée du texte signifie littéralement : *Tu aurais pu m'assommer avec une plume.* Autre exemple :

**Helen could have helped you.** *Hélène aurait pu vous aider.*

☞ **B.** *Traduire :*

**1.** Jean aurait pu nous téléphoner. **2.** Frank aurait pu traduire cette lettre pour nous. **3.** Vous auriez pu être malade. **4.** Henri aurait pu prendre la photo. **5.** André n'aurait jamais pu avoir un accident.

### Modal + *have* + p.p.

L'emploi d'un modal au prétérit (**could, should, would**) avec **have** + p.p. indique que l'action n'a pas été réalisée. Bien entendu, en changeant le modal, on change le sens de la phrase, mais la structure reste la même (v. pp. 230-232).

**He would have rung up.** *Il aurait téléphoné (sous certaines conditions qui ne se sont pas réalisées).*

**He should have rung up.** *Il aurait dû téléphoner.*

**He could have rung up.** *Il aurait pu téléphoner.*

☞ **C.** *Traduire en utilisant* ***could/should/would*** + ***have*** + p.p. :

**1.** Vous auriez dû me le dire. **2.** Si j'avais su, j'aurais parlé au patron. **3.** Tu aurais pu te faire mal. **4.** Il n'aurait pas dû épouser cette fille. **5.** J'aurais pu finir ce travail dimanche. **6.** Jenny n'aurait rien pu faire. **7.** Qu'auriez-vous pu dire ? **8.** David aurait dû s'excuser. **9.** Si c'était vrai, nous serions devenus riches.

### *Not until*

***They don't have children until their mid-thirties.***

Dans les phrases affirmatives, **until** signifie *jusqu'à* ou *jusqu'à ce que*. Mais ***not*** **until** est synonyme de **not before** = *pas avant* ou *pas avant que*. Comparer :

**Talk to Jim until I come back.**

*Fais la conversation à Jim jusqu'à ce que je revienne.*

**Don't talk to Jim until I come back.**

*Ne dis rien à Jim avant mon retour.*

### RYTHME ET FORMES FAIBLES

**at**

La forme faible est [ət] (1).
**They *met* at *university*.**
La forme forte est ['æt] (2).
***What's* he *looking at*?**
(Voir p. 48 : préposition en position finale.)

Noter que quand une phrase se termine par une préposition suivie d'un pronom (**her, him,...**), la préposition est souvent en forme forte pour faciliter la prononciation.

***Why* are they *looking at* us?** (2)

☞ **D.** *Souligner les syllabes accentuées et indiquer la forme de* at *qui convient* (1 ou 2).
**1.** Daniel promised to be here at six o'clock. **2.** I'll be at home tonight. **3.** Who's he shouting at? **4.** Jane says she wants at least five children. **5.** Please come at once.

☞ **E.** *Souligner les syllabes accentuées et entourer* toutes les formes faibles *que nous avons* déjà étudiées *:*
**1.** They're going to meet us at the cinema. **2.** We have to go at six o'clock. **3.** Do you want us to do it?

### ACCENT DE MOT

La terminaison **-eer** (· · —)

Les mots qui se terminent en **-eer** sont accentués sur la dernière syllabe.
Exemple du texte : **ca'reer** [kə-'riə] (· —).
Exception : **'overseer.**

☞ **F.** *Récapitulatif : indiquer l'accent de mot :*
ability ; air-conditioning ; auctioneer ; chocolate biscuit ; economically ; engineer ; explanation ; fanatic ; mountaineer ; narrator ; necessity ; penknife ; permit *(nom)*; sextette ; terrorize ; volunteer ; worthless.

## LES SONS DE L'ANGLAIS

### Les homophones

Il y a beaucoup de mots en anglais qui ont la même prononciation mais pas la même orthographe ; ce sont des homophones. Voici les plus fréquents. La prononciation étant exactement la même dans chaque couple de mots, la transcription n'est donnée qu'une seule fois.

Ne pas confondre :

| | | |
|---|---|---|
| bare, *nu* | bear, *ours* | [beə] |
| break, *casser* | brake, *frein* | [breɪk] |
| buy, *acheter* | by, *près de* | [baɪ] |
| dear, *cher* | deer, *cerf* | [dɪə] |
| know, *savoir* | no, *non* | [nəʊ] |
| meat, *viande* | meet, *rencontrer* | [mi:t] |
| not, *ne... pas* | knot, *nœud* | [nɒt] |
| saw, *voyait* | sore, *endolori* | [sɔ:] |
| see, *voir* | sea, *mer* | [si:] |
| sew, *coudre* | sow, *semer* | [səʊ] |
| son, *fils* | sun, *soleil* | [sʌn] |
| steel, *acier* | steal *voler* | [sti:l] |
| suite, *suite d'hôtel* | sweet, *doux* | [swi:t] |
| two, *deux* | too, *aussi* | [tu:] |
| wait, *attendre* | weight, *poids* | [weɪt] |
| Wales, *Pays de Galles* | whales, *baleines* | [weɪlz] |
| where, *où* | wear, *porter* | [weə] |
| which (relatif) | witch, *sorcière* | [wɪtʃ] |
| would (modal) | wood, *bois* | [wʊd] |

Attention à ces mots :
woman ['wʊmən] mais women ['wɪmɪn].

## INTONATION

### Les verbes à particule

Si le verbe à particule (v. p. 237) a pour complément un mot lexical, c'est lui qui porte la tonique.

Exemple : | Switch the LIGHT off. |

Mais si le verbe n'a pas de complément, ou si celui-ci est un pronom, la tonique est sur la particule.
Exemples : | ...when you split UP. | | Switch it OFF. |

# 23. THE MISS WORLD CONTEST

*Cathy refuses to let her boyfriend, Phil, watch the Miss World Contest on T.V.*

**P.** = Phil — **C.** = Cathy

**P.** Oh, good, the Miss World Contest is on tonight.

**C.** Well, you needn't think you're going to watch it.

**P.** What? Of course I'm going to. I always watch it.

**C.** Not tonight you're not. Not in my flat. I'm not having that sexist rubbish on. Anyway there's a very good documentary on BBC 2 that I want to watch. It's all about animal life in the Amazon.

**P.** Animal life in the Amazon! No way[1]! Come off it, Cathy, you aren't serious, are you?

**C.** Oh yes I am! You're not watching that programme on my television. I'm not having you sitting there drooling over a bunch of brainless females parading around. That sort of thing does a lot of harm. It's as if women's lib[2] had never existed.

**P.** Perhaps they're brighter[3] than you think. After all, they're making easy money, aren't they?

**C.** They're making money in the same way as strippers and prostitutes do, by letting men consider them as mere sex objects and nothing more. It's disgusting!

**P.** Don't be ridiculous, Cathy. How can you possibly compare these girls with prostitutes? You've got such a thing about women's lib — you're getting really weird.

**C.** The difference is simply a matter of degree. I don't care what you say. I think it should be banned.

**P.** Okay, well if that's how you feel, you stay here and watch your documentary. I hope you have a thrilling time in the Amazon. I'm going round[4] to Alison and Gary's.

**C.** Well you needn't bother[5] coming back!

**P.** Right! I won't then!

# 23. LE CONCOURS MISS MONDE

*Catherine refuse de laisser son ami Philippe regarder le concours Miss Monde à la télévision.*

**P. = Philippe — C. = Catherine**

**P.** Oh, chic, il y a le concours Miss Monde ce soir.

**C.** Eh bien, ce n'est pas la peine de t'imaginer que tu vas le regarder.

**P.** Quoi ? Bien sûr que je vais regarder. Je le regarde toujours.

**C.** Eh bien, pas ce soir. Pas chez moi. Pas question que je mette ces inepties sexistes. De toute façon, il y a sur la Deux un très bon documentaire que je veux regarder. C'est sur la faune amazonienne.

**P.** Les animaux de l'Amazone ! Mais pas question ! Enfin, quoi, Catherine, tu ne dis pas ça sérieusement, dis ?

**C.** Oh mais si. Tu ne regarderas pas cette émission sur ma télé. Je ne veux pas te voir assis là, à baver devant une bande d'écervelées en train de se dandiner. Ça fait beaucoup de mal, ce genre de choses. On dirait que la libération de la femme n'a jamais existé.

**P.** Elles sont peut-être plus intelligentes que tu crois. Après tout, elles gagnent de l'argent sans trop se fatiguer, non ?

**C.** Elles gagnent de l'argent de la même façon que les strip-teaseuses et les prostituées, en laissant les hommes les considérer comme des objets et rien de plus. C'est dégoûtant !

**P.** Ne sois pas idiote, Catherine. Comment peux-tu comparer ces filles à des prostituées ? Tu es tellement piquée de ton féminisme - t'en deviens vraiment pas normale.

**C.** La différence n'est qu'une question de degré. Je me moque de ce que tu peux dire. Pour moi, ça devrait être interdit.

**P.** Bon. Eh bien, si c'est ce que tu penses, reste donc ici à regarder ton documentaire. Je te souhaite bien du plaisir en Amazonie. Moi, je vais chez Gary et Alison.

**C.** Eh ben, c'est pas la peine de revenir !

**P.** Très bien ! je ne reviendrai pas, si c'est ça !

## 23*a*. VOCABULAIRE ET EXPRESSIONS

1. **no way!** : manifeste un refus absolu, ou une impossibilité totale :
— **Do you think Helen would help us? — No way!**
— *Tu crois qu'Hélène nous aiderait ? — Des clous !*

2. **women's lib** : abréviation de **women's liberation movement** ; **women's libbers**, *les féministes.*

3. **brighter** : **bright** est un synonyme familier de **intelligent.**
Noter aussi **thick**, synonyme de **stupid** et les expressions **thick as a brick**, ou **thick as two short planks**, *bête comme ses pieds.*

☞ **A.** *Quel est le contraire des mots suivants ?*
beautiful ; better ; clever ; deep ; hard ; interesting ; narrow ; near ; nice ; rough ; small ; sweet ; tall.

4. **to go round/come round** : ces verbes signifient *passer chez quelqu'un.*
**You must come round for a meal one of these days.**
*Il faut que vous veniez dîner un de ces jours.*
Noter aussi :
**I was round at Ann's.**
*J'étais chez Anne.*
**We're having some friends round for a drink.**
*Nous avons invité des amis à venir prendre un verre.*

5. **bother** : ce verbe signifie : 1. *embêter (agacer* ou *déranger).* 2. *s'embêter à/prendre la peine de faire quelque chose.*

☞ **B.** *Traduire :*
1. Will you stop bothering me. I'm trying to read. **2.** Don't bother doing the washing up now. I'll do it after the film. **3.** I'd like this mended, but don't do it if it's too much bother. **4.** I never bother ironing sheets. **5.** Will it bother you if I put the television on? **6.** I can't be bothered to do it again.

## 23*b*. GRAMMAIRE

### Verbe + *to* + verbe

***and that's what I want to watch***

De même que certains verbes sont suivis d'un verbe en **-ing** (v. p. 119), d'autres sont suivis d'un verbe à l'infinitif avec **to** (v. les listes p. 238).

☞ **C.** *Traduire :*

**1.** Pourquoi avez-vous choisi d'apprendre l'anglais ? **2.** Je m'attends à ce qu'il arrive vers sept heures. **3.** Que me conseilleriez-vous de faire ? **4.** Sa mère voulait qu'il lui téléphone tous les jours. **5.** J'ai dit à Paul de ne pas y aller.

### *needn't* + verbe

***You needn't bother coming back***

**needn't, don't have to,** et **don't need to** traduisent l'absence d'obligation, tandis que **mustn't** exprime l'interdiction. Comparer :

**You must speak English here.**
*Ici il faut parler anglais.*
**You don't have to/you needn't speak English here.**
*Ici, vous n'êtes pas obligé de parler anglais.*
**You mustn't speak English here.**
*Il ne faut pas parler anglais ici.*

### Verbe sous-entendu : *to*

***Of course I'm going to***

Dans la construction v. + **to** + v., le deuxième verbe peut être sous-entendu. La reprise de **to** est obligatoire après certains verbes (v. p. 238).

— **Would you like to go out? — I'd love to.**
— *Tu veux sortir ? — Ça me ferait vraiment plaisir.*

☞ **D.** *Traduire :*

**1.** — Pourquoi as-tu fait ça ? — Parce que tu me l'as demandé. **2.** Il ne faut pas marcher sur la pelouse. **3.** — Faites un effort ! — Je voudrais bien, mais je ne peux pas. **4.** Nous ne sortirons pas ce soir, à moins que vous ne le vouliez vraiment, bien sûr. **5.** Vous n'êtes pas obligé de le faire maintenant. **6.** — Avez-vous tapé cette lettre ? — J'allais le faire. **7.** — Jouez-vous aux échecs ? — Autrefois, oui (v. p. 83). **8.** — Lui as-tu parlé ? — J'ai essayé, mais il était trop occupé.

## 23c. PRONONCIATION

### RYTHME ET FORMES FAIBLES

**you**

Il existe deux formes faibles [jə] et [jʊ].

Devant une consonne on utilise [jə] (1)

**Well you *needn't bother coming back*!**

Devant une voyelle ou en fin de phrase, on utilise [jʊ] (2).

***Come off* it, *Cathy*, you *aren't se*rious, are you?**

(Voir p. 138 : pronom en position finale.)

La forme forte est ['ju:] (3)

***What* are *you doing here*?**

*Que faites-vous ici, vous ?*

☞ **E.** *Souligner les syllabes accentuées et indiquer la forme de* **you** *qui convient* (1, 2 ou 3) *:*
**1.** You ought to try harder. **2.** If you want some more just help yourself. **3.** You can choose whatever you like. **4.** I thought you always went skiing in February. **5.** Neil thought it was great. What did you think?

☞ **F.** *Souligner les syllabes accentuées et entourer* toutes les formes faibles *que nous avons* déjà étudiées *:*
**1.** I'll meet you at ten to six. **2.** Does William really come from Canada? **3.** It's a note for the milkman. **4.** I'll have to ask you to leave.

### ACCENT DE MOT

La terminaison **-ee** (· · —)

Les mots en **-ee** sont accentués sur la dernière syllabe. Exemples :
**de'gree** [dɪ- 'gri:] ; **refu'gee** [re - fju: - 'dʒi:]

Deux exceptions importantes : **'coffee** et **com'mittee**

☞ **G.** *Récapitulatif : indiquer l'accent de mot :*
aesthetic ; agree ; assassinate ; brainless ; desert *(nom)* ; employee ; farmhouse ; guarantee ; happiness ; Lebanese ; an old-fashioned idea ; percolator ; permit *(verbe)* ; political ; proportional ; referee ; stupidity ; television.

## Homonymes

Nous avons vu qu'il y a beaucoup d'homophones en anglais (v. p. 145) Il y a aussi beaucoup de mots qui ont la même prononciation et la même orthographe : ce sont les homonymes.

| | | |
|---|---|---|
| bank | [bæŋk] | *banque, rive* |
| book | [bʊk] | *livre, réserver* |
| count | [kaʊnt] | *comte, compte(r)* |
| fair | [feə] | *honnête, foire* |
| fly | [flaɪ] | *mouche, voler* |
| lock | [lɒk] | *serrure, boucle de cheveux* |
| match | [mætʃ] | *match, allumette* |
| race | [reɪs] | *race, course* |
| stamp | [stæmp] | *timbre, taper du pied* |
| stick | [stɪk] | *bâton, coller* |
| train | [treɪn] | *train, former, entraîner* |
| watch | [wɒtʃ] | *montre, regarder* |

## **he** ou **here** ?

Distinguez bien :

| [i:] | | | [ɪə] | | |
|---|---|---|---|---|---|
| fee | [fi:] | *honoraire* | fear | [fɪə] | *peur* |
| knee | [ni:] | *genou* | near | [nɪə] | *près de* |
| pea | [pi:] | *petit pois* | pier | [pɪə] | *jetée* |
| tea | [ti:] | *thé* | tear | [tɪə] | *larme* (v. p. 181) |
| me | [mi:] | *moi* | mere | [mɪə] | *simple* |

Ne confondez pas :

**Get rid of that bee/beer.**
*Débarrassez-vous de cette abeille/bière.*

## INTONATION

☞ **H.** *Souligner les toniques qui ne sont pas indiquées :*

1. | Well, you needn't think you're going to WATCH it. | | What? | Of course I'm going to | I always watch it. |
2. | There's a very good documentary on BBC 2 | all about animal life in the Amazon. |

# 24. PARKING PROBLEMS

*Three friends have just come out of a pub and one of them discovers his car has been clamped.*

**T.** = Tom – **M.** = Mark – **H.** = Helen

**T.** Oh hell! I've been clamped!

**M.** Oh no, what a drag!

**H.** Serves you right. I don't feel a bit sorry for you.

**T.** Thank you very much.

**H.** Well, you've had too much to drink. You know you're not fit to drive[1].

**M.** Yes, come on. We'll give you a lift home[2] and you can sort it out in the morning.

**T.** Damn it, I thought it'd be okay. I mean, surely traffic wardens don't work at this time of night.

**H.** It isn't traffic wardens who clamp you. It's the police.

**T.** Well, you'd think they'd have something better to do with their time than go around clamping innocent motorists. I mean, I'm not really in the way[3], am I?

**H.** Well, they're not going to clamp people who are blocking the traffic, are they? Just imagine the jams[4] that would cause!

**T.** Well, I think it's a ridiculous system. It'd be far better to...

**M.** Look, I'm not going to stand round here all night discussing the pros and cons of the clamping system. Do you want a lift home or don't you?

**T.** I haven't got much choice, have I?

**M.** There's gratitude for you!

**T.** Oh, I'm sorry. It's just that it makes me really wild... I wonder how much it's going to cost me?

**M.** I think it's twenty-five quid[5]. In other words about double what a taxi would have cost you.

**T.** Twenty-five quid! You're joking! Bloody hell!

# 24. PROBLÈMES DE PARKING

*Trois amis viennent de sortir d'un pub et l'un d'eux s'aperçoit qu'on a posé un sabot à sa voiture.*

**T. = Tom — M. = Marc — H. = Hélène**

**T.** Oh zut ! On m'a fichu un sabot !

**M.** Oh non ! Quelle barbe !

**H.** Bien fait pour toi. Je ne te plains pas le moins du monde.

**T.** Merci bien !

**H.** Enfin, tu as trop bu. Tu sais bien que tu n'es pas en état de conduire.

**M.** Oui, allez, on va te ramener chez toi et tu règleras ça demain matin.

**T.** Zut, je croyais que ça irait. Enfin, quand même, les contractuels ne travaillent pas à cette heure de la nuit.

**H.** C'est pas les contractuels qui posent les sabots, c'est la police.

**T.** Eh bien, j'aurais cru qu'ils auraient mieux à faire de leur temps que de se balader en posant des sabots à d'innocents conducteurs. Enfin, je ne gêne pas vraiment, hein ?

**H.** Bah, ils ne vont pas aller en mettre aux voitures qui bloquent la circulation, hein ? Imagine un peu les embouteillages que ça ferait.

**T.** Bon, ben moi, je trouve que c'est un système idiot. Ça serait bien mieux de...

**M.** Écoute, je ne vais pas rester planté ici toute la nuit à discuter des avantages et des inconvénients du sabot. Tu veux qu'on te ramène ou pas ?

**T.** Ben, je n'ai pas tellement le choix, hein ?

**M.** Et reconnaissant, avec ça !

**T.** Oh, excusez-moi ! Merci. Ça me rend furax, c'est tout. Je me demande combien ça va me coûter.

**M.** Je crois que c'est vingt-cinq sacs. Autrement dit, le double de ce que tu aurais payé pour un taxi.

**T.** Vingt-cinq sacs ! Tu plaisantes ! Saloperie !

## 24*a*. VOCABULAIRE ET EXPRESSIONS

1. **not fit to drive** : l'adjectif "**fit**" signifie "qui convient", "en état de", "en forme". Exemple :
**The tap water on trains isn't fit to drink.**
*Dans les trains l'eau (du robinet) n'est pas potable.*

2. **we'll give you a lift home** :
Notez l'ordre des mots : **give somebody a lift somewhere.**
**Peter's going to give his father a lift to the station.**
*Pierre va déposer son père à la gare.*
Attention : on n'utilise pas **to** devant **home**.
**I'm going home now.**
*Je rentre à la maison.*
**Is he at home?**
*Est-il à la maison ?*

3. **way** :
Autres expressions avec **way** (v. aussi p. 178) :
**in the way,** *au milieu du chemin, qui gêne.*
**get out of my/the way,** *pousse-toi (de là).*
**in a way,** *en un sens, d'une certaine façon.*
**out of the way,** *à l'écart ; peu courant.*
**on the way,** *en chemin.*

4. **jams** : l'expression complète est **traffic jams**, mais ici le contexte est très clair.

5. **quid** : mot familier pour **pound**, *livre sterling*. Ce mot est invariable. Exemple : **five quid.**
Noter encore :
**a fiver** = **five pounds** et **a tenner** = **ten pounds.**

☞ **A.** *Traduire :*
1. Cela vous dérangerait-il de raccompagner Anne après la soirée ? 2. Peux-tu me prêter cinq cents balles jusqu'à mardi ? 3. Ce café n'est pas buvable. Qui l'a fait ? 4. Il me faut une demi-heure pour rentrer, à condition qu'il n'y ait pas d'embouteillages. 5. Ne vous garez pas sur cette double ligne jaune.

## Propositions relatives

***It isn't traffic wardens who clamp you.***
***They can't clamp people who are blocking the traffic.***

1. Le relatif correspondant aux *êtres humains* est **who**. **That** est également possible, surtout comme complément.

2. S'il s'agit de *choses*, on emploie **which** ou **that**.
**This is the song which/that used to make Mother cry.**
*C'est la chanson qui faisait pleurer maman.*

3. Si le relatif est complément du verbe (*que, auquel/auxquels*, etc.), il est le plus souvent omis :
**The people you met yesterday are my best friends**
= **The people that you met...**
= **The people whom** (forme très recherchée) **you met...**
*Les gens que tu as rencontrés hier sont mes meilleurs amis.*
**The meal we had/The meal that we had/The meal which we had yesterday was really awful** :
*Le repas que nous avons fait hier était vraiment épouvantable.*

4. Attention à la place de la préposition dans
**The film I was talking about was "Gone with the Wind."**
*Le film dont je parlais était* Autant en emporte le vent.
(Cf. préposition dans les interrogatives, p. 59).

5. Noter l'emploi de **which** pour reprendre toute une expression dans des phrases comme :
**You can serve yourself, which I like.** (p. 14)
**If you've got one, which I doubt.** (p. 170)

☞ **B.** *Traduire en utilisant les formes les plus fréquentes :*
1. Vous n'avez aucune idée des problèmes que nous devons résoudre tous les jours. 2. Le directeur de banque à qui j'ai parlé était très aimable. 3. Je n'aime pas le tableau que tu as acheté hier. 4. La seule vraie librairie que je connaisse se trouve dans la grand-rue. 5. La seule chose qui le retienne est l'idée de prendre l'avion. 6. La fille avec qui tu m'as vu était ma sœur. 7. Une femme qui va avoir un enfant ne devrait pas fumer. 8. La fille que Marc a épousée a très mauvais caractère. 9. L'accident auquel je pense n'était pas très grave. 10. Pierre m'a dit qu'il jouait au tennis, ce que je ne savais pas.

### RYTHME ET FORMES FAIBLES

**than**

La forme faible est [ðən].
... ***better*** **to** ***do*** **with their** ***time*** **than** ***go around...***
La forme forte, très rare, est ['ðæn]
**Can you pro*nounce* the *word 'than'* cor*rect*ly?**

☞ **C.** *Souligner les syllabes accentuées et entourer* toutes les formes faibles *que nous avons* déjà étudiées :
1. Could you pass the salt and pepper please? **2.** I need more than eight hours' sleep a night. **3.** I'd rather have tea than coffee. **4.** Are there any letters for me?

Les phrases qui contiennent une suite de deux ou trois formes faibles peuvent être très difficiles à comprendre. Vous trouverez ci-dessous des groupes de formes faibles très fréquents.

☞ **D.** *Souligner les syllabes accentuées et entourer* toutes les formes faibles *que nous avons* déjà étudiées :
1. There was an old table in the garden. **2.** He must have been at the party. **3.** Do you think he was a nice child? **4.** I think we should have phoned her. **5.** Some of them are delicious.

Noter aussi que **going to** et **want to** sont parfois prononcés ['gɒnə] et ['wɒnə].
Exemple : **"I wanna hold your hand."** (The Beatles.)

### ACCENT DE MOT

Les terminaisons **-itude** et **-itive** (— · ·)

Les mots en **-itude** et **-itive** sont accentués sur l'avant-avant-dernière syllabe.
Exemple du texte : **'gratitude ['græ - tɪ - tju:d].**

☞ **E.** *Récapitulatif : indiquer l'accent de mot :*
attitude ; card table ; competitive ; dramatize ; education ; fearless ; fortitude ; infinitive ; keyboard ; longitude ; produce *(verbe)* ; prosperity ; repetitive ; veneer.

## La prononciation de **a** (2)

Après le son [w] la lettre **a** se prononce souvent [ɒ] (**what [wɒt]**) ou [ɔ:] (**walk [wɔ:k]**).

☞ **F.** *Classer ces mots en groupes suivant la prononciation du* **a** *:* [ɒ], [ɔ:] *ou* [eɪ]
quality, way, quarrel, Wales, want, quantity, waste, war, wages, whales, wall, warden, water.

### **pot** ou **port** ?

Distinguez bien :

| [ɒ] | | | [ɔ:] | | |
|---|---|---|---|---|---|
| cod | [kɒd] | *cabillaud* | cord | [kɔ:d] | *cordon* |
| cot | [kɒt] | *lit d'enfant* | caught | [kɔ:t] | *attrapé* |
| shot | [ʃɒt] | *coup de feu* | short | [ʃɔ:t] | *court* |
| stock | [stɒk] | *stock* | stalk | [stɔ:k] | *traquer* |
| what | [wɒt] | *quoi* | wart | [wɔ:t] | *verrue* |

Ne confondez pas :
**He put the cod/cord in the kitchen.**
*Il mit le cabillaud/cordon dans la cuisine.*

Attention à ces mots :
**pros and cons ['prəʊz ən 'kɒnz]**
**police [pə'li:s]**
**image** ['ɪmɪdʒ], mais **imagine** [ɪ'mædʒɪn]

### INTONATION

☞ **G.** *Indiquer les toniques non indiquées en tenant compte du contexte :*

**1.** | Do you WANT a lift home | or don't you? |
**2.** | It isn't traffic wardens who clamp you | it's the police |
**3.** | I wonder how much it's going to cost me |
| About double what a taxi costs |

# 25. REDUNDANT AT FORTY

*Helen meets a friend she hasn't seen for several weeks.*

**H.** = Helen — **L.** = Linda

**H.** Hello, Linda, how are things?

**L.** Hello, Helen. Well, not too good at the moment. Have you heard about Jonathan?

**H.** No, what's happened? He's not ill, is he?

**L.** No, worse than that, in a way. He's been made redundant.

**H.** Oh no! I bet he's taken that really hard.

**L.** Yes, he has. They've been talking about[1] redundancies for some time now, but it never crossed his mind that it could happen to him. He really felt like part of the firm.

**H.** Oh, dear. Has he already stopped work then?

**L.** No, he finishes a week on Friday[2].

**H.** Has he started looking for another job?

**L.** No, he's so depressed about it, he hasn't got the courage to start looking. You see he's got absolutely no experience of applications and interviews and all the rest of it. It's the only job he's ever had.

**H.** Really?

**L.** Yes, he went to work at Appleby's straight from university[3] and he's been there ever since.

**H.** Gosh, he is going to find it difficult. Still, I'm sure with his experience he'll find another job soon enough. I suppose he gets a lump sum[4] from Appleby's?

**L.** Yes, but you know how it is. If you haven't got a steady income, the money soon disappears.

**H.** But he'll get the dole too, won't he?

**L.** Oh, yes, but he'd rather get another job if he can.

**H.** Mmm, well, if there's anything I can do, don't hesitate to ask.

**L.** Well, I don't think anyone can help really. He's got to get himself sorted out. Thanks anyway though.

# 25. AU CHÔMAGE À QUARANTE ANS

*Hélène rencontre une amie qu'elle n'a pas vue depuis plusieurs semaines.*

**H. = Hélène — L. = Linda**

**H.** Bonjour, Linda. Comment va la vie ?

**L.** Bonjour, Hélène. Pas trop fort en ce moment ; tu sais la nouvelle pour Jonathan ?

**H.** Non, que s'est-il passé ? Il n'est pas malade, au moins ?

**L.** Non, c'est pire, en un sens. Ils l'ont licencié.

**H.** Oh non ! Ça a dû être un coup dur pour lui !

**L.** Oh oui ! Voilà un bon moment qu'ils parlent de licenciements économiques, mais il ne lui est jamais venu à l'idée que ça pouvait lui arriver à lui. Il avait vraiment l'impression de faire partie de la maison.

**H.** Oh là, là. Il a déjà arrêté ?

**L.** Non, il finit vendredi en huit.

**H.** Il a commencé à chercher un autre emploi ?

**L.** Non, ça le déprime tellement qu'il n'en a pas le courage. Tu comprends, il n'a aucune expérience des dépôts de candidature, des entretiens et de tous ces trucs-là. C'est le seul emploi de toute sa vie.

**H.** Vraiment ?

**L.** Oui, il est allé travailler chez Appleby tout de suite après la fac, et il y est depuis ce temps-là.

**H.** Mince ! Il va avoir du mal, mais quand même, avec son expérience, je suis sûre qu'il trouvera bien vite un autre emploi. Il touche une indemnité forfaitaire de chez Appleby, non ?

**L.** Oui, mais tu sais ce que c'est. Si on n'a pas un revenu régulier, l'argent s'envole vite.

**H.** Mais il va toucher le chômage, non ?

**L.** Oui, mais il préférerait retrouver du travail si c'est possible.

**H.** Bien... Si je peux faire quelque chose, n'hésite pas à me le demander.

**L.** Oh, je crois que personne ne peut vraiment l'aider. Il faut qu'il s'en sorte tout seul. Merci quand même.

## 25*a*. VOCABULAIRE ET EXPRESSIONS

1. **talk about something** : *parler de quelque chose.*

Le français *de* a plusieurs sens. Remarquer ses différentes traductions dans l'exercice suivant :

☞ **A.** *Traduire :*

1. He was coming from the office when I saw him. **2.** I went to see a very good play by Tom Stoppard last week. **3.** Gary had just finished his meal when the phone rang. **4.** What are you talking about? **5.** Sheila's father is French. **6.** Now then. Where's my cookery book?

2. **a week on Friday** :
**a fortnight on Friday**, *vendredi en quinze.*
**a fortnight** est *une quinzaine.* Ce mot n'existe pas en anglais américain : on dit **two weeks.**

3. **straight from university** : noter aussi ces autres expressions avec **straight** :
**straight away**, *tout de suite.*
**straight on**, *tout droit.*

4. **a lump sum** :

1. Le sens général de **lump** est *morceau, masse* :
**a lump of sugar**, *un morceau de sucre* ;
**lump sugar**, *du sucre en morceaux.*
**I had a lump in my throat.** *J'avais la gorge serrée.*

2. **lump** est aussi un verbe que l'on trouve surtout dans l'expression familière :
**You can like it or lump it.**
*C'est à prendre ou à laisser* ("à avaler en bloc").

☞ **B.** *Traduire :*

1. Je pars en vacances lundi en huit. **2.** Si tu as besoin d'aide, n'hésite pas à me le dire. **3.** Ça va, je m'en tirerai ; merci quand même. **4.** Depuis qu'il s'est mis à boire, Ken n'a plus d'emploi fixe. **5.** Sheila devra passer quinze jours à l'hôpital.

## 25*b*. GRAMMAIRE

### emploi du parfait

— ***What's happened? He's taken it as a personal insult.***

1. Le parfait est une sorte de "passé indéfini" : il s'emploie pour évoquer des actions non datées qui ont un lien avec le présent. Il correspond donc à certains emplois du passé composé français.

*David a eu un accident de voiture* (je viens de l'apprendre).
**David has had a car accident.**

Mais attention ! Notre passé composé désigne également des événements nettement situés dans le passé :
*David a eu un accident de voiture l'année dernière.* Dans ce cas, l'anglais utilise le prétérit : **David had a car accident last year.**

2. Noter l'emploi du parfait 1 avec **just, yet** et **ever** :
**I've just seen it.** *Je viens de le voir.*
**I haven't read Linda's letter yet.**
*Je n'ai pas encore lu la lettre de Linda.*
**Have you ever seen a hologram?**
*Avez-vous déjà vu un hologramme ?*

☞ **C.** *Mettre le verbe au parfait 1 ou au prétérit 1 :*
**1.** I never (hear) such a stupid story! **2.** Oh dear! What you (do) now? **3.** When Phil (meet) Cathy? **4.** He just (find) a new job. **5.** I think I (see) this man before. **6.** Paul (go) home straight away. **7.** Chris (not finish) University yet.

### "chez" : génitif

***He gets a lump sum from Appleby's.***

1. Le génitif traduit le français *chez* :
**We're spending the weekend at Margaret's house/ at Margaret's place/ at Margaret's.**
*Nous passons ce week-end chez Marguerite.*

2. Noter le génitif dans les noms de magasins : **the butcher's,** *la boucherie ;* **the baker's,** *la boulangerie...* Le mot **shop** est sous-entendu.

3. Enfin, on retrouve le génitif dans de nombreux noms d'entreprises qui se terminent en **-s**, même si on omet très souvent l'apostrophe : **Barclays, Harrods, Selfridges...** Ces noms collectifs s'accordent au pluriel :
**Barclays are offering new student loans.**
*La banque Barclays propose de nouveaux prêts-étudiants.*

## RYTHME ET FORMES FAIBLES

### **he** et **she**

Les formes faibles sont [ɪ] (1) et [ʃɪ] (2)

***Yes,* he *has.***

**He's *not ill*, is he?**

(Voir p. 31 : pronom en position finale et p. 91 : prononciation de "h".)

Les formes fortes sont ['hi:] (3) et ['ʃi:] (4)

***She*'s the *expert*, *not him.***

*C'est elle qui sait, pas lui.*

☞ **D.** *Souligner les syllabes accentuées et indiquer la forme de* **he** *ou* **she** *qui convient* (1, 2, 3...) *:*
**1.** He's the nicest person I know. **2.** When is she going to Denmark? **3.** Did you say "he" or "she"? **4.** She usually comes on Tuesdays. **5.** I think he prefers coffee.

☞ **E.** *Souligner les syllabes accentuées et entourer* toutes les formes faibles *que nous avons* déjà étudiées *:*
**1.** He killed the goose that laid the eggs. **2.** Have you heard from Jill since she moved to Oslo? **3.** I'll be at home until five to six. **4.** There were a lot of people at the church.

## ACCENT DE MOT

### Les terminaisons **-ian, -ial et -iar** (· — ·)

Les mots en **-ian, -ial** ou **-iar**, comme ceux en **-ion** (p. 42) sont accentués sur l'avant-dernière syllabe. Exemples :
**pe'culiar [pɪ - 'kju: - ljə], ci'vilian [sɪ - 'vɪ - ljən].**

☞ **F.** *Récapitulatif : indiquer l'accent de mot :*
aristocratic ; application ; commercial ; familiar ; gynaecology ; fascinate ; insult *(nom)*; Italian ; librarian ; official ; paperback ; physician ; provincial ; refugee ; residential ; an anti-social person ; taboo ; vegetarian.

## La prononciation de oo

En principe, **oo** se prononce [u:] :
**balloon, choose, cool.**

Mais **oo** se prononce [ʊ] dans certains mots :
**book, foot, good, hood, hook, stood, wood, wool...**

Noter ces irrégularités :
**oo** = [ʌ] dans **blood** [blʌd], **flood** [flʌd] et leurs dérivés, **bloody, flooding**, etc.

☞ **G.** *Classer ces mots en groupes suivant la prononciation de* oo : [ʊ] ou [u:] :
food, foot, good, hook, kangaroo, mood, school, shampoo, shoot, stood, stool, tool, wood, wool, zoo.

Devant **r** la prononciation de **oo** est différente :
oo = [ɔ:] dans **door** [dɔ:] et **floor** [flɔ:].
oo = [ʊə] dans **poor** [pʊə] et **moor** [mʊə].

### hot ou heart ?

Distinguez bien :

| [ɒ] | | | [ɑ:] | | |
|---|---|---|---|---|---|
| pot | [pɒt] | *pot* | part | [pɑ:t] | *partie* |
| clock | [klɒk] | *horloge* | clerk | [klɑ:k] | *commis* |
| dock | [dɒk] | *dock* | dark | [dɑ:k] | *sombre* |
| shop | [ʃɒp] | *magasin* | sharp | [ʃɑ:p] | *pointu* |

Ne confondez pas :
**The shock/shark paralysed him.**
*Le choc/requin le paralysa.*

## INTONATION

☞ **H.** *Indiquer les toniques. Que remarque-t-on ?*
| He's been made redundant. |
| I bet he's taken that really hard. |
| Yes, he has | He's taken it as a personal insult. |

# 26. THE DOCTOR'S DIAGNOSIS

*Mrs. Bennet visits her doctor for an antenatal check-up.*

**D.** = Doctor — **B.** = Mrs. Bennet

**D.** Good morning, Mrs. Bennet and how are you feeling today?

**B.** Quite well, Doctor, but I get tired rather easily.

**D.** Well, that's normal at this stage[1]. Try and get as much rest as you can. By the end of the third month you should find you're feeling much better. I'm going to give you a scan[2] today, just to check that everything is developing as it should be. If you'd like to lie down on the couch... Now, this will feel rather cold I'm afraid...

**B.** Doctor, I've been told it's possible to find out whether it's a boy or a girl from the scan. My husband wants a girl and I want a boy. We'd like to know as soon as possible[3], so we can get used to the idea.

**D.** Uh-huh. Well it's rather early for that. It's possible from about the fourth month, *if* we can persuade the baby to co-operate and move into a suitable position, but I definitely won't be able to tell[4] you today.

**B.** Oh, I see. My husband will be disappointed.

**D.** Well, nature has to take its course. Now then, let's have a look... Tell me, Mrs. Bennet, do twins[5] run in your family?

**B.** No, not at all. You don't mean...?

**D.** Yes, it looks as though you and your husband may both get your wish — with a bit of luck, you'll have a girl *and* a boy!

**B.** What! Twins! I can't believe it! Are you sure, Doctor?

**D.** There's no doubt about it, Mrs. Bennet, none at all. Isn't that wonderful!

**B.** Well, yes, I suppose so...

# 26. LE DIAGNOSTIC DU MÉDECIN

*Mme Bennet va chez son médecin pour une visite prénatale.*

**D. = Docteur — B. = Mme Bennet**

**D.** Bonjour, madame Bennet, et comment vous sentez-vous aujourd'hui ?

**B.** Plutôt bien, docteur, mais je me fatigue assez vite.

**D.** Ah, c'est normal à ce stade. Essayez de vous reposer le plus possible. Vers la fin du troisième mois, vous devriez sentir que ça va mieux. Je vais vous faire une échographie aujourd'hui, juste pour vérifier que tout ça suit son cours normalement. Si vous voulez bien vous allonger sur la table d'examen. Bien, attention, ça va vous faire un petit peu froid.

**B.** Docteur, on m'a dit que c'était possible de savoir si c'était un garçon ou une fille, d'après l'échographie. Mon mari veut une fille et moi un garçon. On aimerait être fixés le plus vite possible, pour se faire à l'idée.

**D.** Mmm... il est un peu tôt pour ça. C'est possible à partir du quatrième mois, à peu près, si on arrive à convaincre le bébé d'y mettre du sien et de se placer comme il faut, mais je ne pourrai absolument rien vous dire aujourd'hui.

**B.** Ah bon ; mon mari va être déçu.

**D.** Eh, il faut que les choses suivent leur cours naturellement. Bien, voyons un peu... Dites-moi, Mme Bennet, est-ce qu'il y a des jumeaux dans votre famille ?

**B.** Non, du tout. Vous ne voulez pas dire...

**D.** Si. Apparemment, il est possible que vous et votre mari soyez tous deux satisfaits : avec un peu de chance vous allez avoir et le garçon et la fille.

**B.** Quoi ! Des jumeaux ! Je ne peux pas le croire ! Vous êtes sûr, docteur ?

**D.** Il n'y a aucun doute là-dessus, Mme Bennet, absolument aucun doute. C'est merveilleux, non ?

**B.** Mmm... oui... peut-être bien...

## 26*a*. VOCABULAIRE ET EXPRESSIONS

1. **stage**:
**at this stage,** *à ce stade, en ce moment.*
**at some stage,** *à un moment quelconque; tôt ou tard.*
Attention : *un stage* se dit **a course.**

2. **I'm going to give you a scan**: **give** traduit *faire* dans quelques expressions du domaine médical:
**give an injection, a checkup, a blood test,**
*faire une piqûre, une visite de contrôle, une analyse sanguine ("prise de sang").*

3. **as soon as possible**:

☞ **A.** *De nombreuses expressions imagées utilisent* as... as... *En voici quelques-unes parmi les plus courantes. Traduire:*
1. Are you all right? You're as white as a sheet. 2. Raymond's as strong as an ox. 3. Katie won't change her mind. She's as stubborn as a mule. 4. Fiona's just come back from Tunisia — she's as brown as a berry. 5. You should eat more — you're as thin as a rake.

4. **tell/say**: **say** s'emploie plutôt pour citer les paroles de quelqu'un:
**"I'm sorry," he said. — He said he was sorry.**
**Tell** ne s'emploie qu'en précisant à qui l'on parle:
**He told his brother he was sorry.**
**Tell** a aussi le sens de *remarquer, déduire.*
**You can tell Charles is French from his accent.**
*On voit à son accent que Charles est français.*
Noter aussi: **tell someone off,** *enguirlander quelqu'un.*

☞ **B.** *Traduire:*
1. Ta mère a dit que tu ne pouvais pas regarder la télé. 2. Ta mère t'a dit de ne pas faire ça. 3. Qu'est-ce que vous avez dit? 4. Q'est-ce que vous lui avez dit? 5. Gary a parlé de la fête à Rachel. 6. La mère de Barry l'a enguirlandé.

5. **twins**: *jumeaux;* **identical twins,** *vrais jumeaux.*

## 26*b*. GRAMMAIRE

### *as much/many* + nom + *as*

***Try and get as much rest as you can.***

*Autant de... que...* se traduit par :

1. **as much... as...** pour les indénombrables (p. 131).
2. **as many... as...** pour les dénombrables.

**Joan hasn't got as many toys as Emma.**
*Jeanne n'a pas autant de jouets qu'Emma.*

3. Ne pas confondre avec **as + adj. + as** (v. p. 119)

4. Noter que c'est un comparatif d'égalité et non de supériorité qui correspond à la structure "x fois plus que..."

*Jim a trois fois plus d'argent que nous.*
**Jim has got three times as much money as us (as we have).**

Même principe avec un adjectif :

*Jim est trois fois plus riche que nous.*
**Jim's three times as rich as us (as we are).**

☞ **C.** *Traduire :*

**1.** Nous n'avons pas autant de meubles que vous. **2.** Il y avait autant de gens que l'année dernière. **3.** La France a deux fois plus de centrales nucléaires que ses voisins. **4.** Dave n'a pas autant de patience que Mark. **5.** Linda est dix fois plus agréable que Cathy.

### Le passif

***I've been told it's possible to find out...***

1. En anglais, un complément indirect peut devenir sujet d'une phrase passive ; noter la traduction par *on.*

Actif :

**Someone gave *me* this book for Christmas.**
*Quelqu'un m'a offert ce livre pour Noël.*

Passif :

***I* was given this book for Christmas.**
*On m'a offert ce livre pour Noël.*

2. Exemple avec complément prépositionnel :

Actif :

**Someone has slept *in this bed.*** *Quelqu'un a dormi dans ce lit.*

Passif :

***This bed* has been slept *in.*** *On a dormi dans ce lit.*

3. Si on exprime le complément d'agent, il est introduit par **by** :

***Death of a Salesman* was written by Arthur Miller.**
Mort d'un commis voyageur *a été écrit par Arthur Miller.*

## RYTHME ET FORMES FAIBLES

### as

La forme faible est [əz] (1). On l'emploie toujours dans le comparatif d'égalité.

**We'd *like* to *know* as *soon* as *possible*.**

Dans ses autres emplois, **as** peut prendre la forme forte ['æz] (2), surtout en début de phrase.

... ***as* I *said*...**

☞ **D.** *Souligner les syllabes accentuées et indiquer la forme de* **as** *qui convient* (1 ou 2) *:*
1. It's as good as new. 2. As you like. I don't mind. 3. I'll phone you as soon as I can. 4. They were leaving as I arrived.

☞ **E.** *Souligner les syllabes accentuées et entourer* toutes les formes faibles *que nous avons* déjà étudiées *:*
1. Are you really going to share a flat with Joanna? 2. There was a loud bang and the lights went out. 3. Are Peter and Jane coming as well? 4. He saw the bus as he turned the corner. 5. Jill and Graham both come from London. 6. Can you think of anything to give Robin for his birthday?

## ACCENT DE MOT

### La terminaison **-ade** (· · —)

Les mots en **-ade** sont accentués sur la dernière syllabe. Exemple du texte : **persuade [pə'sweɪd]**.

Autres exemples : **barricade [bæ-rɪ - 'keɪd]**
**lemonade [lemə'neɪd], parade [pə - 'reɪd]**

Quelques exceptions importantes ont l'accent sur la première syllabe :
**'accolade ['ækəleɪd], 'centigrade ['sentɪgreɪd]**
**'decade ['dekeɪd], 'comrade ['komreɪd]**

Noter la prononciation [ɑ:] dans **cha'rade [ʃə'rɑ:d]** et **fa'çade [fə'sɑ:d]**

## disappointed : la prononciation de **dis-**

Le préfixe **dis-** se prononce [dɪs] et non [dɪz].

☞ **F.** *Indiquer le numéro correspondant à la transcription de chaque mot :*

| | |
|---|---|
| a. disagree | 1. [dɪs'eɪbld] |
| b. disappear | 2. [dɪsə'gri:] |
| c. disappoint | 3. [dɪsəd'vɑ:ntɪdʒ] |
| d. disabled | 4. [dɪsə'pɪə] |
| e. disadvantage | 5. [dɪsə'pɔɪnt] |

Il n'y a que deux cas où l'on prononce [dɪz] :
**disaster** [dɪ'zɑ:stə] et **disease** [dɪ'zi:z].

## **girl** ou **gull** ?

Distinguez bien :

| [ɜ] | | | [ʌ] | | |
|---|---|---|---|---|---|
| shirt | [ʃɜ:t] | *chemise* | shut | [ʃʌt] | *fermé* |
| turn | [tɜ:n] | *tourner* | ton | [tʌn] | *tonne* |
| hurt | [hɜ:t] | *mal* | hut | [hʌt] | *cabane* |
| search | [sɜ:tʃ] | *chercher* | such | [sʌtʃ] | *tel* |
| third | [θɜ:d] | *troisième* | thud | [θʌd] | *bruit sourd* |

Ne confondez pas :
**What a beautiful girl/gull!**
*Quelle belle fille/mouette!*

Attention à ces mots :
**doubt** [daʊt] et **debts** [dets], *dettes* : on ne prononce pas le "b".
Cela s'applique aussi aux dérivés :
**debtor** ['detə], **doubtless** ['daʊtləs], etc.

## INTONATION

Certaines expressions qui complètent ou atténuent l'information principale ne portent pas la tonique, même si elles contiennent un mot lexical.

1. | This will feel rather COLD, I'm afraid. |
2. | You've got it WRONG, you know. |
3. | He'll be here any MInute, I should think. |

# 27. A CAR ACCIDENT

*A car driven by an elderly man has just caused an accident.*

**F.** = Mr. Forbes — **D.** = Dave

**F.** What the bloody hell do you think you're doing?

**D.** What do you mean? *I* didn't back onto a main road without checking the traffic!

**F.** Neither did *I*! There was no-one there when I started, but I didn't expect some lunatic to come roaring along at seventy miles an hour! You young drivers are all the same! You think the road belongs to you! You've no idea of...

**D.** Look Grandad, I realise driving styles may have changed since you got your licence[1], but I can assure you I never go beyond the speed limit[2]. I wasn't doing more than thirty.

**F.** Don't you speak to me in that tone of voice! I was driving before you were born!

**D.** Yes, well perhaps you should think about giving it up[3] now. You're obviously past it!

**F.** How dare you! I don't know what this country's coming to. The young have no respect!

**D.** Oh, come on Grandpa, keep your hair on. Give me your name and address[4] and hurry up. I haven't got all day.

**F.** Huh[5]! I'll have *your* name and address too *and* the name of your insurance company — if you've got one, which I doubt.

**D.** Look, if you're going to start causing trouble, I'm going to call a policeman to sort things out.

**F.** I think that's a very good idea. Then we'll see what's what. Perhaps he'll be able to sort *you* out.

**D.** Oh for Christ's sake, what have I done to deserve this? Okay, okay I'll go and get a copper[6]. You wait here.

**F.** Of course I'll wait here. Do you think I'm going to disappear as soon as your back is turned? Damn cheek!

# 27. UN ACCIDENT DE LA ROUTE

*Une voiture conduite par un homme âgé vient de provoquer un accident.*

**F. = M. Forbes — D. = David**

**F.** Mais qu'est-ce que vous fichez là, nom de Dieu ?

**D.** Comment ça ? C'est pas moi qui déboîte sur une route en marche arrière sans regarder ce qui vient.

**F.** C'est pas moi non plus ! Il n'y avait personne quand j'ai démarré, mais je ne m'attendais pas à ce qu'une espèce de cinglé rapplique à cent trente à l'heure ! Vous les jeunes conducteurs, vous êtes tous les mêmes. La route est à vous, aucune idée de...

**D.** Écoutez, pépère, je sais bien qu'on conduit peut-être plus comme quand vous avez eu votre permis, mais je vous assure que je ne dépasse jamais la limite. Je faisais pas plus de cinquante.

**F.** Ne me parlez pas comme ça ! Je conduisais que vous n'étiez même pas né.

**D.** Eh bien, peut-être qu'il faudrait penser à abandonner, maintenant. On voit bien que vous avez passé l'âge.

**F.** Mais comment osez-vous ? Ah, il est beau l'avenir du pays ! Les jeunes n'ont le respect de rien.

**D.** Ohé, le vieux, restez coiffé. Donnez-moi votre nom et votre adresse, j'ai pas que ça à faire aujourd'hui.

**F.** Hmm. Moi aussi, il va me falloir votre nom et votre adresse, et le nom de votre assurance, si vous en avez une, ce qui m'étonnerait bien.

**D.** Écoutez, si vous devez faire des histoires, je vais aller chercher un agent pour régler ça.

**F.** Très bonne idée. Là, on verra de quoi il retourne. Il saura peut-être vous régler votre affaire, lui.

**D.** Oh bon sang, mais qu'est-ce que j'ai fait pour mériter ça ? D'accord, d'accord, je vais chercher un flic. Attendez-moi là.

**F.** Bien sûr que je vais attendre. Vous croyez peut-être que je vais disparaître dès que vous aurez le dos tourné ? Non mais quel toupet !

## 27*a*. VOCABULAIRE ET EXPRESSIONS

1. **licence** : *permis de conduire* = **driving licence.**
Autres types de permis en Angleterre :
**a dog licence ; a gun licence ; a fishing licence ; a television licence.**
Attention : *une licence universitaire* = **a degree.**

2. **the speed limit** : en ville la limite est de **30 miles per hour (m.p.h.)** ce qui correspond à 48 km/h.

3. **give up** : **Up** est une des particules les plus fréquentes.

☞ **A.** *Compléter par un des verbes ci-dessous et traduire :*
**bring up ; drink up ; given up ; held up ; speak up ; turn up ; wait up.**
1. I'm rather deaf, please ...... 2. Ken didn't ...... at the meeting. 3. Sorry I'm late, I was ...... in a traffic jam. 4. Peter's failed his driving test five times so he's ...... trying. 5. Don't ...... the subject of politics or he'll never stop talking! 6. I won't be back until after midnight, so don't ...... for me.

☞ **B.** *Traduire :*
1. Il faisait du cent cinquante sur l'autoroute. 2. Quand avez-vous eu votre permis ? 3. Il n'y a pas de limitation de vitesse sur les autoroutes allemandes. 4. Il est rentré dans un arbre en marche arrière.

4. **name and address** : les formules de constats amiables n'existent pas en Angleterre.

5. **Huh!** : [hʌ] exprime en général l'incrédulité ou le mépris.

6. **copper** :
Autres expressions familières pour désigner la police :
**a cop**, *un flic*, **the fuzz**, *la police*, *les flics* et le traditionnel **Bobby** anglais.

## 27*b*. GRAMMAIRE

### Reprise de l'auxiliaire (4): *neither* ou *nor/so*

***Neither did I.***

1. Pour traduire *moi non plus*, on utilise **neither** ou **nor** en reprenant l'auxiliaire de la phrase précédente :

— **Peter wasn't very pleased. — Neither/Nor was Susan.**
— *Pierre n'était pas très content. — Suzanne non plus.*

2. Pour traduire *moi aussi*, on utilise **so** :

— **I'd like a holiday. — So would I.**
— *Je voudrais bien des vacances. — Moi aussi.*

Remarquer l'emploi de **do/does/did** pour reprendre un présent 1 ou un prétérit 1 :

— **Anne and Phil love France. — So do we.**

☞ **C.** *Dire* "Jenny aussi" *ou* "Jenny non plus" *:*

**1.** Jonathan didn't go to work today. **2.** Alan doesn't speak German. **3.** Lots of people love the royals. **4.** Linda would have been very angry. **5.** Dave had an accident this morning.

☞ **D.** *Même exercice avec* "moi aussi" *ou* "moi non plus".

### Adjectif + nom

***The young have no respect.***

1. Certains adjectifs désignant des êtres humains, comme **young**, peuvent s'employer comme noms avec un sens collectif, mais ils ne prennent jamais de **-s**.

Autres exemples :

**The blind,** *les aveugles* ; **the rich,** *les riches.*

C'est aussi le cas des adjectifs de nationalité en **-ch** ou **-sh** :

**What did you think of the French?** (p. 20.)

**The Irish and the English,** *les Irlandais et les Anglais.*

Pour désigner des individus, on emploie **man** et **woman.**

**A Welshman,** *un Gallois* ; **two blind men,** *deux aveugles.*

2. Les adjectifs de couleur et les adjectifs en **-an** peuvent s'utiliser comme n'importe quel nom :

**The blacks,** *les Noirs,* **the Italians,** *les Italiens.*

☞ **E.** *Traduire :*

**1.** Napoléon détestait les Anglais. **2.** Frank aida la petite aveugle à traverser la rue. **3.** Deux Français parlaient de politique. **4.** Que ferez-vous pour les chômeurs ? **5.** La France aida les Américains à devenir indépendants. **6.** C'était la légende du Hollandais volant.

# 27c. PRONONCIATION

## RYTHME ET FORMES FAIBLES

### your

Il existe deux formes faibles [jə] et [jər].

Devant une consonne on utilise [jə] (1):

***Give* me your *name* and *address*...**

Devant un son vocalique on utilise [jər] (2):

**... and the *name* of your in*sur*ance *com*pany...**

La forme forte est ['jɔ:] (3):

**I'll *have your name* and *address too*...**

☞ **F.** *Souligner les syllabes accentuées et indiquer la forme de* **your** *qui convient* (1, 2 ou 3) *:*
1. Where's your umbrella? **2.** Your mother phoned. **3.** Bring your guitar with you. **4.** Have you got your own flat? **5.** Shall we take your car or Robert's?

☞ **G.** *Souligner les syllabes accentuées et entourer* toutes les formes faibles *que nous avons* déjà étudiées *:*
1. It's the one from the top drawer. **2.** Does your father read the paper every morning? **3.** Where are you phoning from?

## ACCENT DE MOT

### Les terminaisons -ic et -ics (2)

Comme nous l'avons vu, les mots en **-ic** ou **-ics** sont normalement accentués sur l'avant-dernière syllabe (voir p. 54). Mais il y a quelques exceptions importantes. Exemple du texte : **'lunatic** ['lu:-nə-tɪk].

Autres exceptions importantes :

**'Arabic ; a'rithmetic ; 'Catholic ; 'heretic ; 'politics.**

*Attention :* les dérivés de ces mots sont réguliers :

**a'rithmetic** ; mais **arith'metical** ; **arith'metically** ;

**'politics** ; mais **po'litical** ; **po'litically** ; etc.

☞ **H.** *Récapitulatif : indiquer l'accent de mot :*
description ; heretical ; illustrate ; infinity ; republic ; serenade ; shoelace ; sincerity ; technology ; ventilator.

## **cat** ou **cart** ?

Les sons [æ] et [ɑ:] permettent souvent de distinguer entre deux mots. Remarquez l'importance du groupe **ar** dans la colonne de droite.

Distinguez bien :

| [æ] | | | [ɑ:] | | |
|---|---|---|---|---|---|
| back | [bæk] | *dos* | bark | [bɑ:k] | *écorce* |
| ban | [bæn] | *interdiction* | barn | [bɑ:n] | *grange* |
| cam | [kæm] | *came* | calm | [kɑ:m] | *calme* |
| ham | [hæm] | *jambon* | harm | [hɑ:m] | *nuire* |
| pat | [pæt] | *tapoter* | part | [pɑ:t] | *partie* |

Ne confondez pas :

**I lost my hat/heart in San Francisco.**

*J'ai perdu mon chapeau/cœur à San Francisco.*

**Peter's got a new black and white cat/cart.**

*Pierre a un nouveau chat/une nouvelle charrette blanc(he) et noir(e).*

## Variations régionales

Remarque : en anglais "standard", on trouve aussi le son [ɑ:] dans quelques mots très fréquents où **a** n'est pas suivi de **r**. Voici les plus importants :

**after, answer, ask, can't, castle, chance, class, dance, fast, France, glass, grass, half, last, laugh, nasty, pass, past, path, staff.**

Cependant, dans de nombreux accents (nord de l'Angleterre, U.S.A., etc.), ces mots sont prononcés avec le son [æ].

## INTONATION

Le nom utilisé pour interpeller quelqu'un ne porte pas la tonique. Exemple du texte :

| Oh, come ON, Grandad. |

Autre exemple :

| WHISky, George? |

☞ **I.** *Qui s'appelle Tom ? Celui qui parle ou l'autre ?*
**1.** | It's ME, Tom. | et **2.** It's ME | TOM. |

# 28. AN INTERFERING MOTHER-IN-LAW

*Mark's mother is causing problems.*

**H.** = Helen — **M.** = Mark

**H.** I'm afraid I've just had a terrible row with your mother, Mark.

**M.** Oh God! About Kate dropping[1] piano lessons, I suppose?

**H.** No, she didn't bring that up today. It was Richard, this time. I told her we weren't going to send him to your old school and she hit the roof.

**M.** How did *that* come up?

**H.** Well, she asked if we'd enrolled him yet and I said "Yes" and she said she couldn't wait to see him in the uniform, and how lovely it was to have a tradition like that, you know, going to the same school as your father, etc., etc., so I had to tell her that he's going to the local primary school and not Willoughby Hall.

**M.** Well, I hope you were tactful about it.

**H.** Tactful! Don't be ridiculous! Your mother's got a skin as thick as a rhinoceros[2]. If you say something tactfully she just brushes you aside and carries on until she gets her own way[3].

**M.** There's no need to be nasty, Helen. She isn't that bad. You know she only wants what's best for the children.

**H.** The point is they happen to be *our* children and it's up to us to decide what's best for them, not her.

**M.** Yes, well, I'd better phone her and smooth things over.

**H.** Now, Mark, don't let her talk you into[4] sending Richard to Willoughby Hall. I've already broken it to her[5], so the worst is over. Just tell her it's all settled and that's that[6].

**M.** Well, I'll do my best but it's easier said than done. You know what she's like.

**H.** Don't you dare give in to her! I'll be listening!

# 28. UNE BELLE-MÈRE INDISCRÈTE

*La mère de Marc fait des embarras.*

**H. = Hélène — M. = Marc**

**H.** Mon pauvre Marc, je viens d'avoir une horrible dispute avec ta mère.
**M.** Oh bon sang ! Parce que Kate arrête les leçons de piano, c'est ça ?
**H.** Non, c'est pas ça qu'elle a mis sur le tapis aujourd'hui. Cette fois, c'est Richard. Je lui ai dit qu'on ne l'envoyait pas dans ton ancienne école et elle a sauté au plafond.
**M.** Comment vous en êtes venues à parler de ça ?
**H.** Eh bien, elle m'a demandé si on l'avait déjà inscrit, j'ai dit que oui, et alors elle m'a dit qu'elle mourait d'impatience de le voir porter l'uniforme de l'école, et comme c'était bien, une tradition comme ça, d'aller à la même école que son père, etc., etc., et donc, j'ai été obligée de lui dire qu'il allait à l'école primaire du quartier et pas à Willoughby Hall.
**M.** Eh bien, j'espère que tu y as mis du tact.
**H.** Du tact ! Ne sois pas stupide ! Ta mère est aussi sensible qu'un rhinocéros. Si tu lui dis les choses en douceur, elle te bouscule et continue à foncer jusqu'à ce qu'elle ait ce qu'elle veut.
**M.** Ce n'est pas la peine d'être désagréable, Hélène. Elle n'est pas si terrible que ça. Tu sais qu'elle ne veut que le bonheur des enfants.
**H.** Le problème, c'est qu'il se trouve que ce sont nos enfants et que c'est à nous de décider de ce qui vaut mieux pour eux, pas à elle.
**M.** Oui, bon, je ferais peut-être bien de l'appeler pour arranger les choses.
**H.** Écoute-moi bien, Marc, ne la laisse pas te convaincre d'envoyer Richard à Willoughby Hall. Je lui ai déjà annoncé la nouvelle, le pire est passé ; tu n'as qu'à lui dire que tout est réglé, et point final.
**M.** Bon, je vais faire de mon mieux, mais c'est plus facile à dire qu'à faire. Tu sais comment elle est.
**H.** Ne t'avise pas de lui céder ! Je vais écouter !

## 28*a*. VOCABULAIRE ET EXPRESSIONS

1. **drop** : noter ces expressions, toutes familières, avec **drop** (Voir aussi p. 190) :
**drop the subject/drop it**, *laisser tomber, parler d'autre chose ;*
**drop a clanger/a brick**, *faire une gaffe ;*
**drop a hint**, *faire une allusion, laisser entendre ;*
**drop dead!** *Fous-moi la paix !*

2. **skin as thick as a rhinoceros** : noter aussi ces adjectifs composés : **thin-skinned** : *sensible, susceptible* ; **thick-skinned** : *insensible.*

3. **get one's own way** : *obtenir ce qu'on veut.*
Have it your own way, I don't care!
*Fais comme tu veux, ça m'est égal.*

4. **talk someone into something** : = persuade someone to do something.
Toby talked Don into taking early retirement.
*Toby a persuadé Don de partir en retraite anticipée.*

5. **I've already broken it to her** :
break the news (to someone), *annoncer la nouvelle (généralement mauvaise) à quelqu'un*
The policeman broke the news of the accident.
*Le policier annonça la nouvelle de l'accident.*

6. **that's that** : indique que l'on n'est pas disposé à poursuivre la discussion :
I've said no and that's that.
*J'ai dit non, et c'est tout.*

☞ **A.** *Traduire :*

1. Essaie de persuader David de se mettre au régime, il est vraiment trop gros. 2. Malheureusement Jill a raté son examen ; pourriez-vous le lui annoncer en douceur ? 3. Robert doit apprendre que tout ne peut pas être comme il veut tout le temps. 4. Sally veut laisser tomber l'allemand et commencer le français.

## 28*b*. GRAMMAIRE

### Comparatif de supériorité

***It's easier said than done.***

Il existe deux formes pour le comparatif de supériorité :

1. On ajoute la terminaison **-er** aux adjectifs :

— d'une syllabe : **tall → taller.**

— de deux syllabes terminés en **-ow** ou **-y** :

**narrow → narrower ; easy → easier.**

2. Pour les autres adjectifs, on utilise **more** :

**recent → more recent ; exotic → more exotic.**

3. Le complément du comparatif de supériorité est introduit par **than** :

**London is bigger than Paris.** *Londres est plus grand que Paris.*

**Frank is even more stupid than I thought.**

*Frank est encore plus bête que je ne le croyais.*

4. Comparatifs irréguliers :

**bad** et **ill → worse ; good → better ; far → further.**

☞ **B.** *Traduire :*

**1.** Je voudrais quelque chose de plus intéressant qu'un jeu de cartes. **2.** Linda était encore plus en colère que Cathy. **3.** Les prix semblent plus raisonnables que je ne le pensais. **4.** Vous n'avez rien de mieux que ça ? **5.** Je me sens encore plus malade qu'hier.

### *what + be like*

***You know what she's like.***

1. **Like** est ici une préposition placée en fin de phrase (v. p. 59).

Affirmation : **She's like her mother.** *Elle est comme sa mère.*

Question : **What is she like ?** *Comment est-elle ? Quel genre de femme est-ce ?* Ne pas confondre avec :

***How* is she?** *Comment va-t-elle ?*

**What *does* she like?** *Qu'est-ce qu'elle aime?*

2. Le verbe **be** peut être remplacé par **look, taste, sound, feel, smell** selon le cas (cf. p. 100).

**What does it taste like?** *Quel goût cela a-t-il ?*

☞ **C.** *Traduire en utilisant le verbe approprié :*

**1.** C'est comment, leur musique ? **2.** Ça a quelle odeur ? **3.** Comment aimez-vous votre steak ? **4.** À quoi ressemblait l'homme qui vous a attaqué ? **5.** C'est très doux, on dirait du velours.

## RYTHME ET FORMES FAIBLES

### her

Il existe deux formes faibles [ə] et [ər].

Devant une consonne on utilise [ə] (1) :

**I *told* her we *weren't going* to *send*...**

Devant un son vocalique on utilise [ər] (2) :

**Just *tell* her it's *all settled* and *that's that*.**

(Voir p. 91 : prononciation de "h".)

La forme forte est ['hɜ:] (3) :

**... it's *up* to *us*... *not her*.**

Normalement **her**, comme tous les pronoms, prend la forme faible en fin de phrase, mais ici il y a contraste entre **us** et **her**, d'où la forme forte.

Remarquer que la forme faible de **her** devant une consonne [ə] est identique à la forme faible de **a** [ə]. Ce qui peut entraîner une certaine ambiguïté. Les deux phrases suivantes ont la même prononciation :

**She was talking to *her* teacher.**

**She was talking to *a* teacher.**

[ʃɪ wəz 'tɔ:kɪŋ tʊ ə 'ti:tʃə]

Généralement, le contexte empêche toute confusion.

☞ **D.** *Souligner les syllabes accentuées et indiquer la forme de* **her** *qui convient* (1, 2 ou 3) *:*

**1.** It's her own fault. **2.** Where's her bicycle? **3.** Why did you invite her? **4.** Her father's a teacher.

## ACCENT DE MOT

### La terminaison -ous (— · ·)

Les mots en **-ous** sont accentués sur l'avant-avant-dernière syllabe.

Exemple du texte : **ridiculous [ri - 'dɪk - jʊ - ləs]**

Autres exemples :

**ambiguous** ; **fabulous** ; **generous** ; **hazardous** ; **impetuous** ; **monotonous** ; **prosperous** ; **synonymous** ; **unanimous.**

Noter ces exceptions : **di'sastrous** ; **e'normous** ; **ho'rrendous** ; **mo'mentous** ; **tre'mendous.**

## Homographes

Nous avons vu que certains mots ont la même prononciation (homophones), d'autres la même prononciation et la même orthographe (homonymes). Il existe aussi des mots qui ont la même orthographe, mais pas la même prononciation : ce sont des homographes.

| | | | | | | |
|---|---|---|---|---|---|---|
| lead | [led] | *plomb* | **mais** | lead | [li:d] | *mener* |
| read | [red] | *lu* (p.p.) | **mais** | read | [ri:d] | *lire* |
| tear | [teə] | *déchirer* | **mais** | tear | [tɪə] | *larme* |
| live | [lɪv] | *habiter* | **mais** | live | [laɪv] | *en direct* |
| wind | [wɪnd] | *vent* | **mais** | wind | [waɪnd] | *enrouler* |
| bow | [bəʊ] | *arc* | **mais** | bow | [baʊ] | *s'incliner* |
| row | [rəʊ] | *ramer* | **mais** | row | [raʊ] | *dispute* |
| sow | [səʊ] | *semer* | **mais** | sow | [saʊ] | *truie* |

Le p.p. **read** (lu) se prononce donc comme **red** (rouge), d'où cette devinette connue de tous :
**"What's black and white and red all over?"**
*Qu'est-ce qui est noir et blanc et rouge partout ?*
Réponse p. 223.

## **get** ou **gate** ?

Distinguez bien :

| [e] | | | [eɪ] | | |
|---|---|---|---|---|---|
| well | [wel] | *bien* | whale | [weɪl] | *baleine* |
| let | [let] | *laisser* | late | [leɪt] | *tard* |
| pen | [pen] | *stylo* | pain | [peɪn] | *douleur* |
| tell | [tel] | *raconter* | tail | [teɪl] | *queue* |
| wet | [wet] | *mouillé* | wait | [weɪt] | *attendre* |

Ne confondez pas :
**I want to buy some white pepper/paper.**
*Je veux acheter du poivre/papier blanc.*
**The scientist tested/tasted the water.**
*Le savant testa/goûta l'eau.*

## INTONATION

☞ **E.** Expliquer la place de la tonique en tenant compte du contexte :

| — You wait HERE. | — Of COURSE I'll wait here. | (p. 170)
| I'd better PHONE her | and smooth things OVER. | (p. 176)

# 29. DOGS IN TOWN

*Dave complains about the dirty pavements.*

**S.** = Susan — **L.** = Linda — **D.** = Dave

**S.** Oh, look at that lovely dog! I'd love to have a dog like that! Isn't he beautiful!

**L.** Mmm. Poor thing. A dog like that needs a hell of a lot of exercise. It's not fair to keep it in a town.

**D.** Yeah, it's not fair on other people either. Just look at what your "lovely dog" is doing now. The pavements aren't fit to walk on!

**S.** Well, it's not really the dog's fault, is it? It hasn't been trained properly.

**D.** Well, I think they should fine people whose dogs foul the pavement. In theory you can be fined up to £ 100. But do you know anybody who has ever been fined?

**L.** Nope, nobody. I think they should make "poop scoops" compulsory[1].

**S.** What on earth is a "poop scoop" when it's at home[2]?

**L.** Oh, it's a thing they have in America. It's a sort of dustpan on a long stick. It's for cleaning up after your dog when it's made a mess on the pavement.

**S.** Really? I can't see that catching on[3] here.

**D.** Personally, I'd ban dogs from cities altogether.

**L.** You'd never get away[4] with that. The British think more of animals than they do of children.

**S.** And, I mean, an awful lot of people rely on their dogs for company. What would they do?

**D.** Well, they could get a cat.

**S.** But some people don't like cats.

**D.** Well, a goldfish or a budgie or something.

**L.** You're not seriously suggesting that a goldfish can replace a dog, are you? I mean, come on.

**D.** Well, if you put it like that, no, I suppose not. But I wish they'd do something about the pavements.

# 29. CHIENNE DE VILLE

*David se plaint de la saleté des trottoirs.*

**S. = Suzanne — L. = Linda — D. = Dave**

**S.** Oh, regardez un peu ce superbe chien ! Ce que j'aimerais avoir un chien comme ça ! Qu'est-ce qu'il est beau !

**L.** Bof. Pauvre bête. Un chien comme ça a besoin de plein d'exercice. C'est pas juste de le faire vivre en ville.

**D.** Ouais, c'est pas juste pour les autres non plus. Regarde un peu ce qu'il est en train de faire, ton "superbe chien". Les trottoirs sont impraticables !

**S.** Enfin, ce n'est pas vraiment la faute du chien, hein ? Il n'a pas été dressé comme il faut.

**D.** À mon avis, on devrait faire payer une amende aux gens dont les chiens salissent le trottoir. En principe, on peut vous faire payer jusqu'à cent livres, mais est-ce que vous connaissez quelqu'un à qui c'est déjà arrivé ?

**L.** Non, personne. Je pense qu'ils devraient rendre le poop-scoop obligatoire.

**S.** Et qu'est-ce que c'est donc un poop-scoop, en bon français ?

**L.** Oh, c'est un machin qu'ils ont en Amérique, une sorte de pelle avec un long manche pour passer derrière ton chien quand il a fait des saletés sur le trottoir.

**S.** Vraiment ? Je ne crois pas que ça prendrait ici.

**D.** Si c'était moi, j'interdirais complètement les chiens en ville.

**L.** Tu ne t'en tirerais pas comme ça. Les Britanniques font plus cas des animaux que des enfants.

**S.** Et puis, écoute, il y a énormément de gens pour qui le chien est une compagnie. Qu'est-ce qu'ils feraient, eux ?

**D.** Eh bien, ils pourraient prendre un chat.

**S.** Mais il y a des gens qui n'aiment pas ça, les chats.

**D.** Bon, alors un poisson rouge, ou une perruche ou quelque chose, quoi.

**L.** Tu ne prétends pas sérieusement qu'un poisson rouge peut remplacer un chien ? Enfin, franchement...

**D.** Bon, si t'y vas par là, non, peut-être pas. Mais je voudrais bien qu'on fasse quelque chose pour les trottoirs.

## 29*a*. VOCABULAIRE ET EXPRESSIONS

1. **make poop-scoops compulsory** : **make** peut avoir le sens de *rendre, transformer* :
My new mobile phone will make you green with envy.
*Mon nouveau téléphone portable va te rendre vert de jalousie.*
Voir aussi dialogue 25 : **he's been made redundant.**

2. **What's a... when it's at home?** : s'emploie lorsque l'on ne sait vraiment pas de quoi il s'agit. Autre exemple :
**What's a "wok" when it's at home?**
*Qu'est-ce que c'est donc qu'un "wok" ?*

3. **catch on** : ce verbe à particule a deux sens :
1. celui du texte : *prendre (se vendre, être à la mode) ;*
2. *comprendre, piger.*
**I told Nick and he caught on immediately.**
*Je l'ai dit à Nick et il a tout de suite compris/pigé.*
Autres emplois de **catch** :
**catch a bus, train, plane,** *prendre un bus, un train, un avion.*
**I'm sorry, I didn't catch your name.**
*Excusez-moi, je n'ai pas saisi votre nom.*
**catch a cold,** *s'enrhumer, prendre froid.*

4. **get away with something** :
**You won't get away with it.**
*Ça ne se passera pas comme ça.*
*Tu ne t'en tireras pas comme ça.*

Noter l'expression imagée :
**She's so charming that she gets away with murder.**
*Elle est tellement charmante qu'on lui pardonne tout.*

☞ **A.** *Traduire :*
1. Vous pourriez prendre le 24 jusqu'à Victoria. **2.** Ça l'a mis en colère. **3.** Je vais faire semblant d'être anglais. — Ça ne marchera jamais. **4.** Je n'aurais jamais cru que les jeux vidéo prendraient. **5.** T'as entendu ce qu'il a dit sur la pause café ?

## *whose*

***They should fine people whose dogs foul the pavement.***

1. **Whose** est un relatif. Remarquez l'absence de tout article, après **whose**, et aussi que l'on ne sépare jamais **whose** du nom qu'il détermine.

**John, *whose son* you met this morning, is a painter.**
*Jean,* dont *tu as rencontré* le fils *ce matin, est peintre.*

2. **Whose** est aussi un mot interrogatif :

**Whose plate is this?**
*À qui est cette assiette ?*

☞ **B.** *Traduire :*
1. Nous avons rencontré des gens dont la fille parlait cinq langues. **2.** Les gens dont les enfants avaient gagné des prix étaient enchantés. **3.** Voici M. Franklin, dont vous avez lu les romans. **4.** À qui est cette clef ? **5.** À qui sont ces vêtements ?

## Remarque sur la traduction de *"dont"*

*Dont* ne se traduit pas toujours par **whose**. Il faut s'interroger sur son sens exact :

*Le livre dont (= à propos duquel) je t'ai parlé.*
**The book I told you about.**
*Le pays dont (= duquel, idée de provenance) je viens.*
**The country I come from.**

## *wish* + passé

***I wish they'd do something about the pavements.***

Dans la proposition qui suit **wish**, on emploie une forme passée du verbe. Comparer :

**I *speak* two languages. → I wish I could speak three.**
*Je parle deux langues. → Je voudrais bien savoir en parler trois.*
**I'*ve bought* a flat. → I wish I *had bought* a house.**
*J'ai acheté un appartement. → Je regrette de ne pas avoir acheté une maison.*
***Will* they *do* something? → I wish they *would do* something.**
*Feront-ils quelque chose ? → J'aimerais qu'ils fassent quelque chose.*

## 29c. PRONONCIATION

### RYTHME ET FORMES FAIBLES

**would**

La forme faible est [əd] (1) ou même [d] (2).

**...*people* would *be* abso*lutely lost*...**

**... *What* would *they do?***

Notez que l'orthographe reflète souvent la prononciation de ces formes :

**I'd love to have a dog like that.**

**... you'd never get away with it...**

**... they'd do something about the pavements.**

**Would** a la même forme contractée que le mot **had** mais le contexte permet normalement de faire la distinction.

La forme forte est ['wʊd] (3).

**They *both promised* that they *would*.**

☞ **C.** *Souligner les syllabes accentuées et indiquer la forme de* would *qui convient* (1, 2 ou 3) *:*

**1.** Would you like some help? **2.** It would have been interesting. **3.** She said she would come. **4.** I'd love a drink. **5.** You wouldn't dare! — Yes, I would!

☞ **D.** *Souligner les syllabes accentuées et entourer* toutes les formes faibles *que nous avons* déjà étudiées.

**1.** What's the best way to make an omelette? **2.** They'd like to go to Rome. **3.** There are only five T.V. channels but soon there'll be over twenty.

### ACCENT DE MOT

Les terminaisons **-it** et **-ish** (· — ·)

Les mots en **-it** et **-ish** sont accentués sur l'avant-dernière syllabe. Exemple :

**dis'tinguish** [dɪs - 'tɪŋ-gwɪʃ]

Autres exemples : **as'tonish, 'furnish, in'habit, pro'hibit.**

Remarque : la terminaison **-ish** n'influence pas l'accentuation des adjectifs. Exemple :

**'yellow → 'yellowish**, *jaunâtre.*

## Prononciation de la terminaison **(e)s**

La terminaison -**(e)s** (pluriel des noms, troisième personne, génitif) se prononce [z] ou [s]. Exemples :
**bags** [bægz] ; **clocks** [klɒks] ; **laughs** [lɑ:fs] ; **Paul's** [pɔ:lz].
Après les sons [s], [z], [ʒ] et [ʃ] -**(e)s** se prononce [ɪz] :
**buses** ['bʌsɪz] ; **witches** ['wɪtʃɪz].

☞ **E.** *Classer ces mots en groupes suivant la prononciation du* **s** *final :* [s] ; [z] ou [ɪz]
Alice's, books, boxes, carries, cats, catches, clothes, cooks, dogs, foxes, goes, Jenny's, laughs, leaves, loves, Martha's, rides.

## **sing** ou **thing** ?

Distinguez bien :

| [s] | | | [θ] | | |
|---|---|---|---|---|---|
| sin | [sɪn] | *péché* | thin | [θɪn] | *mince* |
| sank | [sæŋk] | *coulait* | thank | [θæŋk] | *remercier* |
| worse | [wɜ:s] | *pire* | worth | [wɜ:θ] | *digne de, valant* |
| pass | [pɑ:s] | *laissez-passer* | path | [pɑ:θ] | *chemin* |

Ne confondez pas :
**The captain's thinking/sinking.**
*Le capitaine réfléchit/coule.*
**What a big mouth/mouse!**
*Quelle grande gueule/grosse souris !*

## INTONATION

☞ **F.** *Indiquer la place de la tonique dans ces exemples :*

1. | How did you make such a mess of it? |
2. | That's my younger brother, Anne. |
3. | Don't forget to switch the gas off. |
4. | Try the shop in Victoria Road. |
5. | You're a fool, he said. |
6. | What are you looking at? |
7. | Mark cut the grass yesterday. |

# 30. ORGANISING A PARTY

*Anne and Tony are making plans to organise a party.*

**A.** = Anne — **T.** = Tony

**A.** Look Tony, we really ought to get this party sorted out, otherwise it'll be a last minute panic again[1] like it was last time.

**T.** Oh, okay. Well, let's do it now. Oh, by the way, Roger won't be coming. He's got tonsillitis.

**A.** Oh really? The poor thing. We'll have to go and see him.

**T.** Yes, I said we'd probably drop in[2] sometime tomorrow. Anyway, hang on, I'll just get some paper and a pen. Right, let's start with the drinks. That's the most important thing.

**A.** Well, there'll be, um, let's see, oh, about twenty-four people. So we'll need quite a lot.

**T.** Don't forget everyone will be bringing a bottle.

**A.** Yes, most people will bring a bottle of wine, but we ought to buy some fruit juice and beer and I thought we could make some punch. Um, we've got plenty of sherry.

**T.** Uh-huh, and of course we'll need coke and tonic water and things like that. Okay, got that. Now, what about food?

**A.** Well, I thought the usual sort of thing. You know, um, lots of cheese and different types of bread; cold meat, ham, salami. Loads of crisps and nuts.

**T.** Uh-huh, what about making a couple of your salads[3] too? They always go down well[4].

**A.** Yes, okay. Do you think that'll do?

**T.** Oh yes, that'll be plenty. Okay, that's about it then.

**A.** Except for one small detail. It's your turn to warn the neighbours we're having a party.

**T.** Oh hell, so it is!

# 30. PRÉPARATIFS DE FÊTE

*Anne et Tony font des projets pour organiser une soirée.*

**A.** = Anne — **T.** = Tony

**A.** Écoute, Tony, il faudrait vraiment préparer cette soirée, sinon ça va encore être la panique au dernier moment, comme la dernière fois.

**T.** Bon, d'accord. Bien, il n'y a qu'à faire ça maintenant. Ah ! au fait, Roger ne viendra pas, il a une angine.

**A.** Ah bon ? Le pauvre chou, il faudra aller le voir.

**T.** Oui, j'ai dit qu'on passerait sans doute demain. Bon enfin ; bouge pas, je vais juste prendre un stylo et du papier. Bien, commençons par la boisson, c'est le plus important.

**A.** Bien, on sera... voyons..., oh, environ vingt-quatre personnes, donc il nous en faut pas mal.

**T.** N'oublie pas que tout le monde va apporter sa bouteille.

**A.** Oui, ils vont presque tous apporter une bouteille de vin, mais il faut aussi acheter du jus de fruits et de la bière ; et puis je me suis dit qu'on pourrait faire du punch. Euh... on a plein de sherry...

**T.** Ouais, et bien sûr il nous faudra du coca, du soda et des trucs dans ce genre-là. D'accord, c'est noté. Bon, et à manger ?

**A.** Oh, les trucs habituels ; tu sais, plein de fromage, plusieurs sortes de pain, de la viande froide, du jambon, du saucisson. Des tas de chips et de noisettes.

**T.** Oui... et si tu nous faisais aussi une ou deux de tes salades ? Elles ont toujours du succès.

**A.** Oui, d'accord. Tu crois que ça ira ?

**T.** Oh oui, ça sera largement assez. Bon, c'est à peu près tout, alors.

**A.** À part un tout petit détail : c'est ton tour d'aller prévenir les voisins qu'on fait une fête.

**T.** Oh, zut ; c'est vrai, le pire.

## 30*a*. VOCABULAIRE ET EXPRESSIONS

1. **yet/again/still :** *encore*

1. **Still** exprime la *continuation* d'une action ou d'un état :
**Cathy still sleeps with her teddy bear.**
*Cathy dort encore avec son nounours.*

2. **Again** exprime la *répétition* d'une action ou d'un état :
**Phil and his wife are going to France again.**
*Phil et sa femme retournent en France.*

Noter surtout : **Don't do it again.** *Ne recommence pas.*

3. **Not... yet** s'emploie avec le parfait et signifie *pas encore.*
**Tony hasn't done the washing-up yet.**
*Tony n'a pas encore fait la vaisselle.*

☞ **A.** *Traduire :*

1. Est-ce qu'il pleut encore ? **2.** Je n'ai pas encore rencontré le nouvel ami de Cathy. **3.** On dirait qu'il va se remettre à pleuvoir. **4.** Paul n'est-il pas encore arrivé ? **5.** Je vais beaucoup mieux, mais je me sens encore un peu faible. **6.** Ne redites jamais cela !

2. **drop in** :

Autres expressions avec **drop** : (voir aussi p. 178)
**drop out**, *abandonner, quitter* (études, carrière, etc.) ; autre sens : *se marginaliser, rejeter la société.*
**a drop-out** : un étudiant qui a abandonné ses études ; autre sens : *marginal, alternatif.*

Noter aussi **pop in** et **pop out** : *passer en vitesse, en coup de vent.*
**I'll pop into the library on the way home.**
*Je passerai à la bibliothèque en rentrant.*
**I'm just popping out for a paper.**
*Je vais juste chercher le journal.*

3. **salads** : le mot **salad** implique toujours un mélange. S'il s'agit d'une simple salade verte, on dit **lettuce** ['letɪs], *laitue.*

4. **go down well** : *être bien accepté, "bien passer".* Noter l'emploi de **with** :
**His speech didn't go down too well with the students.**
*Les étudiants n'ont pas très bien pris son discours.*

## Le superlatif

***That's the most important thing.***

1. Si le comparatif d'un adjectif se forme en **-er** (v. p. 179), le superlatif se forme en **-est** :

**long → longer → longest** ; **narrow → narrower → narrowest.**

2. Si le comparatif se forme avec **more**, le superlatif se forme avec **most.**

**beautiful → more beautiful → most beautiful.**

3. Superlatifs irréguliers :

**bad** et **ill → worst** ; **good → best** ; **far → furthest.**

4. Si le complément du superlatif est aussi complément de lieu, il est introduit par la préposition adéquate (le plus souvent **in**). Comparer :

**He thought she was the most beautiful girl in the world.**
*Il trouvait que c'était la plus belle fille du monde.*

5. Le cas échéant, le relatif est **that**. On peut l'omettre s'il est complément :

**This is the most boring film (that) I've ever seen.**
*C'est le film le plus ennuyeux que j'aie jamais vu.*

☞ **B.** *Traduire :*

1. C'est une des pires choses qui puissent vous arriver. 2. C'est le type le plus bête de l'entreprise. 3. C'est la rue la plus étroite de Paris. 4. Hemingway fut un des plus grands écrivains de son temps. 5. Cathy est la secrétaire la plus efficace que j'aie jamais rencontrée.

## *will* + verbe ou *will* + *be* + *-ing*

***Roger won't be coming.***
***Everyone will be bringing a bottle.***

1. Nous avons vu à l'unité 9 que l'emploi de la forme 1 après un modal est ambigu. Ainsi, **Roger won't come** signifie *Roger ne viendra pas* (prédiction) ou *Roger ne veut pas/refuse de venir* (sens d'origine de **will** : *volonté*).

2. Comme pour tous les modaux, la forme 2 ne s'emploie que quand le modal traduit un jugement de probabilité.

**Roger won't be coming.** *Roger ne viendra pas.*
Cf. **He might/could/must be working.**

# 30c. PRONONCIATION

## RYTHME ET FORMES FAIBLES

### some

La forme faible est [səm] (1) :
... I *thought* we could *make* some *punch*.
La forme forte est ['sʌm] (2).
Noter qu'en plus des cas habituels, cette forme est obligatoire au sens de *certain(s)/certaine(s)*:
***Some like** it **hot**. Certains l'aiment chaud.*

☞ **C.** *Souligner les syllabes accentuées et indiquer la forme de* **some** *qui convient* (1 ou 2) *:*
1. Would you like some chocolate? **2.** Peter's got some of my books. **3.** Some of these butterflies are quite rare. **4.** There were some people I didn't like. **5.** There are some stamps in that drawer.

☞ **D.** *Souligner les syllabes accentuées et entourer* toutes les formes faibles *que nous avons* déjà étudiées *:*
1. I do wish you would make more of an effort. **2.** Can you tell me the way to the station? **3.** Have you read all the books on the subject?

## ACCENT DE MOT

### Les terminaisons -itis et -osis (· — ·)

Les mots qui se terminent en **-itis** et **-osis** sont accentués sur l'avant-dernière syllabe.
Exemple du texte : **tonsi'llitis** [tɒn - sə - 'laɪ - tɪs].
Notez que ces mots relèvent presque tous du domaine médical.

☞ **E.** *Indiquer la place de l'accent dans les mots suivants :*
**appendicitis** [əpendɪsaɪtɪs] ;
**arthritis** [ɑ:θraɪtɪs] ; **bronchitis** [brɒŋkaɪtɪs] ;
**cirrhosis** [sɪrəʊsɪs] ; **conjunctivitis** [kəndʒʌŋktɪvaɪtɪs] ;
**diagnosis** [daɪəgnəʊsɪs] ; **sclerosis** [slərəʊsɪs] ; **osmosis** [ɒzməʊsɪs] ; **psychosis** [saɪkəʊsɪs]

Distinguez bien :

| [ɑ:] | | | [ʌ] | | |
|---|---|---|---|---|---|
| calm | [kɑ:m] | *calme* | come | [kʌm] | *venir* |
| heart | [hɑ:t] | *cœur* | hut | [hʌt] | *cabane* |
| lava | [lɑ:və] | *lave* | lover | [lʌvə] | *amant* |
| mast | [mɑ:st] | *mât* | must | [mʌst] | *devoir* |

Ne confondez pas :
**Calm down.** *Calmez-vous.* **Come down.** *Descendez.*

Attention à ces mots :
**fruit** [fru:t], **juice** [dʒu:s] et aussi **suit** [su:t].

INTONATION

☞ **F.** *Lire ce texte, puis indiquer toutes les toniques.*

A PARTY

Dave : | Hello, Mark. | How were the Olympics then? |
Mark : | Absolutely fantastic. | I had a marvellous time. |
Dave : | You took a camcorder with you, | didn't you? | Did you film a lot? |
Mark : | Quite a lot. | You'll have to come round and see it sometime. |
Dave : | I'd love to. | Cigarette? |
Mark : | No thanks. | I've given up. | I hear you had an accident the other day? |
Dave : | Oh yeah, | nothing serious. | Some silly old fool ran into me. | Oh, look, | there's Jonathan. | Do you know if he's got another job yet? |
Mark : | Yes, | he was really lucky. | He got the second job he applied for. |
Dave : | That was lucky! | Who's that he's talking to? |
Mark : | That's Cathy's new boyfriend. | I can't remember his name. |
Dave : | He looks Scandinavian. |
Mark : | He is Scandinavian. | Swedish, I think. |
Linda : | Quiet everybody, please. | I'd like to propose a toast | to Emma and Kevin, | who, | as you all know, | got married yesterday. | To the happy couple! | May they live happily ever after! |
— | The happy couple! |
— | Cheers! |

# LEXIQUE

Ce lexique est destiné à vous aider à faire les exercices de ce livre ; ce n'est pas un dictionnaire. Les mots qu'il contient peuvent avoir d'autres sens et d'autres traductions que ceux que nous indiquons ci-dessous.

## ANGLAIS - FRANÇAIS

Les *verbes irréguliers* ne sont pas repris ; v. p. 240.

**acquire**, *acquérir*
**actually**, *en fait, vraiment*
**accurate**, *exact, précis*
**admit**, *reconnaître, admettre*
**advice**, *conseils*
**(be able to) afford**, *pouvoir se permettre, avoir les moyens*
**(be) afraid**, *avoir peur*
**after**, *après*
**again**, *de nouveau, encore*
**ages**, *une éternité*
**agree**, *être d'accord*
**alone**, *seul*
**already**, *déjà*
**Alsatian**, *berger allemand*
**angry**, *en colère, fâché*
**annoyed**, *fâché, agacé*
**answer**, *répondre/réponse*
**apologise**, *s'excuser*
**appointment**, *rendez-vous*
**armchair**, *fauteuil*
**as well**, *aussi, également*
**at once**, *immédiatement*
**Austria**, *Autriche*
**autumn**, *automne*
**avoid**, *éviter*
**awful**, *horrible*

**baggage**, *bagages*
**baker**, *boulanger*
**balloon**, *ballon, aérostat*
**bang**, *exploser/détonation*
**bargain**, *bonne affaire*
**beans**, *haricots*
**beard**, *barbe*
**belong**, *appartenir*
**berry**, *baie, mûre (fruit)*
**bit**, *morceau*
**blood**, *sang*
**blow up (balloons)**, *gonfler*
**boil**, *faire bouillir*
**bored**, *qui s'ennuie*
**boring**, *ennuyeux, barbant*
**borough**, *commune, municipalité*
**boss**, *patron*
**bottle**, *bouteille*
**bough**, *branche d'arbre*
**box**, *boîte*
**break in**, *entrer par effraction*
**bright**, *brillant/intelligent*
**bring up (a subject)**, *amener (un sujet de conversation)*
**bring up-to-date**, *mettre à jour*
**busy**, *occupé*
**butterfly**, *papillon*

**cake**, *gâteau*
**call for**, *passer prendre qn*
**camera**, *appareil photo/caméra*
**care**, *se soucier de/soin*

**carsick**, *sujet au mal de la route*
**carry**, *transporter*
**casual**, *ordinaire, informel*
**change your mind**, *changer d'avis*
**channel**, *chaîne (TV)*
**cheap**, *pas cher, bon marché*
**cheese**, *fromage*
**chicken**, *poulet*
**chips**, *frites*
**Christmas**, Noël
**church**, *église*
**climb**, *grimper*
**clock**, *pendule, horloge*
**column**, *colonne*
**complain**, *se plaindre*
**computer**, *ordinateur*
**condemn**, *condamner*
**cook**, *cuisinier/faire la cuisine*
**cookery book**, *livre de cuisine*
**corner**, *coin*
**cough**, *tousser/toux*
**couple**, *couple/deux ou trois*
**crooked**, *tordu/pervers*
**crowd**, *foule, spectateurs*
**cupboard**, *placard*
**cushion**, *coussin*

**dare**, *oser*
**deaf**, *sourd*
**dear (oh)**, *oh mon Dieu!*
**disabled**, *handicapé*
**disadvantage**, *inconvénient*
**disagree**, *ne pas être d'accord*
**disappear**, *disparaître*
**disappoint**, *décevoir*
**disapprove**, *ne pas aimer/désapprouver*
**disease**, *maladie, syndrome*
**dive**, *plonger*
**dove**, *colombe*
**drawer**, *tiroir*
**drawing**, *dessin*
**dress**, *(s')habiller/robe*
**driving test**, *examen de conduite*
**drop**, *goutte/déposer, lâcher*
**drought**, *sécheresse*
**during**, *pendant*
**be dying for**, *mourir d'envie de*

**early**, *tôt*
**earring**, *boucle d'oreille*
**ears**, *oreilles*
**Easter**, *Pâques*
**eggs**, *œufs*
**enjoy**, *prendre plaisir à*
**enough**, *assez, suffisamment*
**evening**, *soir*
**excuse**, *excuser/prétexte*
**expect**, *s'attendre à*
**eyes**, *yeux*

**factory**, *usine*
**fail**, *échouer/omettre de*
**fancy**, *imaginer*
**fast**, *rapide*
**fault (own)**, *faute, culpabilité*
**feather**, *plume*
**feelings**, *sentiments*
**fertiliser**, *engrais*
**a few**, *quelques*
**filter**, *filtre/filtrer*
**find out**, *découvrir, trouver*
**finish**, *finir*
**fish**, *poisson*
**fist**, *poing*
**flat**, *appartement*
**flood**, *inondation*
**floor**, *étage, plancher*
**fool**, *idiot, imbécile*
**fork**, *fourchette*
**fox**, *renard*
**Friday**, *vendredi*
**full**, *plein*
**fur coat**, *manteau de fourrure*
**furniture**, *mobilier, meubles*
**further**, *plus loin/supplémentaire*
**German**, *allemand*
**give back**, *rendre*

**give up**, *abandonner*
**glass**, *verre*
**glasses**, *lunettes*
**glove**, *gant*
**go on**, *continuer*
**go out**, *sortir*
**go out (lights)**, *s'éteindre (lumières)*
**goose**, *oie*
**grandfather**, *grand-père*
**grass**, *herbe*

**half**, *moitié, demi*
**happen**, *arriver, se produire*
**hard**, *dur, difficile*
**hat**, *chapeau*
**hate**, *haïr*
**heart**, *cœur*
**heiress**, *héritière*
**held up**, *retenu*
**help oneself**, *se servir*
**hiccough**, *hoquet*
**hood**, *capuche*
**hook**, *crochet*
**honey**, *miel*
**husband**, *mari*

**Iceland**, *Islande*
**ill**, *malade*
**improve**, *(s')améliorer*
**ironing**, *repassage*

**jagged**, *déchiqueté, dentelé*
**jam**, *confiture*
**joke**, *plaisanterie*
**juice**, *jus*
**jump**, *sauter*
**jumper**, *pullover*

**be keen on**, *être féru de*
**keep on**, *continuer à*
**kids**, *gosses*
**kill**, *tuer*
**kind**, *aimable/sorte, espèce*
**knee**, *genou*
**knife**, *couteau*
**knit**, *tricoter*
**knock**, *cogner, frapper*
**knot**, *nœud*
**knowledge**, *connaissances, savoir*

**lace**, *dentelle*
**lamb**, *agneau*
**large**, *grand*
**last**, *dernier/durer*
**late**, *tard*
**later**, *plus tard/tout à l'heure*
**laugh**, *rire*
**lazy**, *paresseux*
**learned**, *cultivé, érudit*
**at least**, *au moins, du moins*
**leave off**, *cesser de*
**leisure**, *loisir*
**let someone know**, *tenir/mettre au courant*
**lid**, *couvercle*
**lie**, *mentir (voir aussi verbes irréguliers)*
**give a lift**, *déposer (en voiture)*
**light**, *léger/lumière*
**limb**, *membre (du corps) /branche*
**listen to**, *écouter*
**for a living**, *pour vivre, comme métier*
**look after**, *s'occuper de*
**look for**, *chercher*
**look out**, *prendre garde*
**look someone up**, *passer voir quelqu'un*
**look something up**, *chercher dans le dictionnaire, l'annuaire...*
**lots**, *plein, des tas*
**loud**, *fort (son)*
**lovely**, *adorable, charmant*
**luggage**, *bagages*
**lunch**, *déjeuner*
**lying**, *voir* « lie »

**mad**, *fou, dément*
**manage**, *se débrouiller, s'en tirer*
**March**, *mars*
**mat**, *paillasson, tapis*
**match**, *match/allumette*
**meal**, *repas*
**meeting**, *réunion*
**mend**, *réparer*
**mess**, *taudis, gâchis*
**microchip**, *puce, circuit intégré*
**midnight**, *minuit*
**mild (weather)**, *doux, clément*
**milkman**, *laitier*
**to mind**, *être contre, dérangé par*
**change your mind**, *changer d'avis*
**miss**, *rater/s'ennuyer de*
**mistakes**, *erreurs*
**Monday**, *lundi*
**monkey**, *singe*
**month**, *mois*
**moor**, *lande*
**move**, *bouger*
**mule**, *mule*
**mustard**, *moutarde*

**nail**, *ongle/clou*
**naked**, *nu*
**narrow**, *étroit*
**nasty**, *désagréable*
**nearly**, *presque*
**need**, *avoir besoin de*
**nectarine**, *brugnon*
**neighbour**, *voisin*
**news**, *nouvelles*
**next**, *suivant, prochain*
**noise**, *bruit*
**noon**, *midi*
**note**, *mot, lettre*
**novel**, *roman*

**oboe**, *hautbois*
**object**, *trouver à redire à*
**oil**, *huile/pétrole*
**at once**, *immédiatement*
**only child**, *enfant unique*
**operator**, *opérateur/trice*
**other**, *autre*
**own**, *propre, bien à soi*
**ox**, *bœuf*

**parcel**, *colis, paquet*
**park**, *se garer*
**peach**, *pêche (fruit)*
**pepper**, *poivre*
**perfume**, *parfum*
**phone**, *téléphone(r)*
**pictures**, *images/cinéma*
**pint**, *pinte (57 cl.)*
**place**, *endroit/domicile*
**play**, *jouer*
**pleased**, *content*
**post office**, *bureau de poste*
**postman**, *facteur*
**potato**, *pomme de terre*
**present**, *cadeau*
**promise**, *promettre*
**pull**, *tirer*
**purple**, *violet*
**push**, *pousser*
**put across**, *faire comprendre*
**put off**, *rebuter*
**put through**, *passer (au téléphone)*
**put up**, *héberger*

**quarrel**, *dispute*
**quarter**, *quart*
**quickly**, *vite*
**quite**, *tout à fait*

**racquet**, *raquette*
**rain**, *pluie/pleuvoir*
**rake**, *rateau*
**rather**, *plutôt, de préférence*
**ready**, *prêt*
**real**, *réel*
**realise**, *se rendre compte de*
**really**, *vraiment*

**record**, *disque*
**recover**, *se rétablir*
**reliable**, *sûr, fiable*
**remind**, *rappeler*
**rescue**, *sauver*
**resent**, *éprouver du ressentiment*
**resign**, *démissionner*
**research**, *faire des recherches sur*
**to be right**, *avoir raison*
**ripe**, *mûr*
**rob**, *voler*
**rough**, *rugueux/mal en point*
**rude**, *grossier, malpoli*
**ruined**, *ruiné, fichu*

**salt**, *sel*
**Saturday**, *samedi*
**scarf**, *écharpe, foulard*
**Scottish**, *écossais*
**screw**, *vis*
**seat**, *siège*
**several**, *plusieurs*
**share**, *partager/action, titre*
**sheet**, *drap*
**shoplifting**, *vol à l'étalage*
**shout**, *crier*
**silk**, *soie*
**slow**, *lent*
**smell**, *sentir/odeur*
**snow**, *neige(r)*
**son**, *fils*
**sort out**, *trier, arranger*
**sound**, *sembler (à l'oreille)*
**speak up**, *parler plus fort*
**spinach**, *épinards*
**spoon**, *cuillère*
**staff**, *personnel, employés*
**stamps**, *timbres*
**station**, *gare*
**stay**, *rester*
**steady**, *régulier, constant*
**out of stock**, *épuisé (marchandise)*
**story**, *histoire, article de journal*
**straight away**, *tout de suite*
**strong**, *fort*
**stubborn**, *entêté*
**successful**, *réussi*
**suddenly**, *soudain*
**sugar**, *sucre*
**sun**, *soleil*
**Sunday**, *dimanche*
**swan**, *cygne*
**sweet**, *doux, sucré*
**sweets**, *bonbons*
**switch off**, *éteindre (électricité)*
**switch on**, *allumer (électricité)*

**take back**, *reprendre/rapporter*
**take someone out**, *sortir quelqu'un*
**team**, *équipe*
**teenagers**, *adolescents*
**telly**, *télé*
**thin**, *mince, fin*
**thorough**, *complet, exhaustif*
**thousand**, *mille*
**through**, *à travers*
**Thursday**, *jeudi*
**on time**, *à l'heure*
**tired**, *fatigué*
**today**, *aujourd'hui*
**together**, *ensemble*
**tool**, *outil*
**tomorrow**, *demain*
**top**, *sommet, haut*
**tough**, *dur, pas commode*
**tour**, *visite, voyage*
**toy**, *jouet*
**traffic jam**, *embouteillage*
**train**, *former, entraîner*
**trip**, *voyage*
**trouble**, *ennuis*
**trust**, *(faire) confiance*
**truth**, *vérité*
**try**, *essayer*
**Tuesday**, *mardi*
**turn off**, *éteindre, couper*

**turn on**, *allumer, ouvrir*
**turn up**, *arriver, se pointer*
**type**, *taper à la machine*

**umbrella**, *parapluie*
**uncle**, *oncle*
**untidy**, *malpropre, désordonné*
**unusual**, *surprenant, bizarre*
**upstairs**, *en haut, à l'étage*
**up-to-date**, *à jour, moderne*
**use**, *se servir de/usage*
**useful**, *utile*
**useless**, *inutile*
**usually**, *d'habitude*

**vacuum-cleaner**, *aspirateur*

**wages**, *salaire, gages*
**wait**, *attendre*
**Wales**, *Pays de Galles*
**wall**, *mur*
**war**, *guerre*
**washing-up**, *vaisselle à laver*
**waste**, *gâcher/gachis*
**watch**, *observer/montre*
**way**, *manière, façon*
**weather**, *temps (qu'il fait)*
**Wednesday**, *mercredi*
**week**, *semaine*
**whale**, *baleine*
**a while**, *un temps, un moment*
**white**, *blanc*
**whole**, *entier*
**wife**, *épouse*
**wild**, *sauvage/furieux*
**window**, *fenêtre*
**winter**, *hiver*
**wish**, *souhaiter*
**witch**, *sorcière*
**without**, *sans*
**wonder**, *se demander*
**wonderful**, *merveilleux*
**word**, *mot*
**work out**, *calculer*
**world**, *monde*
**wrap**, *envelopper*
**wrist**, *poignet*
**go wrong**, *se tromper*

**year**, *an, année*
**yesterday**, *hier*
**yet**, *cependant/déjà (dans une question)*
**not yet**, *pas encore*

# FRANÇAIS - ANGLAIS

**d'abord,** *first of all*
**d'accord,** *okay*
**Afrique,** *Africa*
**agréable,** *nice, pleasant*
**aimable,** *friendly, nice*
**allemand,** *German*
**alors,** *then*
**bon alors,** *well then*
**et alors,** *so what*
**appareil photo,** *camera*
**appartement,** *flat*
**apporter,** *bring*
**apprendre,** *learn*
**arrêter,** *stop*
**arriver,** *happen/arrive*
**assiette,** *plate*
**attendre à,** *expect*
**s'attirer,** *attract*
**auteur,** *author*
**autoroute,** *motorway*

**bête,** *stupid, silly*
**boîte,** *box, tin*
**bricolage,** *do-it-yourself*
**bruit,** *noise*

**cadeau,** *present*
**canot de sauvetage,** *lifeboat*
**casser,** *break*
**centrale nucléaire,** *nuclear power station*
**cerises,** *cherries*
**chaîne,** *music centre*
**changer d'avis,** *change one's mind*
**caractère (avoir mauvais),** *be bad-tempered*
**chercher,** *look for, pick up*
**clé,** *key*
**coin,** *corner*
**en colère,** *angry*
**les chômeurs,** *the unemployed*
**combien (de),** *how many/much*
**comptable,** *accountant*
**conducteur,** *driver*
**conseil,** *advice*
**content,** *pleased*
**se coucher,** *go to bed*
**coup de fil,** *ring, call*
**couramment,** *fluently*
**courrier,** *post, letters*
**courses,** *shopping*

**demain,** *tomorrow*
**se demander,** *wonder*
**détester,** *hate*
**de toute façon,** *anyway*
**dévaliser,** *rob*
**dimanche,** *Sunday*
**diriger,** *run*
**à domicile,** *at home*
**doux,** *soft*

**écharpe,** *scarf*
**échecs (le jeu),** *chess*
**écrivain,** *writer*
**efficace,** *efficient*
**égal (ça m'est égal),** *I don't mind/care*
**électrophone,** *record player*
**embêter,** *bother*
**emploi,** *job*
**émission,** *programme*
**enchanté,** *delighted*
**s'entendre,** *get on*
**entreprise,** *company, firm*
**envoyer,** *send*
**épinards,** *spinach*
**épouser,** *marry*
**escargot,** *snail*
**Espagne,** *Spain*
**à l'étranger,** *abroad*
**été,** *summer*
**étroit,** *narrow*

**s'excuser**, *apologise*
**exemplaire**, *copy*
**exposition**, *exhibition*
**fabriquer**, *make, produce*
**faible**, *weak*
**faire une valise**, *pack a suitcase*
**faire mal**, *hurt*
**faire savoir**, *let someone know*
**fête**, *party*
**fille**, *daughter*
**fois**, *time*
**formule de candidature**, *application form*

**gagner**, *win, earn*
**gant**, *glove*
**gâteau**, *cake*
**gêner**, *bother, embarrass*
**généralement**, *usually*
**gosses**, *kids*
**grand-rue**, *High Street*
**grave**, *serious*
**Grèce**, *Greece*
**grève**, *strike*
**grille-pain**, *toaster*
**gronder**, *tell off*

**habituellement**, *normally*
**hier**, *yesterday*
**histoire**, *story, history*
**Hollandais**, *Dutchman*
**humeur**, *mood*

**impoli**, *rude*
**imprimer**, *print*
**insupportable**, *unbearable*

**jaune**, *yellow*
**jeu**, *game*
**jouer**, *play*
**journal**, *newspaper*
**jusqu'à**, *until, up to*

**laid**, *ugly*
**légende**, *legend*
**lever**, *lift up, raise*
**limitation de vitesse**, *speed limit*
**lire**, *read*
**livrer**, *deliver*
**lorsque**, *when, while*
**lunettes**, *glasses*
**lycée**, *school*

**magnétoscope**, *video recorder*
**malade**, *ill, sick*
**mal à la tête**, *headache*
**malheureusement**, *unfortunately*
**mardi**, *Tuesday*
**mari**, *husband*
**matin**, *morning*
**maussade**, *moody*
**ménage**, *housework*
**mer**, *sea*
**meubles**, *furniture*
**mode de vie**, *way of life*
**moins chère**, *cheaper*

**Noël**, *Christmas*

**occupé**, *busy*
**or**, *gold*
**ordinateur**, *computer*
**oublier**, *forget*
**panier**, *basket*
**par an**, *a year*
**par semaine**, *a week*
**partir**, *leave, go*
**patron**, *boss*
**pause café**, *coffee-break*
**les Pays-Bas**, *the Netherlands*
**pelouse**, *lawn, grass*
**petits gâteaux**, *biscuits*
**plage**, *beach*
**plaisanterie**, *joke*
**pleuvoir**, *rain*
**plupart**, *most*
**portefeuille**, *wallet*

**poser (une question),** *ask (a question)*
**presque,** *almost, nearly*
**presse,** *press, papers*
**prêter,** *lend*
**prix,** *prize*
**prochain,** *next*
**projet,** *plan*

**rappeler,** *call back*
**rapporter,** *take back*
**rater,** *miss*
**ravissante,** *lovely*
**régime,** *diet*
**(se) rencontrer,** *meet*
**repeindre,** *redecorate*
**répondre,** *answer, reply*
**résoudre,** *solve*
**retenir,** *hold back, put off*
**réunion,** *meeting*
**roman,** *novel*
**russe,** *Russian*

**semaine,** *week*
**seul,** *only/alone*
**siffler,** *whistle*
**sœur,** *sister*
**soir,** *evening*
**soulever,** *lift, lift up*

**tableau,** *painting*
**taper,** *type*
**tard,** *late*
**toiture,** *roof*
**tôt,** *early*
**tout à fait,** *exactly*
**tout de suite,** *immediately, straight away*
**tout seul,** *by oneself, alone*
**traduire,** *translate*
**triste,** *sad*
**type,** *bloke, guy*

**valise,** *suitcase*
**velours,** *velvet*
**vendredi,** *Friday*
**véritable,** *real, genuine*
**vêtements,** *clothes*
**viande,** *meat*
**voisin,** *neighbour*
**voler,** *steal, fly*
**vrai,** *real, genuine*
**vraiment,** *really*

# CORRIGÉS

(p. 16)

### 1. A survey

**A.** 1. (In the street) — Excuse me, is this your glove? — Oh yes, it is. Thank you very much. **2.** Would you mind taking my books back to the library? **3.** A new shopping precinct (centre) has just opened in town. **4.** How many times a week do you go shopping?
**B.** 1. Do you read a lot of novels? **2.** I'm afraid I don't like whisky. **3.** John works from nine to five every day. **4.** They go to the cinema once a week. **5.** Do you eat a lot of meat?
**C.** 1. Nobody is asking you to come. **2.** Can you phone back later, we're watching a film. **3.** I'm looking for something cheaper. **4.** Are you falling asleep, Henry?
**D.** 1. I'm cooking **2.** has, comes **3.** Is it raining **4.** is flying / flies. **5.** What do you think?
**E.** *Souligner :* **1.** Gary, lives, white, house, corner. **2.** think, modern, art, wonderful. **3.** Samantha, Madeleine, playing, large, plastic, ball. **4.** How often, stayed, Rome. **5.** son, be twenty, now, suppose. **6.** Why, go, train.

---

(p. 22)

### 2. A holiday in France

**A.** 1. Did you have a good holiday? **2.** Where do you usually go for your summer holidays? **3.** How many times have you been to Spain on holiday? **4.** How many weeks holiday a year do you have?
**B.** 1. What about chicken for lunch? **2.** What about going to the cinema this evening? **3.** What about Ben's idea? **4.** If you don't want to fly what about taking the train? **5.** What about skiing in Austria?
**C.** 1. Ø, Ø. **2.** Ø, Ø. **3.** the. **4.** the. **5.** Ø. **6.** Ø. **7.** the. **8.** Ø.
**D.** 1. Where did you find this lovely scarf? **2.** I didn't find it, I

bought it. **3.** Well then, where did you buy it? **4.** I bought it in a shop. So what? **5.** Why did you say that? Why were you so rude to that bloke/guy? **6.** I didn't like him. Anyway, I wasn't really rude.

**E.** amazing ; another ; banana ; Canada ; forget ; opportunity ; potato ; sister ; support ; suppose ; temptation ; wonderful.

**F.** *Souligner :* 1. would, you, a, of, after, your. **2.** can, you, me, to, to, the. **3.** we, at, for. **4.** the, with, a, is.

**G.** te-le-vi-sion ; world *(1 seule)*; dic-tio-na-ry ; win-dow ; arm-chair ; France *(1 seule)*; train *(1 seule)*; ha-ppy ; ho-tel ; te-le-phone ; mo-ther ; di-sas-ter.

---

(p. 28)

## 3. Smoking

**A.** 1. J'ai demandé à l'opérateur de me passer le bureau de M. Johnson. **2.** Ma sœur vous hébergera jusqu'à ce que vous vous trouviez un logement. **3.** Ken a toujours du mal à faire passer ses idées. **4.** Le barbecue a été repoussé en raison de la pluie.

**B.** 1. I've seen that film twice. **2.** Fiona isn't usually so moody. **3.** Barry's in a good mood today. **4.** It's trendy to have a mobile phone.

**C.** 1. met. **2.** weren't listening. **3.** Why did you turn off — was enjoying. **4.** What were you doing — rang. **5.** What did you do — rang. **6.** We were just talking. **7.** realised — was looking.

**D.** *Souligner :* 1. government, very, successful, last, election. **2.** love, buy, encyclopaedia, just, too, expensive. **3.** What, extremely, uncomfortable, armchair.

**E.** 1. GOvernment, VEry, sucCESSful, LAST, eLECtion. **2.** LOVE, BUY, encycloPAEdia, TOO, exPENsive. **3.** WHAT, exTREMEly, unCOMfortable, ARMchair.

**F.** Phrases 1, 2 et 3.

**G.** [ɪ] : build (le u ne se prononce pas!), busy, England, minute, really, women. [i:] : cheap, cheese, machine, seat. [ɪə] : beer, ears, hear, really.

(p. 34)

## 4. **Adrian's broken arm**

**A.** 1. learn. 2. call for me. 3. inchangé. 4. met. 5. rescued. 6. improving. 7. recover.
**B.** 1. I've got to finish this letter this evening. 2. I've got three sisters. 3. They've got some pictures of their holiday in Africa. 4. Paul's got to pick Christine up at the station in the morning.
**C.** 1. to the. 2. to. 3. at. 4. to. 5. to the. 6. to.
**D.** 1. He put up his hand to ask a question. 2. Close your eyes. 3. The doctor looked at her and lifted up her head. 4. Turn your head this way. 5. You're not big enough to go to school on your own.
**E.** 1. **Fish** *and **chips** *is **one** *of *my **favourite dishes**. 2. **Tell Simon** *to **stop jumping up** *and **down** (les particules verbales sont des mots lexicaux). 3. **Just** *a **small gin** *and **tonic please**. 4. *You've **forgotten** *to **give** *me *a **knife** *and **fork**. 5. *There's *a **Laurel** *and **Hardy film on** (particule) **tonight**. 6. **Kevin loves rock** *and **roll**.
**F.** [æ] atmosphere, factory, hand, magazine, match. [ɑ:] ask, heart, laugh, March, tomato. [aʊ] house, loud, mouth, town, sound.

(p. 40)

## 5. **An absent-minded shoplifter**

**A.** 1. I'm afraid. 2. I'm sorry. 3. I'm sorry. 4. I'm afraid. 5. I'm afraid.
**B.** 1. The thieves stole two thousand pounds. 2. The three men robbed five banks before they were arrested. 3. The accountant had stolen a lot of money from his firm. 4. — My cousin is in Timbuctoo. — Pardon? 5. Someone has stolen my wallet.
**C.** 1. John and Tim are redecorating Jane's flat. 2. Did Fred's mother phone you? 3. That's the cat's dish/plate. 4. The bus drivers' strike lasted three weeks. 5. Leave that in the children's bedroom.
**D.** 1. The children will have to run. 2. You won't have to pay for it. 3. You'll have to get up early tomorrow. 4. I had to leave almost immediately. 5. We'll have to take Kitty's basket.

**E.** 1. *I'd **like** *to **help** *but *I can't (forme négative accentuée). 2. *It's *a **good film** *but *it's *a **bit too long**. 3. **Bob takes milk** *in **tea** *but **not** (forme négative: toujours accentuée) *in **coffee**. 4. **Samantha** *can **swim** *but *she can't **dive**.
**F.** 1. accommo'dation ; a'dditional ; com'panion ; conver'sationally ; di'mension ; in'tentional ; pro'portionally ; recommen'dation ; sen'sational ; so'lution.

---

(p. 46)

## 6. The royal family

**A.** 1. brother-in-law 2. stepfather 3. daughter-in-law 4. father-in-law.
**B.** 1. He doesn't get on with his sister-in-law. 2. Have they had another argument? 3. Karen was brought up in Italy and speaks fluent Italian.
**C.** 1. Charles and Camilla are used to seeing their names in the papers. 2. After a while I got used to him. 3. Don't worry, I'm used to getting up early. 4. I'll never get used to English coffee. 5. It's always difficult to get used to a new way of life.
**D.** 1. I've broken. 2. Have you ever seen. 3. I haven't finished. 4. He's only written. 5. have you boiled.
**E.** 1. Where's the one I gave you for Christmas? 2. The ones that were made abroad are cheaper. 3. The ones we saw the other day were better. 4. It's your sister's.
**F.** 1. He's a **friend** of **mine** (1 ou 2). 2. A **couple** of **hours** (1). 3. **Who** does he **remind** you **of**? (3). 4. Would you **like** a **cup** of **tea** (1 ou 2). 5. **Two spoons** of **sugar please** (1 ou 2).
**G.** [ɒ] clock, coffee, doctor, shop, swan, watch. [ɔ:] ball, daughter, floor, talk, water. [əʊ] alone, go, home, phone, road.

---

(p. 52)

## 7. Sunday morning

**A.** 1. I've got a terrible toothache. 2. I hope Peter won't be there ; I can't stand another evening listening to his awful jokes. 3. I wonder what Karen sees in Dave. 4. No-one else can stand him. 5. My knee really hurts.
**B.** 1. has been knitting ... since. 2. has been wearing ... for.

**3.** has been training ... since. **4.** I've been meaning ... since. **5.** How long has she been using.

**C. 1.** been painting **2.** typed **3.** been doing **4.** been playing **5.** done.

**D. 1.** Have they decided to **buy that house?** (3) **2.** I **think** they **have** (5). **3. What sort of house** have they **got?** (1) **4. Where** has she **put** my **glasses?** (2) **5. Ted** has been to **Iceland.** (2) I'm **sure** he **has** (6). **6.** Has **anyone seen** my **glasses?** (4).

**E. 1.** At'lantic ; auto'matic ; auto'matically ; eco'nomic ; eco'nomical ; ener'getic ; fan'tastic ; 'musical ; te'rrific ; theo'retically ; demo'cratic ; e'lectrical ; diplo'matic ; do'mestic ; mathe'matics ; me'chanic ; me'chanically ; 'physics.

**F.** [ʊ] book, cushion, full, pudding, took. [u:] food, moon, school, screw, through, two. [ʊə] insure, tour.

---

(p. 58)

## 8. Trouble in the office

**A. 1.** I'm just going to post a letter; I'll be back in a minute. **2.** It was just a joke. **3.** I've just bought a computer. **4.** It's just what I need

**B. 1.** Jeanne a perdu ses lunettes ce matin et elle les cherche depuis ce temps. **2.** Il est difficile de trouver une baby-sitter de confiance pour s'occuper de ses enfants. **3.** Si jamais vous vous trouvez à New York, n'hésitez pas à me rendre visite. **4.** Attention ! Il y a une voiture qui arrive. **5.** — Que signifie « anorexique » ? — Aucune idée, regardez dans le dictionnaire.

**C. 1.** straight away **2.** for a second **3.** look after **4.** fed up with **5.** no rush.

**D. 1.** That's what I'm looking for. **2.** Which radio do you usually listen to? **3.** What are you playing at? **4.** What's it made of? **5.** What's this strange machine for? **6.** Who's this for? **7.** — Why did you say that? — To annoy the boss.

**E. 1.** The **one** I **want** is **out of stock** (1). 2. The **umbrella** in the **corner** is **mine** (2, 1). **3.** The **honest way** is the **best way** (2, 1 ; v. p. 91) **4. Henry lives** in the United **States now** (1).

**F. 1.** *The **apples** on **that tree** should **be ripe soon. 2.** There's a **lot** *of **snow** in *the **Alps. 3.** *Has he **got** a **place** *of his **own?**

**G.** [e] bread, friend, head, many, spent. [eə] hair, pear, share, wear, where. [θ] birthday, month, thousand, Thursday. [ð] father, rather, those, weather, with.

---

(p. 64)

**9. D.I.Y.**

**A.** **1.** sort out **2.** take me out **3.** run out **4.** work that out **5.** find out.
**B.** **1.** fragile **2.** hammer **3.** peculiar **4.** diagram.
**C.** **1.** You can't be tired after a walk like that. *Il est impossible que vous soyez fatigué après une promenade comme celle-là.* **2.** I must have left it at the station. *J'ai dû le laisser à la gare.* **3.** They can't have forgotten about our invitation. *Ils n'ont pas pu oublier notre invitation.* **4.** They must be English. *Ils doivent être anglais.*
**D.** **1.** He must have been very ill. *Il devait être très malade.* 2. You could have got into trouble. *Vous auriez pu avoir des ennuis.* **3.** Those people can't have been English. *Ces gens ne devaient pas être anglais.* **4.** He was wearing a kilt. He must have been Scottish. *Il portait un kilt. Il devait être écossais.* **5.** He couldn't hear us: he must have been working upstairs. *Il ne nous entendait pas ; il travaillait sans doute à l'étage.*
**E.** **1.** **With** an accent **like that** he **must** be **German** (3). **2.** You **mustn't take** it **personally** (5). **3.** It **must be** the **right road** (3). 4. I must **ask** her for **more details** (2).
**F.** ad'vise ; re'vise ; 'authorize ; 'civilize ; 'colonize ; Euro'peanize ; 'improvise ; 'nationalize ; 'realise ; mo'nopolize ; 'subsidize.
**G.** [eɪ] away, eight, made, same, train. [aɪ] fine, light, nine, tired, white. [ɔɪ] employ, enjoy, noise, oil, toy.
**H.** **1.** aGAIN. **2.** acCEPTS, TWO, SAYS, MUCH. **3.** GOT. **4.** Idiot. **5.** DIAgram.

---

(p. 70)

**10. Noise**

**A.** **1.** by (with) **2.** of **3.** on **4.** with (about) **5.** at **6.** about **7.** in **8.** to.
**B.** **1.** Stop whistling! It's driving me up the wall/round the bend.

**2.** I can't get used to living in a flat. **3.** Barry is interested in D.I.Y. **4.** What's all this noise? What's going on in here?
**C.** **1.** How much money have you got? **2.** Patrick's had a lot of (lots of) jobs. **3.** There's not much coffee left. **4.** I've got so much work to do that I don't know where to start. **5.** Did you buy many books yesterday? **6.** There are too many cars in Paris. **7.** There's a lot of meat left. **8.** How many people have you invited?
**D.** **1.** will have read : *Pensez-vous que vous l'aurez lu d'ici à mercredi ?* **2.** will have seen : *Quand vous partirez, nous ne vous aurons que trop vu !* **3.** will have lost : *William l'aura reperdu avant longtemps.* **4.** will have forgotten : *Dans quelques années, les gens auront oublié Elvis Presley.* **5.** won't have finished : *Je n'aurai malheureusement pas fini avant la semaine prochaine.*
**E.** **1.** I'll **have two** *of them, **please**. **2.** I **don't know** if I **can** but I'll **try**. **3.** *Have we **got** any **biscuits**?
**F.** 'alternate ; ac'celerator ; a'ssociate ; 'elevator ; 'calculator ; cer'tificate ; 'commentator ; 'hesitate ; i'lliterate ; indis'criminate ; in'flate ; 'intricate ; in'vestigator ; 'navigator ; ne'gotiator ; 'passionate.
**G.** [j] use, yellow. [dʒ] age, apologise, danger, enjoy, fragile, general, giraffe, joke. [ʒ] casual, confusion, decision, leisure, pleasure. [g] give, green, ignore, leg.
**H.** **1.** LIVE | FLAT | **2.** FLAT | LOVEly | (ici "flat" = information ancienne).

---

(p. 76)

## 11. T.V. Adverts

**A.** **1.** Elizabeth Taylor got a lot of publicity each time she got married again. **2.** My sister spends hours chatting on the telephone. **3.** Come on, we'd better go or we're going to miss the bus. **4.** Peter's chatting up that girl with the long blonde hair.
**B.** **1.** — Have we got any butter? — Yes, there's some in the kitchen. **2.** — Are there any cherries? — No, we haven't got any. **3.** Would you like some more wine? **4.** I've left my paper somewhere in the garden. **5.** — Where shall we go? — Oh, anywhere, I don't mind. **6.** I'm quite prepared to do something to help you. **7.** Someone/somebody should tell Cathy that she's unbearable. **8.** Don't tell her/him anything.

**C.** 1. A **friend** of **mine won** a **trip** to **America** (1, 1). **2.** I'd **like** a **dog** but **not** an **Alsatian** (1, 2). **3.** It's **not** "a" **apple**, it's **"an"** **apple** (3, 4). **4.** I **thought Rachel** was an **only child** (2).
**D.** 1. *Could you **lend** me *a **couple** *of **books? 2.** *Have you **seen** him at **work? 3.** We *must **take** some **more exercise.**
**E.** car'toon ; con'siderate ; 'immunize ; kanga'roo ; mon 'soon ; 'physical ; popu'lation ; quin'tette ; trans'lator ; ty'phoon.
**F.** a 3 ; b 6 ; c 2 ; d 7 ; e 5 ; f 1 ; g 8 ; h 4.

---

(p. 82)

## 12. A bank loan

**A.** 1. Tu y arrives, ou tu veux un coup de main ? **2.** C'était difficile, mais j'ai finalement réussi. **3.** Voilà maintenant dix ans qu'il dirige cette société. **4.** Comment faites-vous pour avoir l'air si détendu ?
**B.** 1. I've kept in touch with most of my friends from school. **2.** He's decided to go ahead with his plans even though he didn't get a loan from the bank. **3.** Tony filled in application forms for forty jobs but only nineteen firms got in touch with him.
**C.** 1. What did you use to give them for Christmas? **2.** But you never used to smoke! **3.** He always used to tell us a story before he sent us to bed. **4.** — Was that lamp there before? — No, it used to be in my room. **5.** We didn't use to get on well; now we're friends.
**D.** 1. and talk **2.** to say **3.** and/to finish **4.** to arrive **5.** to see **6.** to give up.
**E.** 1. Do you **think** he **means** it? (1 ou 2). **2. What** do they **want** to **do?** (1, 3). **3. Who said I don't care?** I **do care!** (4, 3) **4.** You **don't watch much** T.V., **do you?** (4, 3).
**F.** a'ccumulate; 'advertise ; 'birthday ; 'chewing ,gum ; compre'hension ; 'decorate ; ex'ceptionally ; 'generalise ; hypo'critical ; 'lunch ,hour ; sex'tette ; sym'bolic ; 'tea ,cup.
**G.** *Dialogue 1 :* Le placement de la tonique est normal dans les deux groupes de souffle : dernier mot lexical (DML). *Dialogue 2 :* La règle du DML s'applique au premier groupe de souffle. Dans le deuxième, le DML "eggs" est de l'information ancienne, à cause de "omelette". La tonique remonte donc sur le dernier mot porteur d'information nouvelle (DMPI) : "hate".

(p. 88)

### 13. **A quarrel**

**A.** 1. mess 2. washing up 3. queue 4. good-for-nothing 5. pittance 6. layabout.
**B.** 1. What's the matter with you? 2. I hate doing housework, especially ironing. 3. I don't mind (doing the) hoovering but I hate (doing the) washing up. 4. What about having an Indian take-away?
**C.** 1. That accident made him change his mind. 2. I'll get him to ring you back. 3. He made us write it ten times. 4. I couldn't get him to say what was wrong.
**D.** 1. Have it delivered (to your door). 2. I must have my hair cut. 3. Have you had this picture examined by an expert? 4. We're having the roof fixed/repaired.
**E.** 1. Peter disapproved of me/my buying this dress. 2. I object to him/his driving. 3. Our leaving early hurt Jane's feeling. 4. He complained about them/their stealing his money.
**F.** 1. **Put one there** and **give** me the other **one** (2). 2. There **used** to **be** a **bak**er's on the **cor**ner (3). 3. Are there any **more bis**cuits? (4) 4. There's a **good res**taurant **near there** (3, 1).
**G.** 'Portugese leather ; Bur'mese ; a 'Chinese girl ; manga'nese ; a 'Cantonese restaurant ; Portu'guese ; a 'Burmese cat ; Vietna-'mese ; a 'Japanese camera ; 'Siamese twins.
**H.** 1. BANK 2. COUNtry 3. BIRTHday. *Noter que la règle ne s'applique pas à* "in the country", *qui n'est pas un adverbe.*

(p. 94)

### 14. **Going to the Olympics**

**A.** 1. You were lucky that plate didn't break. 2. Mr. Hatfield is going on a business trip to Paris next week. 3. My grandmother was very intelligent but she never had the chance to go to university.
**B.** 1. First, we'll go to the beach, then we'll have a cup of tea and look at the sea. 2. When you come to Paris, we'll take you to a restaurant. 3. As soon as he arrives, I'll let you know. 4. Don't worry, I'll bring you your mail every day. 5. I'm afraid I won't be able to help you. 6. I'll tell him what I think when I see him.

**C.** **1.** It **belongs** to **Uncle Matthew** (2). **2.** **Okay,** I'll **come** if you **really want** me **to** (3). **3.** It's **two minutes** to **two** (1). **4.** **Liz learned** to **drive before** she **went** to university (1, 1).
**D.** **1.** *Have they **lived there** *for **long**? **2.** I **write** *to him, but **only** at **Christmas**. **3.** *Has **Joanna ever** been *to **Berlin**?
**E.** **1.** re'bel. **2.** 'present **3.** im'port **4.** 'progress.
**F.** **1.** | FRIENDly | SEEMS | NASty | **2.** | STUpid | LOOK | FACT | BRIGHT |. "Friendly" et "nasty" deviennent information ancienne puisqu'on les répète. Dans les autres groupes, le DML porte la tonique.

---

(p. 100)

## 15. **Renovating a house**

**A.** **1.** It looks nice. **2.** It feels lovely. **3.** It sounds great. **4.** It tastes horrible. **5.** It smells terrible. **6.** It tastes delicious.
**B.** **1.** Get rid of your old TV set and buy a new flat TV. **2.** This room badly needs redecorating. **3.** Your wife phoned. She sounded very angry. **4.** It's a small street off Bridge Street.
**C.** **1.** were able to finish : *Nous avons pu finir de repeindre hier soir.* **2.** could : *Même s'il avait toute la journée, il ne pourrait toujours pas le faire.* **3.** Were you able to get/Could you get : *Avez-vous réussi à arriver à l'heure ?* **4.** were able to visit : *L'année dernière, ils ont pu visiter dix pays en huit jours.* **5.** could you post : *Pourriez-vous me poster cette lettre, s'il vous plaît ?*
**D.** **1.** Shall I make some coffee? **2.** Let's change the subject, shall we? **3.** Shall we book now? **4.** Have you got a copy or shall I bring mine? **5.** Shall I buy the wine?
**E.** **1.** I shall **probably see** them **later** (1). **2.** **Shouldn't** we **turn off** the **electricity**? (6). **3.** — **Shall** we **tell Ken**? — **Yes,** I **think** we **should** (3, 4). **4.** They should **go out more** often (2).
**F.** **1.** We're **going** *to **Portugal** *for *a **whole month**. **2.** *Can you **tell** us **what** *to **do**? **3.** *Shall I **give** *them *to **Benjamin** or *to **Adrian**?
**G.** a'ttention ; autobi'ography ; ba'lloon ; 'beer bottle ; chore'ographer ; 'criticize ; ge'ography ; 'rebel.
**H.** **1.** Le DML porte la tonique. **2.** "now" ne porte pas la tonique : v. unité 13. **3.** "hatch" = DML. **4.** "again" non tonique : v. unité 13. **5.** cosy = DML ; "in there" non tonique

(unité 13),"stuff" n'apporte aucune information, le DMPI est "photography".

---

(p. 106)

## 16. **Little big man**

**A.** 1. — Est-ce que vous avez eu cet emploi ? — Je ne sais pas, ils ont dit qu'ils m'écriraient pour me le faire savoir. **2.** Éteins la télé, tu veux ? Ce film est vraiment ennuyeux. **3.** Il n'y a jamais rien d'intéressant à la télé le samedi soir. **4.** On mange des pizzas au déjeuner? **5.** Combien de chaînes y a-t-il en Angleterre ?
**B.** 1. Is this anybody's/anyone's cup? **2.** A two months' stay in England will do you a lot of good. **3.** Phil went to bed after ten hours' work. **4.** Jenny loves spending someone/somebody else's money. **5.** Don't miss next Sunday's programme!
**C.** 1. There were so many things to see! **2.** There should have been more life-boats. **3.** There will be a lot of people. **4.** There have already been two programmes about that author. **5.** I've known him for five years.
**D.** 1. We were **only having** a **look** (3). **2.** I **wonder what that noise was**? (4) **3.** They were **drinking vodka** (2). **4. Sheila** was **twenty-one last week** (1). **5.** Were his **parents pleased**? (2). 6. **Yes**, they **were** (5).
**E.** [ə] about, admit. [æ] absolute, back, dash, fancy, man, relax. [ɑ:] after, ask, half, hard, rather. [e] anything, says se prononce : [sez]. [eɪ] day.
**F.** 1. MEET **2.** PEACE **3.** TALK **4.** COME. *Les quatre exemples appliquent la règle du DML.*

---

(p. 112)

## 17. **Modern art**

**A.** 1. — What's the population of Greece? — Don't ask me! **2.** Cathy went very red when Dave walked in. I think she must fancy him. **3.** He told you it was real gold? You've been conned. **4.** I just don't fancy (eating) snails.
**B.** 1. Two years ago I went to America. **2.** I heard that word for the first time three weeks ago. **3.** Jenny broke her leg six months ago. **4.** Helen had a row with her mother-in-law a fortnight ago. **5.** Three days ago we were in Spain.

**C.** 1. They said they'd been to Spain. 2. They asked how long I'd known her. 3. They said they'd been here for ages. 4. They said he'd looked at her in a funny way. 5. They said they'd bought it in Paris.

**D.** 1. can we? 2. wouldn't he? 3. haven't they? 4. won't you? 5. did he? 6. hadn't we? 7. have you? 8. doesn't she?

**E.** 1. **Where's** Colette **from**? (2) 2. I **think** she's from **Tours** (1). 3. It was a **present** from **Jane** (1).

**F.** 1. **Daniel** *was **there** *from **five** o'**clock** until **six**. 2. I *was **expecting** *a **message** *from **Ian**. 3. *Should we **wait** *a bit **longer** or *shall we **go now**? 4. *Has **anyone seen** *him with *his **purple hat on**?

**G.** 1. There's nowhere else to park around here, is there? 2. There are a few oranges left. 3. Please give this parcel to your uncle. 4. No wonder you were annoyed.

**H.** a) "**monkey**" définit "**picture**", qui est de l'information ancienne. b) Il s'agit de dire qui a peint quoi : "**artist**" s'oppose aux deux autres réponses possibles : "**seven-year-old girl**" et "**monkey**".

---

(p. 118)

## 18. The Olympic Games

**A.** 1. whole 2. every 3. all 4. all 5. every 6. whole.

**B.** 1. Don't forget to send me a card from Miami. 2. How do you feel about going to live in Spain? 3. The kids are going camping this summer. 4. Right, I'm off. 5. He's off to Moscow on the fourteenth. 6. You can't have the whole cake. 7. Don't eat all the cakes.

**C.** 1. I object to you spending my money. 2. Have you finished packing your suitcase? 3. Keep on/Go on working. 4. I enjoy painting. 5. Do you fancy going to that exhibition? 6. I resent him/his not writing to me. 7. Excuse my arriving/me for arriving so late.

**D.** 1. Is your husband as tall as you/as you are? 2. That flat is as expensive as a house. 3. Linda's sister isn't as horrible as you say/as you say she is. 4. Was it as interesting as last week? 5. Paul is just as intelligent as you/as you are.

**E.** 1. **Steve does all** their **ironing** (2). 2. Does his **sister live** in **Madrid too**? (1). 3. He **does speak German**. I've **heard** him (2).

4. She **doesn't want** a **fur coat** (3). 5. She **says** she **does** (2). 6. **How** on **earth** does she **manage**? (1).

**F.** 1. **What** *does she **do** *for *a **living**? 2. They **never help** us at **all**, do **they**? 3. *Could you **take that back** *to *the **shop** *for me? 4. Would you **like** some **sweets**? **Have** *a **few more**.

**G.** a'nachronism ; a'ppreciate ; bam'boo ; 'beautiful ; 'communism ; ex'ception ; fa'naticism ; his'torical ; Mal'tese ; a 'Maltese cross ; me'tabolism ; po'etic ; 'socialism ; 'subsidize ; 'subject ; 'vandalism ; 'water proof.

**H.** [d] changed, happened, lived, married, rained, stayed. [t] laughed. [lɑ :ft], liked, noticed, passed, shocked, stopped, typed, watched. [ɪd] decided, dominated, hated, lifted, waited.

---

(p. 124)

## 19. **To vote or not to vote?**

**A.** 1. Do you mind if I smoke? 2. Do you mind if I turn the T.V. on? 3. Do you mind if I borrow it? 4. Do you mind if I use the phone? . 5 Do you mind if I turn it/the volume down? 6. Do you mind if I sit in the front?

**B.** 1. He runs a small business from home. 2. — Do you mind if I have a whisky? — No, of course not. Go ahead. 3. Jane's always going on about how wonderful her children are.

**C.** 1. If they went to bed at ten o'clock, they wouldn't be so tired. 2. You promised that you'd do the housework today. 3. Do you know what I'd do if I were you? 4. If he really went he'd have to take the plane. 5. You could always give him a ring of course. 6. If you sent it tomorrow, we'd probably get it by the end of the week. 7. He said that he'd do his best. 8. I could practise every day if I bought a piano.

**D.** 1. There shouldn't be any problem. 2. His letters don't mean anything to me. 3. She didn't see anybody for a whole year. 4. I didn't take any money from them. 5. Transformation impossible. 6. There wouldn't be anything left for me. 7. He hadn't had any breakfast. 8. Transformation impossible. 9. You've done nothing at all. 10. She told nobody.

**E.** 1. You're **not really** from **Texas**, **are you**? — **Yes**, I **am** (6, 5). 2. — I'm **not** very **keen** on **fish soup**. — **Neither am I** (1). 3. Are you **going** to Ellen's **party** to**night**? (3) 4. You **really are** the

**laziest person** I **know** (6). **5**. Are they the **only ones** you've **got**? (3).

**F.** a'pology ; arche'ology ; bi'ologist ; cap'size ; gra'phology ; gynae'cologist ; he'roic ; 'hurtful ; quar'tette ; metho'dology ; psy'chologist ; 'terminate ; self-'centered ; 'water pistol.

**G.** 1. I 2. I 3. ARE.

---

(p. 130)

## 20. **Computers**

**A.** 1. unambitious ; unattractive ; uncomfortable ; unfriendly ; unhappy ; unhealthy ; unimportant ; unintelligent ; uninteresting ; unkind ; unofficial ; unpleasant ; unreasonable.

**B.** 1. promoted 2. unemployed 3. modernized 4. staff 5. inevitable 6. solution.

**C.** 1. There's wasn't much fruit left. **2.** Where's my toast? — It's still in the toaster. **3.** We bought so much furniture, you know. 4. The news is very sad today. **5.** It's an essential piece of information. **6.** You gave me a very good piece of advice. **7.** His knowledge of history is impressive. **8.** We can't leave all this rubbish here. Take it downstairs, will you? **9.** Your hair looks strange. What have you done to it? **10.** That was my spaghetti! **11.** Don't eat too much spinach. **12.** Would you like some fruit?

**D.** 1. **Daniel promised** that he'd **come** (1). **2.** Is **that** the **one** you **want**? (2) **3. Don't tell** me that you **forgot again**! (1) 4. **What** does **that mean**? (2) **5. That's** the **one** that **John broke** (2, 1).

**E.** 1. It's *the **first time** *that I've **been** *to **Nice**. **2.** I ***was sure** *that **Greg** *was **lying**. **3.** *Could you **look after** my **cat** *for *a **couple** *of **weeks**? **4. That**'s my **umbrella there**, *the **orange one**.

**F.** a'ccount ; bi'ography ; good-'natured ; gra'mmatical ; infor'mation ; mathe'matics ; 'minimize ; ne'gotiate ; psy'chology ; 'radiator ; re'bellion ; ta'ttoo ; 'timetable.

**G.** 1. | I | **2.** | SOMEthing | **3.** | SHOULD |.

(p. 136)

## 21. **Staying at home**

**A.** 1. What are they up to these days? **2.** Mum and Dad continue to fork out. **3.** He'd stand on his own two feet. **4.** What about Celia? **5.** Does she plan to return to the fold after her finals?
**B.** 1. Hardly anyone came to the meeting. **2.** — Is Oliver coming on Friday evening? — I hope so. **3.** — Did Paul save up for that camera? — I don't think so, I think it was a present. **4.** — Hello, Graham, how are you? — Not too bad. **5.** Let's go round to Linda's (place).
**C.** 1. But he did say he was sorry. **2.** They did try to phone back, but no-one answered. **3.** You do speak Russian! **4.** We do see a lot of him. **5.** I did send you that telegram!
**D.** 1. Peter said he was going to have as much fun as he could. **2.** Peter said he'd ring me when he got home. **3.** Peter said they had broken in and got out again in no time. **4.** Peter said he'd give me a hand if anything went wrong. **5.** Peter said he thought I was a fool.
**E.** 1. His **eyes** are **blue** (3). **2.** I **wonder what** his **name** is? (1). **3.** I **won't** ever **speak** to him **again** (2). **4.** I **think** it was **Jessica who bought** him **that book** (2). **5.** She **bought** it for **him, not** for **herself** (4).
**F.** 1. He **changed** *his **mind** at *the **last minute**. **2. What** *do you **think** *of *his **new car**? **3.** He **phoned** us *at **work**.
**G.** ba'boon ; 'brown-,eyed ; 'girl ; cap'tivity ; Ca'tholicism ; 'clothes ,hanger ; e'ternity ; 'exercise ; hu'manity ; in'tensity ; inter'national ; ma'jority ; oppo'sition ; re'cord ; so'ciety ; superi'ority ; 'traffic ; va'riety ; vi'tality ; 'weightless.
**H.** | HAVE |

(p. 142)

## 22. **For better or for worse**

**A.** 1. The children are looking forward to Christmas. **2.** George must be in his late sixties now. **3.** Did you know that Jane's maiden name was Thatcher? **4.** Wendy and Brian had been living together for two years when they split up.
**B.** 1. John could have given us a ring. **2.** Frank could have

translated this letter for us. **3.** You could have been sick. **4.** Henry could have taken the picture. **5.** Andrew could never have had an accident.

**C.** 1. You should have told me. **2.** If I had known, I would have spoken to the boss. **3.** You could have/might have hurt yourself. **4.** He shouldn't have married that girl. **5.** I could have finished that job on Sunday. **6.** Jenny couldn't have done anything. **7.** What could you have said? **8.** David should have/ought to have apologised. **9.** If it was/were true, we would have become rich.

**D.** 1. **Daniel promised** to **be here** at **six** o'**clock** (1). **2.** I'll **be** at **home tonight** (1). **3.** **Who**'s he **shouting at?** (2). **4.** **Jane says** she **wants** at **least five children** (1). **5.** **Please come** at **once** (1).

**E.** 1. They're **going** *to **meet** us *at *the **cinema**. **2.** We **have** *to **go** *at **six** o'**clock**. **3.** Do you **want** us *to **do** it ?

**F.** a'bility ; 'air-,conditioning ; auctio'neer ; ,chocolate 'biscuit ; eco'nomically ; engi'neer ; expla'nation ; fa'natic ; mountai'neer ; na'rrator ; 'pen,knife ; 'permit ; sex'tette ; 'terrorize ; volun'teer ; 'worthless.

---

(p. 148)

## 23. The Miss World contest

**A.** ugly ; worse ; stupid ; shallow ; soft ; boring ; wide ; far ; nasty ; smooth ; large ; sour ; short.

**B.** 1. Vas-tu cesser de m'embêter, j'essaie de lire. **2.** Ne t'embête pas à faire la vaisselle maintenant, je la ferai après le film. **3.** Je voudrais faire réparer ça, mais ne le faites pas si c'est trop compliqué. **4.** Je ne me fatigue jamais à repasser les draps. **5.** Est-ce que ça va vous déranger si j'allume la télévision ? **6.** Je n'ai pas envie de me fatiguer à le refaire.

**C.** 1. Why did you choose to learn English? **2.** I expect him to arrive at about seven o'clock. **3.** What would you advise me to do? **4.** His mother wanted him to phone every day. **5.** I told Paul not to go.

**D.** 1. — Why did you do that? — Because you asked me to. **2.** You mustn't walk on the grass/lawn. **3.** — Make an effort. — I'd like to, but I can't. **4.** We won't go out this evening, unless you really want to, of course. **5.** You don't have to do/needn't do it now. **6.** Have you typed that letter? — I was just going to.

7. — Do you play chess? — I used to. 8. — Did you speak to him? — I tried to, but he was too busy.
**E.** 1. You **ought** to **try harder** (2). 2. If you **want** some **more** just **help yourself** (1). 3. You can **choose** whatever you **like** (1). 4. I **thought** you **always went skiing** in **February** (1, 2). 5. **Neil thought** it was **great. What** did **you think**? (3).
**F.** 1. I'll **meet** *you *at **ten** *to **six**. 2. Does William **really come** *from **Canada**? 3. It's ***a note** *for *the **milkman**. 4. I'll **have** *to **ask** *you *to **leave**.
**G.** aes'thetic ; a'gree ; a'ssassinate ; 'brainless ; 'desert (nom) ; emplo'yee ; 'farm ,house ; guaran'tee ; 'happiness ; Leba'nese ; an 'old-fashioned i'dea ; 'percolator ; per'mit ; po'litical ; pro'portional ; refe'ree ; stu'pidity ; 'television.
**H.** 1. | WHAT | COURSE | ALways | 2. | TWO | AMazon |

---

(p. 154)

## 24. **Parking problems**

**A.** 1. Would you mind giving Anne a lift home after the party? 2. Can you lend me fifty quid until next Tuesday? 3. This coffee's not fit to drink! Who made it? 4. It takes me half an hour to get home as long as there aren't any traffic jams. 5. Don't park on this double yellow line.
**B.** 1. You've no idea of the problems we have to solve every day. 2. The bank manager I spoke to was very friendly. 3. I don't like the picture you bought yesterday. 4. The only decent book shop I know is in the High Street. 5. The only thing that's holding him back is the idea of taking the plane. 6. The girl you saw me with was my sister. 7. A woman who's going to have a baby shouldn't smoke. 8. The girl Mark married is very bad-tempered. 9. The accident I'm thinking of wasn't very serious. 10. Peter told me he played tennis, which I didn't know.
**C.** 1. *Could *you **pass** *the **salt** *and **pepper, please**? 2. I **need more** *than **eight hours' sleep** *a **night**. 3. I'd **rather have tea** *than **coffee**. 4. *Are *there **any letters** *for **me**?
**D.** 1. *There *was *an **old table** in *the **garden**. 2. He **must** *have **been** *at *the **party**. 3. *Do *you **think** he *was *a **nice child**? 4. I **think** we *should *have **phoned** her. 5. **Some** *of them *are **delicious**.
**E.** 'attitude ; 'card table ; com'petitive ; 'dramatize ; edu'cation ;

'fearless ; 'fortitude ; in'finitive ; 'keyboard ; 'longitude ; pro'duce (verbe) ; pros'perity ; re'petitive ; ve'neer.
**F.** [ɒ] quality, quarrel, want, quantity. [ɔ:] wall, war, warden, water. [eɪ] way, Wales, waste, wages, whales.
**G.** **1.** | DON'T | **2.** | TRAFFic wardens | poLICE | **3.** | COST | **4.** | TAxi |

---

(p. 160)

## 25. **Redundant at forty**

**A.** **1.** Il venait du bureau quand je l'ai vu. **2.** Je suis allé voir une très bonne pièce de Tom Stoppard la semaine dernière. **3.** Gary venait de finir de manger quand le téléphone a sonné. **4.** De quoi parlez-vous ? / Qu'est-ce que tu racontes ? **5.** Le père de Sheila est français. **6.** Bon alors, où est mon livre de cuisine ?
**B.** **1.** I'm going on holiday a week on Monday. **2.** If you need any help don't hesitate to let me know. **3.** It's okay, I can manage. Thanks anyway though. **4.** Ken hasn't had a steady job ever since he started drinking. **5.** Sheila will have to stay in hospital for a fortnight.
**C.** **1.** I've never heard **2.** have you done **3.** did Phil meet **4.** has just found **5.** I have seen **6.** went **7.** hasn't finished.
**D.** **1.** He's the **nic**est **per**son I **know** (2). 2. **When** is she **go**ing to **Den**mark? **3.** Did you **say** "**he**" or "**she**"? 4. She **u**sually **comes** on **Tues**days. **5.** I **think** he pre**fers cof**fee (1).
**E.** **1.** *He **killed** *the **goose** *that **laid** *the **eggs**. **2.** *Have *you **heard** *from **Jill since** *she **moved** *to **Os**lo? **3.** I'll **be** *at **home** un**til quar**ter *to **six**. 4. *There *were *a **lot** *of **peo**ple *at *the **church**.
**F.** aristo'cratic ; appli'cation ; fa'miliar ; gynæ'cology ; 'fascinate ; 'insult ; I'talian ; li'brarian ; o'fficial ; 'paperback ; pe'culiar ; phy'sician ; pro'vincial ; refu'gee ; resi'dential ; an 'anti-social 'person ; ta'boo ; vege'tarian.
**G.** [ʊ] foot, good, hook, stood, wood, wool. [u:] food, kangaroo, mood, school, shampoo, shoot, stool, tool, zoo.
**H.** | reDUNdant | HARD | HAS | INsult | Placement régulier : le DML porte la tonique.

---

(p. 166)

## 26. The doctor's diagnosis

**A.** **1.** Vous allez bien ? Vous êtes blanc comme un linge. **2.** Raymond est fort comme un bœuf. **3.** Katie ne changera pas d'avis, elle est têtue comme une mule. **4.** Fiona vient de rentrer de Tunisie ; elle est noire comme un pruneau. **5.** Tu devrais manger davantage, tu es maigre comme un clou.

**B.** **1.** Your mother said you couldn't watch T.V. **2.** Your mother told you not to do that. **3.** What did you say? **4.** What did you tell him? **5.** Gary told Rachel about the party. **6.** Barry's mother told him off.

**C.** **1.** We haven't got as much furniture as you. **2.** There were as many people as last year. **3.** France has got twice as many nuclear power stations as its neighbours. **4.** Dave hasn't got as much patience as Mark. **5.** Linda is ten times as nice as Cathy.

**D.** **1.** It's as **good** as **new** (1, 1). **2.** As you **like**. I **don't mind** (2). **3.** I'll **phone** you as **soon** as I **can** (1, 1). **4.** They were **leaving** as I **arrived** (2).

**E.** **1.** *Are *you **really going** *to **share** *a **flat** with Joanna? **2.** *There *was *a **loud bang** *and *the **lights went out**. **3.** *Are **Peter** *and **Jane coming** *as **well**? **4.** *He **saw** *the **bus** as *he **turned** *the **corner**. **5.** **Jill** *and **Graham** (1 syllabe : [greɪm]) **both come** *from **London**. **6.** Can *you **think** *of anything *to **give** Robin *for *his **birth**day?

**F.** a2 ; b4 ; c5 ; d1 ; e3.

---

(p. 172)

## 27. A car accident

**A.** **1.** speak up : *Je suis un peu sourd, soyez gentil de parler plus fort.* **2.** turn up : *Ken n'est pas venu à la réunion.* **3.** held up : *Désolé d'être en retard, j'ai été retenu dans un embouteillage.* **4.** given up : *Pierre a raté son permis de conduire cinq fois, alors il a abandonné* (ses tentatives). **5.** bring up : *Ne mettez pas la politique sur le tapis, ou il n'arrêtera plus de parler !* **6.** wait up : *Je ne serai pas rentré avant minuit, ne m'attends pas* (pour aller au lit).

**B.** **1.** He was doing a hundred and fifty on the motorway. (*Ou* ninety *si on convertit en* miles per hour.) **2.** When did you get your licence? **3.** There's no speed limit on German motorways. **4.** He backed into a tree.

**C. 1.** Neither did Jenny. **2.** Neither does Jenny. **3.** So does Jenny. **4.** So would Jenny. **5.** So did Jenny.

**D. 1.** Neither did I. **2.** Neither do I. **3.** So do I. **4.** So would I. **5.** So did I.

**E. 1.** Napoleon hated the English. **2.** Frank helped the little blind girl to cross the road. **3.** Two Frenchmen were talking politics. **4.** What will you do for the unemployed? **5.** France helped the Americans to become independent. **6.** That was the legend of the Flying Dutchman.

**F. 1.** **Where's** your umbrella? (2). **2.** Your mother **phoned** (1). **3.** **Bring** your **guitar** with you (1). **4.** Have you **got** your **own flat**? (2). **5.** Shall we **take your car** or **Robert's**? (3).

**G. 1.** It's *the **one** *from *the **top drawer** [drɔ:]. **2.** *Does *your father **read** *the **paper** every **morning**? **3.** **Where** *are *you **phoning from**?

**H.** des'cription ; he'retical ; 'illustrate ; in'finity ; re'public ; sere'nade ; 'shoelace ; sin'cerity ; tech'nology ; 'ventilator.

**I. 1.** L'autre : "Tom" non tonique : on appelle Tom. **2.** Celui qui parle : "Tom" tonique : information sur l'identité du locuteur.

---

(p. 178)

## 28. An interfering mother-in-law

**A. 1.** Try to talk David into going on a diet, he's really too fat. **2.** I'm afraid Jill has failed her examination. Could you break it to her gently? **3.** Robert must learn that he can't have his own way all the time. **4.** Sally wants to drop German and start French instead.

**B. 1.** I'd like something more interesting than a game of cards. **2.** Linda was even angrier than Cathy. **3.** The prices seem more reasonable than I thought they were. **4.** Haven't you got anything better than that? **5.** I feel even worse than yesterday.

**C. 1.** What does their music sound like? **2.** What does it smell like? **3.** How do you like your steak? **4.** What did the man who attacked you look like? **5.** It's very soft, it feels like velvet.

**D. 1.** It's her **own fault** (2). **2.** **Where's** her **bicycle**? (1). **3.** **Why** did you **invite** her? (1). **4.** Her **father's** a **teacher** (1, avec [h]).

Réponse : a newspaper. Il faut comprendre **read** (lu) et non **red** (rouge).
**E.** 1. **here** est important dans le contexte ; **of course** est le DMPI ; **phone** : placement normal sur le DML ; **over** : le verbe n'ayant pas de complément, la particule porte la tonique (v. p. 145).

---

(p. 184)

### 29. **Dogs in town**

**A.** 1. You could catch a twenty-four to Victoria. **2.** It made him angry. **3.** — I'm going to pretend I'm English. — You'll never get away with it. **4.** I never thought video games would catch on. **5.** Did you catch what he said about the coffee break?
**B.** 1. We met some people whose daughter spoke five languages. **2.** The people whose children had won prizes were delighted. **3.** This is Mr. Franklin, whose novels you have read. **4.** Whose key is this? **5.** Whose clothes are these?
**C.** 1. **Would** you **like** some **help**? (3) **2.** It **would** have been **interesting** (2). **3.** She **said** she would **come** (1). **4.** I'd **love** a **drink** (2). **5.** — You **wouldn't dare**! — **Yes**, I **would**! (3, 3).
**D.** 1. **What**'s *the **best way** *to **make** *an **omelette**? **2.** They'd **like** *to **go** *to **Rome**. **3.** *There *are only **five T.V. channels** *but **soon** *there'll **be** over **twenty**.
**E.** [s] books, cats, cooks, laughs ; [z] carries, clothes [kl z], goes, Jenny's, leaves, loves, Martha's, rides ; [ z] Alice's, boxes, catches, foxes.
**F.** 1. MESS (DML). **2.** BROther (v. p. 175). **3.** GAS (v. p. 145). **4.** ROAD (v. p. 108 : noms composés). **5.** FOOL (v. p. 169). **6.** LOOKing (DML ; at se prononce [æt]). **7.** GRASS (v. p. 91).

---

(p. 190)

### 30. **Organising a party**

**A.** 1. Is it still raining? **2.** I haven't met Cathy's new boyfriend yet. **3.** It looks as though it's going to rain again. **4.** Hasn't Paul arrived yet? **5.** I'm much better but I still feel a bit weak. **6.** Never say that again!
**B.** 1. It's one of the worst things that can happen to you. **2.** He's the stupidest bloke in the firm. **3.** This is the narrowest street in

Paris. **4**. Hemingway was one of the greatest writers of his time. **5**. Cathy is the most efficient secretary I've ever met.

**C. 1**. Would you **like** some **chocolate**? (1). **2. Peter's got** some of my **books** (1). **3. Some** of **these butterflies** are **quite rare** (2). **4**. There were some **people** I **didn't like** (1) : *Il y avait des gens que je n'aimais pas.* There were **some people** I **didn't like** (2) : *Il y avait certaines personnes que je n'aimais pas.* **5**. There are some **stamps** in **that drawer** (1).

**D. 1**. I **do wish** *you *would **make more** *of *an **effort**. **2**. *Can *you **tell** me *the **way** *to *the **station**? **3**. *Have *you **read all** *the **books** on *the **subject**?

**E.** appendi'citis ; arth'ritis ; bron'chitis ; cir'rhosis ; conjuncti'vitis ; diag'nosis ; os'mosis ; psy'chosis ; scle'rosis.

**F.** | HEllo | oLYMpics | fanTAStic | MARvellous | CAMcorder | DIDn't | LOT | QUITE | SEE | LOVE | CigaRETTE? | THANKS | UP | ACcident | YEAH | SERious | INto | LOOK | JONathan | JOB | YES | LUCKy | aPPLIED | WAS | TALKing | BOYfriend | NAME | OH | ScandiNAvian | IS | SWEdish | QUIET | PLEASE | TOAST | KEvin | WHO | KNOW, | MArried | COUPle | AFter | COUPle | CHEERS |

# MÉMENTO GRAMMATICAL

## PREMIÈRE PARTIE : LE GROUPE NOMINAL

### I. Les articles

L'article indéfini *(un/une) est* **a** ou **an** : **a book.**
**an animal, an hour, an honourable man.**

Pour les règles de prononciation, v. p. 78.

L'article indéfini n'a pas de pluriel :
**John sells cars:** *Jean vend des voitures.*

L'article défini *(le/la/les)* est **the**. Pour la prononciation, v. p. 60.

*Remarque :* l'anglais n'utilise pas toujours les articles de la même façon que le français. Voir en particulier les pages 23, 25, 47, 131 et 185.

### II. Les pronoms personnels

| SUJET | COMPLÉMENT | RÉFLÉCHI |
|---|---|---|
| I | me | myself |
| you | you | yourself |
| he | him | himself |
| she | her | herself |
| it | it | itself |
| we | us | ourselves |
| you | you | yourselves |
| they | them | themselves |

*Remarques :*

1. L'anglais ne distingue pas vouvoiement et tutoiement, mais le pronom réfléchi est **yourselves** si on parle de plusieurs personnes.

2. La langue moderne emploie la forme complément au lieu

de la forme sujet dans des phrases très fréquentes comme : **it's me** *(c'est moi).* De même : **it's him, it's her/us/them. It is I/he/she** sont corrects, mais beaucoup trop recherchés.

3. Ne pas confondre action réfléchie et action réciproque : v. p. 29.

## III. Adjectifs et pronoms possessifs

| ADJECTIFS | PRONOMS |
|---|---|
| *mon/ma/mes, etc.* | *le/la/les mien(s)/mienne(s), etc.* |
| my | mine |
| your | yours |
| his | his |
| her | hers |
| its | its own |
| our | ours |
| your | yours |
| their | theirs |

*Remarques :*

1. On emploie aussi le pronom possessif pour dire "à moi/toi, etc." : **This money is mine** : *Ceci est mon argent ; cet argent est le mien/à moi.*

2. Attention à la troisième personne : on emploie **his** ou **her(s)** selon que le *possesseur* est de sexe masculin ou féminin : **Is this Peter's book? Yes, it's his** ou : **Yes it's his book. Is this Claire's book? Yes, it's hers** ou **Yes, it's her book.**

S'agissant de choses, on utilise **its** : **the firm has lost its reputation.**

## IV. Le pluriel

1. La plupart des noms forment leur pluriel à l'aide de la terminaison **-s** ou **-es.**

**book → books ; car → cars ; box → boxes ; church → churches ; loss → losses.**

Pour la prononciation, voir p. 187.

*Remarques et exceptions :*

a) Précédé d'une consonne, **y** deviens **ies** :

**lady → ladies** mais **boy → boys ;**

b) Certains noms en -f ou -fe ont un pluriel en **-ves**. Voici les plus importants :
**knife → knives**; **life → lives**; **wife → wives**; **shelf** *(étagère)* **→ shelves**; **thief → thieves**;

c) autres pluriels irréguliers à connaître :
**goose** *(oie)* **→ geese**; **foot → feet**; **tooth → teeth**; **louse** *(pou)* **→ lice**; **mouse → mice**; **child** [tʃaɪld]/ **→ children** [tʃɪldrən]; **man → men**; **woman** ['wʊman] **→ women** [wɪmɪn] et leurs dérivés : **policeman → policemen**, etc. ;

d) ont un pluriel sans terminaison :
**deer** *(cerf)*, **sheep, aircraft, hovercraft** :
**Two sheep. Five hovercraft.**

2. Noter que **people** *(gens, personnes)* et **police** sont du pluriel : **There were some people in the hall. Five people are coming to dinner. The police are looking for witnesses.**

3. Les indénombrables ne peuvent pas se mettre au pluriel (v. p. 131).

4. Ne pas oublier que les adjectifs ne prennent jamais la marque du pluriel : **Her dress is white; her shoes are white too.** Voir cependant p. 173.

## DEUXIÈME PARTIE : LE GROUPE VERBAL, LA CONJUGAISON

Abréviations :
v. : forme de base (infinitif) du verbe. Exemples : **work, speak.**
p.p. : participe passé du verbe. Exemples : **worked, spoken.**
**-ing** : forme en **-ing** du verbe. Exemples : **working, speaking.**

### I. Conjugaison d'un verbe ordinaire

1. Formes nécessaires à la conjugaison
Pour conjuguer un verbe ordinaire, il faut connaître :
a) Ces formes de l'auxiliaire **be** :
*Infinitif :* **be.**
*Présent 1 :* **I am, you are, he is, we are, you are, they are.**
*Prétérit 1 :* **I was, you were, he was, we were, you were, they were.**
*P.P :* **been.**
Suivi d'une forme **-ing, be** construit la forme 2.
*Présent 2* = présent de **be** + **-ing.**

*Prétérit 2* = prétérit de **be** + **-ing**, etc.

Comme notre verbe *être*, **be** construit le passif avec le *p.p.* : **English is spoken all over the world** : *l'anglais est parlé dans le monde entier.*

b) Ces formes de l'auxiliaire **have** :

*Présent 1* : **I have, you have, he/she/it has, we have, you have, they have.**

*Prétérit 1* : toujours **had.**

L'auxiliaire **have** est toujours suivi d'un p.p.

Présent de **have** + p.p. = *parfait.*

Prétérit de **have** + p.p. = *plus-que-parfait.*

*Remarque* : Le français emploie parfois l'auxiliaire *être* pour des temps semblables à ceux-ci. L'anglais emploie toujours **have** : **The Simpsons have become really boring** : *Les Simpson sont devenus vraiment ennuyeux.*

c) L'auxiliaire de modalité **will/would** (qui n'a que ces deux formes).

## II. Tableau de conjugaison d'un verbe ordinaire

Nous donnons à chaque fois un exemple de verbe régulier : **work** et de verbe irrégulier : **speak, spoke, spoken.**

Le schéma de chaque temps est indiqué en gras au-dessus de l'exemple.

Pour les formes interrogatives et négatives, v. Quatrième Partie, p. 233.

| TEMPS | |
|---|---|
| **Forme 1** | **Forme 2** |
| Présent | |
| v (+ s à la 3e personne) | **am/is/are** + -ing |
| *He works/speaks* | *He is working/speaking* |
| Prétérit | |
| v + **ed** ou irrégulier | **was/were** + -ing |
| *He worked/spoke* | *He was speaking* |
| Parfait | |
| **Have/has** + p.p. | **have/has been** + -ing |
| *He has worked/spoken* | *He has been working/speaking* |
| Plus-que-parfait | |
| **had** + p.p. | **had been** + -ing |
| *He had worked/spoken* | *He had been working/speaking* |
| Équivalent du futur | |
| **will** + v. | **will be** + -ing |
| *He will work/speak* | *He will be working/speaking* |
| Équivalent du futur antérieur | |
| will have + v. | **will have been** + -ing |
| *He will have worked/spoken* | *He will have been working/speaking* |
| Équivalent du conditionnel présent | |
| **would** + v. | **would be** + -ing |
| *He would work/speak* | *He would be working/speaking* |
| Équivalent du conditionnel passé | |
| **would have** + p.p. | **would have been** + -ing |
| *He would have worked/spoken* | *He would have been working/speaking* |

*Remarque :* **will** et **would** étaient autrefois remplacés par **shall** et **should** à la première personne du singulier et du pluriel. Cet usage tend à disparaître.

# TROISIÈME PARTIE : LE GROUPE VERBAL
# LES AUXILIAIRES DE MODALITÉ

## I. Liste

À connaître absolument : **can/could, may/might, must, ought, shall/should, will/would.** Autres modaux plus rares : **need, dare, used.**

## II. Remarques générales

Traditionnellement appelés "défectifs", les auxiliaires de modalité (on dit aussi "modaux") présentent certaines particularités :

a) Ils ne prennent pas **-s** à la troisième personne.
b) Ils sont suivis d'un infinitif sans **to** (sauf **ought** et **used**).
c) Ils ne sont jamais précédés de **to**.
d) Ils ne sont jamais précédés d'un autre auxiliaire ; si besoin est, on les remplace par un équivalent (v. ci-dessous).

## III. can, may et must.

Ces trois modaux sont remplacés par un équivalent dans certains cas (v. point n° 1 ci-dessous pour chacun d'entre eux).

### a) Can

1. *Capacité, savoir faire :* l'emploi des équivalents **be able to, manage to** est possible.
**I can swim** : *Je sais nager.*

Pour le prétérit, on peut utiliser **could** ou un équivalent :
**I was able to speak to him** : *J'ai pu lui parler.*
**I could speak to him** : *J'ai pu/je pouvais*, mais aussi : *je pourrais lui parler* (v. p. 101).

Aux autres temps, on utilise toujours un équivalent.
**He has been able to, he will be able to**, etc.

2. *Hypothèses :* emploi des équivalents impossible. À la forme affirmative, on ne trouve pratiquement que **could**.
**I could come at six** : *Je pourrais venir à six heures.*
**I could have come at six** : *J'aurais pu...*
**He could be working** : *Il est peut-être au travail.*
**He could have been working** : *Il était...*

Dans ce sens, **can't** est la négation de **must. He can't have told him** : *Il est impossible qu'il le lui ait dit* (v. p. 65).

### b) May

1. *Autorisation :* emploi de l'équivalent **be allowed to.**
Présent : **You may smoke** : *Vous pouvez* (je vous autorise à) *fumer.*
Prétérit : **I was allowed to smoke** : *Je pus* (on m'autorisa à) *fumer.*
**I have been allowed to, I will be allowed to**, etc.
2. *Hypothèses :* emploi de l'équivalent impossible.
**Might** indique moins de certitude que **may**.
**He may be late** : *Peut-être sera-t-il en retard.*
**He might be late** : *Il se pourrait qu'il soit en retard.*
**He may have left early** : *Peut-être est-il/était-il parti tôt.*
**He may/might have been joking** : *Peut-être plaisantait-il.*

### c) Must

1. *Obligation :* emploi de l'équivalent **have to.**
Présent : **You have to go to bed/You must go to bed** (v. unité. 5).
Prétérit : **I had to wait for the next train** : *Je dus attendre le train suivant.*
**I've had to, I will have to**, etc.
2. *Déductions :* emploi de l'équivalent impossible.
**You must work hard** : *Vous devez* (je suppose que) *travailler beaucoup* (en général).
**Not a sound, he must be working** : *Pas un bruit, il doit travailler* (en ce moment).
**He must have told him** : *Il a dû le lui dire.*
**He must have been painting** : *Sans doute était-il en train de peindre.*

## IV. Will et shall

### a) Will/would

1. *Cas le plus fréquent :* **will/would** sert à former un équivalent du futur ou du conditionnel : v. p. 95. Noter que dans ce cas **would** ne marque pas le passé, mais l'hypothèse.
2. *Autres emplois :*
a) Volonté ou obstination du sujet. Le modal est accentué.
Présent : **My car won't start** : *Ma voiture refuse de démarrer.*

Passé : **My car wouldn't start** : *Ma voiture n'a pas voulu/ne voulait pas démarrer.*

On trouve aussi ce sens de **will** dans les demandes polies :
**Will/would you bring me a glass of water, please?**
*Voulez/voudriez-vous m'apporter un verre d'eau, s.v.p. ?*
**Take this upstairs, will you?**
*Porte(z) ceci à l'étage, s.t.p./s.v.p.*

b) Emploi dit "fréquentatif". On ne traduit pas par un futur, ni par un conditionnel. Exemples :

Présent : **Cathy will sometimes get angry for no reason at all** : *Cathy se fâche parfois sans aucune raison.*

Passé : **On Sundays, we would go swimming** : *Le dimanche, nous allions nager.*

### b) Shall/should

1. *Shall*

**Shall** se trouve principalement dans des questions à la première personne : **Shall I help you?**
*Dois-je vous aider ? = Voulez-vous que je vous aide ?*

Ceci explique l'emploi de **shall** après **let's** :
**Let's go, shall we?** *Allons-y, voulez-vous ?*

2. *Should*

Comme le français *devrait*, **should** exprime :

— une obligation atténuée :

**You should tell her immediately** : *Tu devrais le lui dire tout de suite.* **You should be working, not watching television** : *Tu devrais être au travail, pas en train de regarder la télévision* ;

— une supposition :

**The postman should be here in five minutes.**
*Le facteur devrait être ici dans cinq minutes.*

Au passé, on emploie **should have** + p.p.
**You should have told her** : *tu aurais dû le lui dire.*
**You should have been working** : *Tu aurais dû être au travail.*
**They should have arrived an hour ago** : *Ils auraient dû/étaient censés arriver il y a une heure.*

# QUATRIÈME PARTIE : LES TYPES DE PHRASES

## I. Négation et interrogation

*CAS N° 1 : La phrase affirmative comporte un auxiliaire.*

La phrase négative se forme par adjonction de **not (n't)** au premier auxiliaire ; l'ordre des mots est donc :

| SUJET | AUXILIAIRE + N'T | VERBE PRINCIPAL | |
|---|---|---|---|
| *I* | *haven't* | *talked* | *to her* |
| *You* | *shouldn't* | *be working* | |

Pour la phrase interrogative, le premier auxiliaire se place devant le sujet ; l'ordre des mots est donc :

| AUXILIAIRE | SUJET | VERBE PRINCIPAL | |
|---|---|---|---|
| *Have* | *you* | *talked* | *to her?* |
| *Should* | *he* | *be working?* | |

*Remarques :*

1. Le verbe principal peut être sous-entendu :
— **Can you swim? — No, I can't.**
— **I can speak Chinese. — Can you?**

2. **Be** est traité comme un auxiliaire même s'il est verbe principal :
**You aren't English. Are you French?**

*CAS N° 2 : La phrase affirmative ne comporte pas d'auxiliaire.*

Il s'agit de phrases au présent 1 ou au prétérit 1. On emploie alors l'auxiliaire **do/does/did**, et l'on retrouve l'ordre des mots expliqué ci-dessus.

Attention : avec **do/does/did**, le verbe est à la forme v.

Présent 1

**Affirmation** : He speaks English.

**Négation** :

| SUJET | AUXILIAIRE + N'T | VERBE PRINCIPAL | |
|---|---|---|---|
| *He* | *doesn't* | *speak* | *English* |

**Interrogation** :

| AUXILIAIRE | SUJET | VERBE PRINCIPAL | |
|---|---|---|---|
| *Does* | *he* | *speak* | *English?* |

Prétérit 1

**Affirmation** : I talked to her.

**Négation** :

| SUJET | AUXILIAIRE + N'T | VERBE PRINCIPAL | |
|---|---|---|---|
| *I* | *didn't* | *talk* | *to her.* |

**Interrogation** :

| AUXILIAIRE | SUJET | VERBE PRINCIPAL | |
|---|---|---|---|
| *Did* | *you* | *talk* | *to her?* |

**Questions portant sur le sujet**

Lorsque l'on interroge sur le sujet (qui/qu'est-ce qui), on n'emploie pas **do/does/did** :
**Who speaks English?** *Qui parle anglais ?*
**Who talked to her?** *Qui lui a parlé ?*
**What made you so sick?** *Qu'est-ce qui vous a rendu si malade ?*

## REMARQUES SUR **DO** ET **HAVE**

**1. Do**

Il y a en fait deux verbes **do** : un auxiliaire et un verbe ordinaire dont le sens général est "faire". Celui-ci suit les mêmes règles que n'importe quel autre verbe ordinaire. Dans les phrases négatives et interrogatives, il est précédé de *l'auxiliaire* **do**. Par exemple, au présent 1 :
**I always do the cooking on Sundays** : *Je fais toujours la cuisine le dimanche.*

**I don't do the cooking on Sundays.**
**Do you always do the cooking on Sundays?**

Exemple au prétérit 1 :
**What did you do on Monday?** *Qu'avez-vous fait lundi ?*

2. Le présent et le prétérit de **have** :

Dans le sens de "posséder" ou "avoir à", **have/had** est le plus souvent complété par **got** :
**Have you got any friends in England?**
*Avez-vous des amis en Angleterre ?*

**We've got to go now.** *Il faut que nous partions maintenant.*

**Have you got to go now?**
**We hadn't got your address.** *Nous n'avions pas votre adresse.*

Si **have** n'est pas complété par **got**, il fonctionne comme un verbe ordinaire :
**Do you have any friends in England?**
**We have to go now.**
**Do you have to go now?**
**You don't have to go now** (v. p. 149).
**We didn't have your address.**

**Have** est toujours un verbe ordinaire dans **have somebody do** et **have something done** (v. p. 89).

## II. Impératif (v. p. 59)

Noter que l'impératif présente le seul cas d'emploi de l'auxiliaire **do** avec **be**.

## III. Phrases tronquées

Dans toutes ces phrases, on reprend l'auxiliaire de la dernière forme verbale. Au présent 1 ou au prétérit 1, on reprend **do/does/did**.

1. RÉPONSE : *OUI/NON.*

Exemples :
— **Did you buy me a newspaper?**
— **Yes, I did** ou **No, I didn't.**
— **Do you think Henry could help us?**
— **Yes, he could** ou **No, he couldn't.**

2. RÉPLIQUES.

a) *"VRAIMENT ?"* Voir p. 95. Autres exemples :
— **Tom speaks five languages. — Does he?**
— **Roger won't be coming. — Won't he?**

b) *"MOI AUSSI/NON PLUS."* Voir p. 173. Autres exemples :
— **I'm tired. — So am I.**
— **I enjoyed it very much. — So did I.**
— **Jenny wasn't very pleased. — Neither/Nor was Paul.**

c) *"C'EST UN FAIT, EN EFFET."* Cette construction vient surtout après une phrase affirmative. Comme dans la construction précédente, on utilise **so**. Mais attention : l'ordre des mots est différent. Exemples :
— **You're late. — So I am.**
— **Albert was furious. — So he was.**

3. QUEUES DE PHRASES : *"N'EST-CE PAS ?"*

a) Principe : le positif devient négatif et inversement : voir p. 113. Ces reprises sont un automatisme typiquement anglais.

b) Si l'auxiliaire reste à sa forme d'origine, la question est beaucoup plus appuyée. Cette construction est nettement plus rare que la première. Exemples :

**You write poems, do you?** *Alors vous écrivez des poèmes ?*
**John can't swim, can't he?** *Jean ne sais pas nager ? Tiens !*

## CINQUIÈME PARTIE : L'ORDRE DES MOTS

### I. Le groupe nominal

En anglais, le déterminant précède le déterminé, ce qui n'est pas toujours le cas en français. D'où :

1. Adjectif épithète : **A big house** : *une grande maison* ; **a blue dress** : *une robe bleue.*

2. Génitif : **John's wife** : *la femme de Jean* (v. p. 41). Mais aussi **a hard day's work** (v. p. 107).

3. Noms composés : **The dining room** : *la salle à manger.*

*Remarques :*

1. **such** et **what** se placent devant l'article indéfini (s'il y en a un) :

**A good driver** : *un bon conducteur.*
**Such a good driver** : *un si bon conducteur.*
**What a good driver** : *quel bon conducteur !*

Exemples avec indénombrables (v. p. 131) ou pluriel :

**Such beautiful weather** : *un temps si merveilleux.*
**What beautiful weather** : *Quel temps merveilleux !*
**Such lovely flowers** : *de si belles fleurs.*
**What lovely flowers** : *quelles belles fleurs !*

2. **enough** se place avant le nom, mais après l'adjectif. Comparer :

**Have we got enough money?** et **Are we rich enough?**

### II. Adverbes

1. *Principe général :* Contrairement au français, on ne sépare jamais le verbe de son complément. Comparer :

**I like England very much** : *J'aime beaucoup l'Angleterre.*
**I'll read the rest tomorrow** : *Je lirai le reste demain.*

2. Les adverbes de fréquence **always, normally, often, rarely, seldom, sometimes, usually** se placent :

*Après* un auxiliaire suivi d'un verbe ou d'un attribut :

**I've never seen him. Do you often go to England?**
**— Roger was drunk. — He's always drunk.**

*Avant :*

— un auxiliaire non suivi d'un verbe ou d'un attribut :

**— Do you read the papers? — I sometimes do.**
**— Roger was drunk. — He often is.**

— un verbe employé seul :

**Henry never wears jeans.**

## III. Prépositions

1. Contrairement au français, la préposition ne se place pratiquement jamais devant un interrogatif ou un pronom relatif ; elle reste à droite du verbe (v. pp. 59 et 155).

**I went with Jenny** : *J'y suis allé(e) avec Jenny.*
**Who did you go with?** *Avec qui y es-tu allé(e) ?*

2. Attention à la place de **ago**. Voir p. 113.

## IV. Particules

1. De nombreux verbes sont composés d'un verbe proprement dit et d'une particule (autrefois appelée postposition). Ex. : **get in** : entrer ; **get out** : sortir.

2. Si le verbe à particule a un complément direct, on distingue deux cas :

a) le complément est un nom. On peut dire :

| | | |
|---|---|---|
| **Switch** | **off** | **the television.** |
| Verbe | + particule | + complément. |

ou

| | | |
|---|---|---|
| **Switch** | **the television** | **off.** |
| Verbe | + complément | + particule. |

b) le complément est un pronom : il vient toujours avant la particule. Exemple :

| | | |
|---|---|---|
| **Switch** | it | off. |
| Verbe | + complément | + particule. |

# SIXIÈME PARTIE : LISTES

## I. verbe + verbe

Certains verbes très courants peuvent être suivis d'un autre verbe. On distingue trois cas :

1. ***Verbes suivis uniquement de l'infinitif.*** Beaucoup sont également suivis de l'infinitif en français.
**advise, agree, allow, ask, be going, choose, decide, expect, have, help, hope, implore, need, order, ought, persuade, refuse, remind, teach, tell, used, want, would like/love.** Exemples :

a) Verbe + **to** + verbe :
**We all agreed to buy Roger a present.**
**I don't want to miss that train.**

b) Verbe + complément + **to** + verbe :
**He advised me to take a holiday** :
*Il m'a conseillé de prendre des vacances.*

Attention : contrairement à leurs équivalents français, les verbes **want, like** et **expect** utilisent cette construction :
**Do you want us to miss that train?**
*Tu veux qu'on rate ce train ?*

**Jane expects Henry to arrive on time.**
*Jeanne compte bien qu'Henri arrive à l'heure.*

**I'd like you to give us a lift.** *J'aimerais que vous nous déposiez.*

Si on sous-entend le second verbe (v. p. 149), la reprise de **to** est obligatoire après :

a) **advise, allow, ask, expect, implore, like, love, order, tell, want.**

b) **be going, ought, used, don't have/don't need.** Exemples :

1. — **Why did you do this?**
   — **Because you asked/told/wanted me to.**
2. — **Are you coming to the party?**
   — **No, I don't really want to.**
3. — **Have you phoned your mother?**
   — **No, but I'm going to.**

2. ***Verbes suivis uniquement de*** -ing :
**avoid, be worth, can't help, deny, enjoy, excuse, fancy, finish, give up, go on, keep on, leave off, mind, resent, risk, stand** *(supporter)*, **stop.**

Exemples :
**Please avoid smoking in this taxi** :
*Veuillez éviter de fumer dans ce taxi.*

**Linda can't help talking** :
*Linda ne peut s'empêcher de parler.*

*Remarques :*
a) **stop** :
**He couldn't stop laughing.** *Il ne pouvait pas s'arrêter de rire.*
Ne pas confondre avec **stop** + infinitif de but :
**He stopped to buy some flowers.**
*Il s'arrêta pour acheter des fleurs.*
b) Après **need** et **want**, on peut trouver **-ing** avec un sens passif :
**The flat needs/wants redecorating.**
*L'appartement a besoin d'être repeint.*

3. *Verbes suivis de l'infinitif ou de* **-ing** :
Quand les deux possibilités existent, on remarque une différence de sens : **-ing** renvoie au passé, à une expérience déjà connue, tandis que l'infinitif est orienté vers l'avenir. Cela concerne :
a) **forget, regret, remember** :
**I regret saying that** : *Je regrette d'avoir dit cela.*
**I regret to inform you that...** *Je suis au regret de vous informer que...*
**Remember to book your seats** : *n'oubliez pas de réserver vos places.*
**I don't remember meeting you** : *Je ne me souviens pas de vous avoir rencontré.*
b) **hate, like, love, prefer** :
**Do you like going out?** *Aimez-vous sortir ?*
**Would you like to go out (tonight)?**
*Voulez-vous sortir (ce soir) ?*

*Remarque :*
Avec les verbes de perception **feel, hear, see, smell**, l'infinitif est plus fréquent que **-ing**. Ce dernier peut servir à insister sur le processus plutôt que sur le résultat.
**I saw them cross the street.** *Je les ai vus traverser la rue.*

**I can smell something burning.** *Je sens quelque chose qui brûle.*

## II. Principaux verbes irréguliers

| V. | Prétérit 1 | P.P. | sens principal |
|---|---|---|---|
| awake | awoke | awoke/awaked | *s'éveiller* |
| bear | bore | born[1] | *supporter* |
| beat | beat | beaten | *battre* |
| become | became | become | *devenir* |
| begin | began | begun | *commencer* |
| bend | bent | bent | *plier/courber* |
| bet (R) | bet | bet | *parier* |
| bind | bound | bound[2] | *lier* |
| bite | bit | bitten | *mordre* |
| bleed | bled | bled | *saigner* |
| blow | blew | blown | *souffler* |
| break | broke | broken | *briser* |
| bring | brought | brought | *apporter* |
| build | built | built | *bâtir* |
| burn | burnt | burnt[3] | *brûler* |
| buy | bought | bought | *acheter* |
| catch | caught | caught | *attraper* |
| choose | chose | chosen | *choisir* |
| come | came | come | *venir* |
| cost | cost | cost | *coûter* |
| creep | crept | crept | *ramper* |
| cut | cut | cut | *couper* |
| deal | dealt | dealt[4] | *distribuer* |
| dig | dug | dug | *creuser* |
| do | did | done | *faire* |
| draw | drew | drawn | *tirer/dessiner* |
| dream | dreamt | dreamt[5] | *rêver* |
| drink | drank | drunk | *boire* |
| drive | drove | driven | *mener/conduire* |
| eat | ate | eaten | *manger* |
| fall | fell | fallen | *tomber* |
| feed | fed | fed | *nourrir* |
| feel | felt | felt | *sentir* |
| fight | fought | fought | *combattre* |
| find | found | found | *trouver* |

| V. | Prétérit 1 | P.P. | sens principal |
|---|---|---|---|
| fly | flew | flown | *voler* |
| forbid | forbade | forbidden | *interdire* |
| forget | forgot | forgotten | *oublier* |
| forgive | forgave | forgiven | *pardonner* |
| freeze | froze | frozen | *geler* |
| get | got | got | *obtenir/devenir* |
| give | gave | given | *donner* |
| go | went | gone | *aller* |
| grow | grew | grown | *(faire) pousser* |
| hang | hung | hung[6] | *pendre* |
| have | had | had | *avoir* |
| hear | heard | heard | *entendre* |
| hide | hid | hidden | *(se) cacher* |
| hit | hit | hit | *frapper* |
| hold | held | held | *tenir* |
| hurt | hurt | hurt | *blesser* |
| keep | kept | kept | *garder* |
| know | knew | known | *savoir/connaître* |
| lay | laid | laid | *poser à plat* |
| lead | led | led | *mener* |
| lean | leant | leant[7] | *(s')appuyer/ pencher* |
| learn | learnt | learnt[8] | *apprendre* |
| leave | left | left | *partir/quitter* |
| lend | lent | lent | *prêter* |
| let | let | let | *laisser/louer* |
| lie | lay | lain | *être allongé*[9] |
| lose | lost | lost | *perdre* |
| make | made | made | *fabriquer* |
| mean | meant | meant[10] | *signifier* |
| meet | met | met | *rencontrer* |
| mow | mowed | mown | *faucher/tondre* |
| pay | paid | paid | *payer* |
| put | put | put | *mettre* |
| read | read | read[11] | *lire* |
| ride | rode | ridden | *aller à cheval/ vélo* |

| V. | Prétérit 1 | P.P. | sens principal |
|---|---|---|---|
| ring | rang | rung | *sonner/ téléphoner* |
| rise | rose | risen | *se lever* |
| run | ran | run | *courir* |
| saw | sawed | sawn | *scier* |
| say | said | said[12] | *dire* |
| see | saw | seen | *voir* |
| sell | sold | sold | *vendre* |
| send | sent | sent | *envoyer* |
| set | set | set | *poser* |
| sew | sewed | sewn | *coudre* |
| shake | shook | shaken | *secouer* |
| shine | shone | shone | *briller* |
| shoot | shot | shot | *tirer (arme/photo)* |
| show | showed | shown | *montrer* |
| shrink | shrank | shrunk | *rétrécir* |
| shut | shut | shut | *fermer* |
| sing | sang | sung | *chanter* |
| sink | sank | sunk | *sombrer/couler* |
| sit | sat | sat | *être assis/ s'asseoir* |
| sleep | slept | slept | *dormir* |
| slide | slid | slid | *glisser* |
| slink | slunk | slunk | *aller furtivement* |
| smell | smelt | smelt[13] | *sentir (odorat)* |
| sow | sowed | sown | *semer* |
| speak | spoke | spoken | *parler* |
| spell | spelt | spelt[14] | *épeler* |
| spend | spent | spent | *dépenser* |
| spit | spat | spat | *cracher* |
| split | split | split | *fendre* |
| spoil | spoilt | spoilt[15] | *gâter/gâcher* |
| spread | spread | spread[16] | *étendre* |
| spring | sprang | sprung | *bondir* |
| stand | stood | stood | *être debout/ se lever* |

| V. | Prétérit 1 | P.P. | sens principal |
|---|---|---|---|
| steal | stole | stolen | *voler/dérober* |
| stick | stuck | stuck | *adhérer/coller* |
| stink | stank | stunk | *puer* |
| stride | strode | stridden | *aller à grands pas* |
| strike | struck | struck | *frapper/ faire grève* |
| swear | swore | sworn | *jurer* |
| sweep | swept | swept | *balayer* |
| swell | swelled | swollen | *enfler* |
| swim | swam | swum | *nager* |
| swing | swung | swung | *balancer* |
| take | took | taken | *prendre* |
| teach | taught | taught | *enseigner* |
| tear | tore | torn | *déchirer* |
| tell | told | told | *dire/raconter* |
| think | thought | thought | *penser* |
| throw | threw | thrown | *jeter/lancer* |
| understand | understood | understood | *comprendre* |
| upset | upset | upset | *renverser/ contrarier* |
| wake | woke | woke | *(s')éveiller* |
| wear | wore | worn | *porter/user* |
| win | won | won | *gagner* |
| wind | wound | wound | *enrouler/ tourner* |
| withdraw | withdrew | withdrawn | *(se) retirer* |
| wring | wrung | wrung | *tordre* |
| write | wrote | written | *écrire* |

1. On écrit born au sens de naître : **I was born in 1960.**
2. Noter : **it was bound to happen** : *Ça devait arriver.* **He was bound to get angry** : *Il ne pouvait que se fâcher.*
3. peut aussi être régulier.
4. [di:l - delt - delt.]
5. [dri:m - dremt - dremt] ; peut aussi être régulier, mais la prononciation [dremt] est la plus fréquente.
6. est régulier s'il s'agit d'une exécution.

7. [li:n - lent - lent] ; peut aussi être régulier, mais la prononciation [lent] est la plus fréquente.
8. peut aussi être régulier, mais la prononciation [lɜ:nt] est la plus fréquente.
9. **to lie down** : *s'allonger.*
10. [mi:n - ment - ment.]
11. [ri:d - red - red.]
12. [seɪ (mais says : [sez]) - sed - sed.]
13. peut aussi être régulier, mais la prononciation [smelt] est la plus fréquente.
14. peut assi être régulier, mais la prononciation [spelt] est la plus fréquente.
15. peut aussi être régulier, mais la prononciation [spɔɪlt] est la plus fréquente.
16. [spred - spred - spred.]

## QUESTIONS DE COMPRÉHENSION

### 1. A survey

VRAI OU FAUX ? **1.** Hélène fait ses courses le mardi. **2.** Elle achète toute son alimentation dans les magasins du centre commercial. **3.** Elle ne va au centre que quand il pleut.

RÉPONDRE À CES QUESTIONS **1.** Quelqu'un interrompt Hélène dans ses courses. Pourquoi ? **2.** Pourquoi Hélène achète-t-elle ses fruits et légumes au supermarché ? **3.** D'après Hélène, qu'est-ce qui serait une bonne idée pour le centre commercial ?

---

### 2. A holiday in France

COMPLÉTER CES PHRASES **1.** Lovely weather, beautiful scenery, ...... we both started windsurfing. **2.** We found them absolutely ...... helpful. **3.** Anyhow, we had a really great time ...... this year.

VRAI OU FAUX ? **1.** Phil et son amie ont aimé leurs vacances en France. **2.** Ils ne parlent pas français. **3.** Ils ont mangé une douzaine d'escargots dans un restaurant.

---

### 3. Smoking

RÉPONDRE À CES QUESTIONS **1.** Pourquoi Marc est-il de mauvaise humeur ? **2.** Est-ce que Linda fume ? **3.** Pourquoi pense-t-elle que ce serait une bonne idée d'augmenter le prix des cigarettes ?

COMPLÉTER CES PHRASES **1.** Oh, it's easy to give ...... once a month. **2.** Well, I was at a party ...... and you know how it is. **3.** Thanks very much ...... the atmosphere.

---

### 4. Adrian's broken arm

VRAI OU FAUX ? **1.** Adrien s'est cassé deux os. **2.** La garderie va acheter un répondeur téléphonique. **3.** Adrien ne supporte pas son plâtre.

RÉPONDRE À CES QUESTIONS **1.** Comment Adrien s'est-il cassé le bras ? **2.** Quel est le problème de l'heure du déjeuner ? **3.** Quels autres accidents y a-t-il eu ?

---

## 5. An absent-minded shoplifter

COMPLÉTER CES PHRASES **1.** Then I saw a couple ...... I needed. **2.** I'm afraid ...... the manager, sir. **3.** I'll come with you ...... will understand.

VRAI OU FAUX ? **1.** L'homme a oublié de payer son lait. **2.** Le magasin poursuit toujours les voleurs à l'étalage. **3.** L'homme avait une lampe-torche et des piles dans sa poche.

---

## 6. The royal family

RÉPONDRE À CES QUESTIONS **1.** Qu'est-ce que David propose de faire pour aider Camilla ? **2.** Que faisait la princesse Camilla avant de se marier ? **3.** Est-ce qu'elle vient d'une famille ordinaire ?

COMPLÉTER CES PHRASES **1.** Very funny. No, it seems things are not ...... rest of the Royals. **2.** Everyone has ...... of privacy. **3.** I'd like to see your face ...... was reported in the press.

---

## 7. Sunday morning

VRAI OU FAUX ? **1.** Dave meurt de faim. **2.** Phil ne boit pas d'alcool. **3.** Au début, la jeune fille encourageait le garçon à la courtiser.

RÉPONDRE À CES QUESTIONS **1.** Quel est le problème de David ? **2.** Combien de fois l'homme a-t-il été envoyé en prison ? **3.** Est-ce que la fille est très jolie ?

---

## 8. Trouble in the office

COMPLÉTER CES PHRASES **1.** I've got a very important letter ...... away. **2.** I'm fed up ...... taking advantage of the fact. **3.** You're not ...... happier.

VRAI OU FAUX ? **1.** Cathy trouve ses collègues négligentes. **2.** Anne propose d'aller chercher du café pour Linda et Cathy. **3.** Cathy va changer de bureau.

## 9. Do-it-yourself

RÉPONDRE À CES QUESTIONS **1.** À quoi Anne et Tony sont-ils occupés ? **2.** De quoi ont-ils besoin ? **3.** Que suggère Anne à la fin de la conversation ?

COMPLÉTER CES PHRASES **1.** The main thing is to be logical ...... then we can't go wrong. **2.** Er, "Take panel 'A' — ...... and attach door hinge 'K'". **3.** I've got a funny feeling ...... as I thought it was.

## 10. Noise

VRAI OU FAUX ? **1.** Linda utilise des radiateurs électriques pour chauffer son appartement. **2.** Les voisins de Suzanne sont très bruyants. **3.** Suzanne pense qu'en l'an 2020, elle sera retraitée.

RÉPONDRE À CES QUESTIONS **1.** Quels bruits Suzanne entend-elle chez ces voisins ? **2.** Pourquoi Linda a-t-elle un jour failli appeler la police ? **3.** D'après Linda, que se passera-t-il d'ici à l'an 2020 ?

## 11. T.V. adverts

COMPLÉTER CES PHRASES **1.** I don't know what the advertisers ...... mum. **2.** In fact, ...... pretty good. **3.** Then the "biological" powders ...... liquid ones.

VRAI OU FAUX ? **1.** Mme Hatfield va toujours faire du thé pendant les pubs. **2.** Le niveau sonore des pubs est plus élevé que celui des émissions. **3.** Tous les personnages trouvent la publicité ennuyeuse.

## 12. A bank loan

RÉPONDRE À CES QUESTIONS **1.** Pourquoi M. Ryder veut-il un prêt ? **2.** Combien désire-t-il emprunter ? **3.** Combien payait-il par mois pour rembourser l'hypothèque de sa maison ?

COMPLÉTER CES PHRASES **1.** I haven't actually applied yet, ...... a loan first. **2.** Well, what I suggest is ...... next week. **3.** If anything does crop up ...... immediately of course.

---

## 13. A quarrel

VRAI OU FAUX ? **1.** Tony est au chômage. **2.** Anne n'aime pas Nick Evans. **3.** La femme de Nick vient de le quitter.

RÉPONDRE À CES QUESTIONS **1.** Quels sont les projets de Tony pour le dîner ? **2.** Quelles tâches ménagères ne sont pas faites ? **3.** Qu'est-ce que Tony a fait au déjeuner ?

---

## 14. Going to the Olympics

COMPLÉTER CES PHRASES **1.** Did you know Mark's actually ...... Olympics? **2.** The only thing that's putting him off ...... itself. **3.** I bet you anything that I'll ...... from the telly.

VRAI OU FAUX ? **1.** Depuis toujours, Marc rêve d'aller aux jeux Olympiques. **2.** Il y va avec femme et enfants. **3.** Tous ses amis regrettent de ne pas pouvoir faire comme lui.

---

## 15. Renovating a house

RÉPONDRE À CES QUESTIONS **1.** Quels sont les projets d'Hélène pour l'escalier ? **2.** Quels gros travaux sont nécessaires ? **3.** Qu'est-ce que Marc et Hélène envisagent de faire de la petite pièce qui donne sur le salon ?

COMPLÉTER CES PHRASES **1.** We'll knock down that wall there ...... and it'll make access to the kitchen easier too. **2.** We could get rid of that built-in cupboard there, ...... for a study. **3.** That would come in handy as well, ...... in the morning.

---

## 16. Little big man

VRAI OU FAUX ? **1.** Anne pense que le film passe à sept heures. **2.** Anne est d'accord pour dire que beaucoup d'émissions ne valent rien. **3.** Anne ne regarde jamais les comédies américaines.

RÉPONDRE À CES QUESTIONS **1.** Pourquoi Anne et Suzanne prennent-elles rendez-vous ? **2.** De quoi dîneront-elles ? **3.** Pourquoi n'invitent-elles pas Jennifer ?

---

## 17. Modern art

COMPLÉTER CES PHRASES **1.** Well what about that experiment in the States, ...... made absolute fools of themselves? **2.** They took three paintings, ...... one by a seven year-old girl. **3.** Yes, all right Tony, ...... What about you Anne?

VRAI OU FAUX ? **1.** Linda veut aller voir un nouveau musée. **2.** Tony est un grand admirateur de Miró et Matisse. **3.** Les critiques ont estimé que le tableau du singe était le meilleur.

---

## 18. The Olympic Games

RÉPONDRE À CES QUESTIONS **1.** Quand Marc part-il ? **2.** Qu'en pense sa femme ? **3.** Marc et David sont-ils d'accord sur les jeux Olympiques ?

COMPLÉTER CES PHRASES **1.** Well, I'll be there ...... most of the main events. **2.** You make it ...... series. **3.** the pressures to win are tremendous, ...... taking part in the Olympics.

---

## 19. To vote or not to vote

VRAI OU FAUX ? **1.** Cathy et David ne sont pas d'accord sur les élections. **2.** David comprend le point de vue de Cathy. **3.** David cesse de discuter parce qu'il ne se sent pas très bien.

RÉPONDRE À CES QUESTIONS **1.** Pour qui Cathy voterait-elle ? **2.** Pourquoi ne vote-t-elle pas pour ces gens ? **3.** D'après David, tous les combien vote-t-on ?

---

## 20. Computers

COMPLÉTER CES PHRASES **1.** But surely that means ...... staff? **2.** Well I haven't a clue about software, I suppose ...... training. **3.** Computers are inevitable, sooner or later. We'll ...... idea.

VRAI OU FAUX ? **1.** La fête du bureau a été annulée. **2.** Linda a suivi un stage d'initiation à l'informatique. **3.** Linda et ses collègues décident de se mettre en grève.

## 21. Staying at home

RÉPONDRE À CES QUESTIONS **1.** Que fait Charles maintenant ? **2.** Qu'est-ce qu'il veut acheter ? **3.** Que fait Célia ?

COMPLÉTER CES PHRASES **1.** Well, actually, ...... so you could almost say. **2.** His Mum's home cooking ...... it. **3.** Once he was through university ...... feet.

## 22. For better for worse

VRAI OU FAUX ? **1.** Emma et Kevin vivent ensemble depuis douze ans. **2.** Le divorce de David lui a coûté beaucoup d'argent. **3.** Tous sont d'accord pour dire que le mariage est une chose dépassée.

RÉPONDRE À CES QUESTIONS **1.** D'après Cathy, pourquoi Emma et Kevin ont-ils décidé de se marier ? **2.** Pourquoi Phil pense-t-il que ce n'est pas la raison ? **3.** Quel est l'âge d'Emma ?

## 23. The Miss World contest

COMPLÉTER CES PHRASES **1.** Oh yes I am. You're ...... television. **2.** Don't be ridiculous Cathy, ...... prostitutes? **3.** Okay well if that's how ...... documentary.

VRAI OU FAUX ? **1.** Cathy veut regarder une émission sur les animaux. **2.** Phil est d'accord pour dire que le concours Miss Monde devrait être interdit. **3.** Phil décide d'aller voir des amis.

## 24. Parking problems

RÉPONDRE À CES QUESTIONS **1.** Pourquoi Hélène ne plaint-elle pas Tom ? **2.** Pourquoi Tom ne pensait-il pas avoir une amende ? **3.** De combien sera-t-elle d'après Mark ?

COMPLÉTER CES PHRASES **1.** Yes, come on, we'll give you a lift home ...... morning. **2.** Well, you'd think ...... than go around clamping innocent motorists. **3.** Oh, I'm sorry. It's just that it makes me really wild ...... cost me?

## 25. Redundant at forty

VRAI OU FAUX ? **1.** Jonathan n'aurait jamais pensé qu'on le licencierait. **2.** Jonathan a choisi d'aller travailler chez Appleby's au lieu d'aller à l'université. **3.** Appleby's ne versera aucune indemnité à Jonathan parce qu'il peut toucher le chômage.

RÉPONDRE À CES QUESTIONS **1.** Quel est le problème de Jonathan ? **2.** Pourquoi n'a-t-il pas commencé à chercher un autre emploi ? **3.** Pourquoi n'a-t-il aucune expérience en matière de candidatures et demandes d'emploi ?

## 26. The doctor's diagnosis

COMPLÉTER CES PHRASES **1.** Good morning Mrs. Bennet ...... today? **2.** We'd like to know as soon ...... idea. **3.** Yes, it looks as though ...... wish.

VRAI OU FAUX ? **1.** Le docteur dit que Mme Bennet devrait se reposer le plus possible. **2.** Mme Bennet et son mari veulent tous les deux une fille. **3.** Le docteur ne peut pas lui dire si ce sera une fille ou un garçon.

## 27. A car accident

RÉPONDRE À CES QUESTIONS **1.** Comment l'accident est-il arrivé ? **2.** À quelle vitesse Dave dit-il qu'il roulait ? **3.** Qu'est-ce qui indique que Mr. Forbes est un homme âgé ?

COMPLÉTER CES PHRASES **1.** I realise driving styles may have changed since you got your licence...... speed limit. **2.** Oh come on Grandpa, keep your hair on. ...... I haven't got all day. **3.** Of course I'll wait here ...... back is turned!

## 28. An interfering mother-in-law

VRAI OU FAUX ? **1.** La belle-mère d'Hélène n'est pas d'accord pour que Kate laisse tomber le piano. **2.** Hélène pense que sa belle-même est très sensible. **3.** Mark est d'accord avec sa mère pour envoyer Richard à son ancienne école.

RÉPONDRE À CES QUESTIONS **1.** Pourquoi la mère de Marc est-elle fâchée ? **2.** À quelle école le père de Richard est-il allé ? **3.** Que va faire Marc maintenant ?

## 29. Dogs in town

COMPLÉTER CES PHRASES **1.** It sounds like quite ...... over here. **2.** The British think ...... children. **3.** You're not seriously suggesting ...... are you ?

VRAI OU FAUX ? **1.** Si votre chien salit le trottoir, l'amende est de cent livres. **2.** Les "poop scoops" sont obligatoires en Amérique. **3.** David estime que l'on devrait interdire les chiens en ville.

## 30. Organising a party

RÉPONDRE À CES QUESTIONS **1.** Pourquoi Roger ne viendra-t-il pas à la soirée ? **2.** Qu'est-ce que les invités vont apporter ? **3.** Que faut-il acheter, à part la nourriture ?

COMPLÉTER CES PHRASES **1.** Look Tony, we really ought to get this party sorted out, otherwise ...... last time. **2.** ...... the usual sort of thing ...... bread. **3.** It's your turn ...... party.

# DISQUES CD

Ils comportent pour chaque unité :
— l'enregistrement intégral du dialogue,
— cinq exercices enregistrés. Ce sont :
1. Des *extraits du dialogue à compléter.* Il s'agit d'ajouter la phrase qui suit immédiatement celle que donne la cassette.
2. Des phrases en français à *traduire en anglais.*
3 et 4. *Des exercices de prononciation* tirés des pages *Prononciation* de l'unité.
5. À partir de l'unité 6 des *exercices d'intonation* dont vous trouverez le texte dans les pages qui suivent.

**Remarques** :

1. Les silences vous permettent de faire les exercices sans avoir à arrêter le lecteur. Cependant vous aurez peut-être besoin d'un temps de réflexion supplémentaire, surtout pour les premières unités. Dans ce cas, n'hésitez pas à arrêter.
2. Pour tous les exercices, le disque donne la réponse et vous laisse le temps de la répéter : profitez-en !
3. En plus des classiques exerices de répétition, il existe des exercices de production : il s'agit de prononcer le mot ou la phrase dont on donne le numéro *avant de l'entendre.* Ensuite, l'enregistrement donne la bonne prononciation : répétez-la.

## EXERCICES D'INTONATION

Voici le texte des exercices d'intonation. Les instructions pour *tous* les exercices enregistrés sont données en français.

*Unité 6* — La syllabe tonique.
**1.** | Susan works in an OFFice. | **2.** | She's a very efficient SECretary. | **3.** | How much does she EARN? | **4.** | She gets five weeks HOLiday. | **5.** | She went to the north of SPAIN. |

*Unité 7* — Les tons montants et descendants.
**1.** yes **2.** no **3.** here **4.** eight **5.** John **6.** blue

*Unité 8* — Placement de la tonique sur le dernier mot porteur d'information nouvelle. (DMPI)
**1A.** (Here's a cup of COffee.) **1B.** But I don't LIKE coffee.
**2A.** (Is this YOUR car?) **2B.** No, it's my SISter's car.
**3A.** (What's your favourite FLOwer?) **3B.** I think ROSes are my favourite flowers.

*Unité 9* — Les tons montants et descendants.
**1.** white **2.** yes **3.** tea **4.** today **5.** rain **6.** apples
**7.** Larry **8.** Monday **9.** no **10.** phone **11.** thirty **12.** okay

*Unité 10* — Tonique sur le DMPI.
**1A.** (Where does she LIVE?) **1B.** She's got a lovely flat.
**2A.** (What do you think of Linda's FLAT?) **2B.** It's a lovely flat.
**3A.** (Is there anyone in the GARden?) **3B.** I think I saw Neil in the garden.
**4A.** (There's a good film on T.V. tonight.) **4B.** I'm sick of watching T.V.

*Unité 11* — Tons montants et descendants dans les énumérations.
**1.** forty-one, forty-two, forty-three, forty-four, forty-five...
**2.** | In English | the days of the week | are Sunday, Monday, Tuesday, Wednesday, Thursday, Friday, Saturday.
**3.** What would you like to drink? Whisky, gin, vodka. sherry, fruit juice...?
**4.** The colours of the rainbow | are red, | orange, yellow, green, blue, indigo, violet.
**5.** I've sent Christmas cards | to Kitty, James, Clive, Linda, Helen...
**6.** To make that cake | you need | flour, sugar, eggs, butter and milk.

*Unité 12* — Tonique sur le DMPI.
**1A.** (What are you DOing?) **1B.** I'm writing to Peter.
**2A.** (I'm making an OMElette.) **2B.** But I hate eggs.
**3A.** (The children can SWIM.) **3B.** Can all the children swim?
**4A.** (The picture was above the CLOCK.) **4B.** No, it wasn't, | It was under the clock.

*Unité 13* — Montée ou descente de la voix à partir de la syllabe tonique.
**1A.** (Here's a cup of COffee.) **1B.** But I don't LIKE coffee.
**2A.** (Is this YOUR car?) **2B.** No, it's my SISter's car.
**3A.** (What's your favourite FLOwer?) **3B.** I think ROSes are my favourite flowers.

*Unité 14* — Placement de la tonique et effet de contraste.
**1A.** (Peter seems FRIENDly.) **1B.** Yes, he seems friendly, | but he can be very nasty.
**2A.** (Tony looks rather STUpid.) **2B.** He may look stupid, | but in fact he's very bright.
**3A.** (That soup smells NICE.) **3B.** It may smell nice, | but it doesn't taste nice.
**4A.** (It doesn't look very COMplicated.) **4B.** No, it doesn't look complicated, | but it is.

*Unité 15* — Tons montants et descendants dans les phrases à l'impératif.
**(I) 1.** Open the WINdow. **2.** Stop DOing that. **3.** Put it DOWN. **4.** Sit over THERE.
**(II) 1.** *(aimable)* Stop making that NOISE. **2.** *(neutre)* Put your COAT on. **3.** *(aimable)* GIVE it to me. **4.** *(neutre)* Sign your name HERE.

*Unité 16* — Placement régulier de la tonique.
**1.** Where did you meet him? **2.** Have you read "War and Peace"? **3.** You'll

have to talk to them. **4.** Where do you come from? **5.** They bought a beautiful antique table. **6.** What was Graham looking for?

*Unité 17* — Tons montants et descendants dans les phrases tronquées.
Exemple : She's SCOTtish, ISn't she?
**(I) 1.** You wouldn't do THAT, WOULD you? *(vérification)*
**2.** They haven't got any CHILdren, HAVE they? *(question)*
**(II) 1.** *(question)* I told you last WEEK, DIDn't I? **2.** *(vérification)* Carol can SWIM, CAN'T she? **3.** *(vérification)* You like spaGHETti, DON'T you? **4.** *(question)* That must be RIGHT, MUSTn't it? **5.** *(vérification)* Gary's FINished, HASn't he? **6.** *(question)* JANE couldn't help, COULD she?

*Unité 18* — Changements de sens suivant le placement de la tonique.
Exemple : What would you do?
**(I)** *Qu'est-ce que tu ferais ?* = What would you DO?
*Qu'est-ce que tu ferais, toi ?* = What would YOU do?
**(II)** Chris sent Tom a postcard from Mexico.
**1.** *Chris a envoyé à Tom une carte postale du Mexique.*
**2.** *C'est Chris qui a envoyé à Tom une carte postale du Mexique.*
**3.** *C'est une carte postale que Chris a envoyée du Mexique à Tom.*
**4.** *C'est à Tom que Chris a envoyé une carte postale du Mexique.*

*Unité 19* — Changements de sens suivant le placement de la tonique.
**1A.** (| Who'd like to GO? |) **1B.** | I would. |
**2A.** (| NO one wanted to see her. |) **2B.** | I did. |
**3A.** (| Am I suPPOSED to tell him? |) **3B.** | You are. |
**4A.** (| Who's going to TELL him? |) **4B.** | You are. |
**5A.** (| You didn't WANT to see me. |) **5B.** | I did. |

*Unité 20* — Ton descendant simple ou renforcé.
**(I) 1.** Some swans are BLACK. **2.** The capital of Australia is CANberra.
**(II) 1.** *(détaché)* Crossing the Channel takes about an HOUR. **2.** *(insistant)* Shakespeare had three CHILdren. **3.** *(objectif)* That factory uses RObots. **4.** *(enthousiaste)* Exercise is GOOD for you. **5.** *(indigné)* Tulips come in ALL colours! **6.** *(informatif)* Blackbirds eat INsects.

*Unité 21* — Tonique et forme emphatique.
**1A.** (I don't suppose you've heard of THAckeray.) **1B.** I have heard of him. **2A.** (The children can't reach that SHELF.) **2B.** They can reach it. **3A.** (Would you like a DRINK?) **3B.** I certainly would. **4A.** (Joe said he MADE that table.) **4B.** He did make it.

*Unité 22* — Tonique et verbes à particules.
**1.** Switch the light off. **2.** Take them out. **3.** Turn the volume up. **4.** Bring her in. **5.** Put the telly on. **6.** Tell him off.

*Unité 23* — Le ton descendant-montant.
**1.** WELL. **2.** I THINK so. **3.** perHAPS. **4.** YES. **5.** I don't think he's ENglish. **6.** I wouldn't call her BEAUtiful.

*Unité 24* — Expressions qui ne portent normalement pas la tonique.
**1.** I forgot to go to the bank yesterday. **2.** I must mow the lawn soon. **3.** I

met most of my friends there. **4.** Rachel's coming home today. **5.** It's a long time since Terry's been here. **6.** It's Alan's birthday tomorrow.

*Unité 25* — Ton descendant ou montant dans les questions commençant par un mot interrogatif.
(I) **1.** What do they WANT? **2.** How did he KNOW?
(II) **1.** *(aimable)* What's the MAtter? **2.** *(neutre)* Why is she going HOME? **3.** *(aimable)* Who are you PHOning? **4.** *(neutre)* Where's the HAmmer? **5.** *(neutre)* When can she COME?

*Unité 26* — Ton montant simple ou renforcé.
(I) **1.** Lots of candidates feel NERvous(?) **2.** Most people need more than THAT(?)
(II) **1.** *(réconfortant)* It's quite alRIGHT. **2.** *(incrédule)* You're nearly THERE? **3.** *(rassurant)* Don't WOrry about it. **4.** *(étonné)* Richard'll be here toMOrrow? **5.** *(surpris)* It's much BEtter? **6.** *(encourageant)* Have another TRY.

*Unité 27* — Placement de la tonique avec les noms propres.
(I) **1.** I PHONED, Lesley. ≠ **2.** I phoned LESley.
(II) **1.** Who shouted, Patrick? **2.** Paul wrote "Diana". **3.** It was Richard. **4.** Penny helped, Mum. **5.** Susan's horse kicked Chris. **6.** That's the man who was painting, Dad.

*Unité 28* — Ton montant ou descendant dans les questions commençant par un auxiliaire.
(I) **1.** Are you still a vegeTArian? **2.** Do they all play SQUASH?
(II) **1.** Shall I give you a HAND? **2.** Can anyone speak GREEK? **3.** Would you like to TRY? **4.** Is there any COffee left?

*Unité 29* — Tonique sur le mot interrogatif, avec ton montant.
**1A.** (I bought a pigskin WAllet.) **1B.** WHAT did you buy?
**2A.** (He reminds me of Quentin HOGG.) **2B.** WHO does he remind you of?
**3A.** (—It was because of my NIECE.) **3B.** Because of WHO?
**4A.** (I went to LlanGOllen last weekend.) **4B.** WHERE did you go?
**5A.** (It was a week ago last SUNday.) **5B.** WHEN was it?
**6A.** (We met through a computer DATing firm.) **6B.** HOW did you meet?

*Unité 30* — Placement de la tonique dans un dialogue. (v. Exercice F, p. 193).

Achevé d'imprimer en septembre 2012 en France sur Presse Offset par
Maury-Imprimeur - 45330 Malesherbes
N° d'imprimeur : 175104
Dépôt légal 1re publication : avril 2009
Édition 04 - septembre 2012
LIBRAIRIE GÉNÉRALE FRANÇAISE - 31, rue de Fleurus - 75278 Paris Cedex 06

30/8822/6